É com grande satisfação que o Instituto de Pesquisa e Estudos Jurídicos Avançados (IPEJA) e a Associação de Estudos Europeus de Coimbra (AEEC) lançam a obra *25 anos de Diálogos Jurídicos – Coletânea do Seminário de Verão de Coimbra*. O livro traz algumas das mais recentes e importantes participações no Seminário de Verão de Coimbra, evento tradicional promovido anualmente em Portugal, em parceria com a Faculdade de Direito da Universidade de Coimbra.

O Seminário de Verão de Coimbra é um encontro jurídico acadêmico que há quase três décadas se consagrou como um ambiente catalizador de ideias e promotor de profundo debate, troca de informações e experiências entre instituições brasileiras e europeias, reunindo tradicionalmente, na primeira semana de julho, os mais renomados juristas, especialmente magistrados das cortes superiores do Brasil, Portugal e de outros países da Europa, e também economistas e sociólogos. Tem contribuído significativamente para a integração político-jurídica do Brasil e dos países da Europa.

O evento é ambientado invariavelmente na secular Faculdade de Direito da Universidade de Coimbra (FDUC), uma das mais antigas instituições europeias de ensino jurídico e que se destaca como uma das melhores e mais conceituadas faculdades da Europa e do mundo.

A obra, com uma seleção de textos originalmente apresentados como palestras, documenta e consagra a bem-sucedida e longeva parceria entre IPEJA, AEEC, FDUC e a Universidade de Coimbra, numa ambiência jurídica globalizada, perquiridora, histórica, mas também prospectiva e experimental, a sedimentar um corredor cultural livre ao pensamento jurídico e econômico.

Cristiane de Medeiros Brito Chaves Frota
Paulo Dias de Moura Rib

25 ANOS DE DIÁLOGOS JURÍDICOS
COLETÂNEA DO SEMINÁRIO DE VERÃO DE COIMBRA

A Editora Fórum, consciente das questões sociais e ambientais, utiliza, na impressão deste material, papéis certificados FSC® (*Forest Stewardship Council*).

A certificação FSC é uma garantia de que a matéria-prima utilizada na fabricação do papel deste livro provém de florestas manejadas de maneira ambientalmente correta, socialmente justa e economicamente viável.

PAULO DIAS DE MOURA RIBEIRO
CRISTIANE DE MEDEIROS BRITO CHAVES FROTA
Coordenadores

Prefácio
Marco Aurélio Mello

Apresentação
Benedito Gonçalves

Posfácio
Enrique Ricardo Lewandowski

25 ANOS DE DIÁLOGOS JURÍDICOS

COLETÂNEA DO SEMINÁRIO DE VERÃO DE COIMBRA

Belo Horizonte

2022

© 2022 Editora Fórum Ltda.

É proibida a reprodução total ou parcial desta obra, por qualquer meio eletrônico, inclusive por processos xerográficos, sem autorização expressa do Editor.

Conselho Editorial

Adilson Abreu Dallari
Alécia Paolucci Nogueira Bicalho
Alexandre Coutinho Pagliarini
André Ramos Tavares
Carlos Ayres Britto
Carlos Mário da Silva Velloso
Cármen Lúcia Antunes Rocha
Cesar Augusto Guimarães Pereira
Clovis Beznos
Cristiana Fortini
Dinorá Adelaide Musetti Grotti
Diogo de Figueiredo Moreira Neto (*in memoriam*)
Egon Bockmann Moreira
Emerson Gabardo
Fabrício Motta
Fernando Rossi
Flávio Henrique Unes Pereira
Floriano de Azevedo Marques Neto
Gustavo Justino de Oliveira
Inês Virgínia Prado Soares
Jorge Ulisses Jacoby Fernandes
Juarez Freitas
Luciano Ferraz
Lúcio Delfino
Marcia Carla Pereira Ribeiro
Márcio Cammarosano
Marcos Ehrhardt Jr.
Maria Sylvia Zanella Di Pietro
Ney José de Freitas
Oswaldo Othon de Pontes Saraiva Filho
Paulo Modesto
Romeu Felipe Bacellar Filho
Sérgio Guerra
Walber de Moura Agra

Luís Cláudio Rodrigues Ferreira
Presidente e Editor

Coordenação editorial: Leonardo Eustáquio Siqueira Araújo
Aline Sobreira de Oliveira

Rua Paulo Ribeiro Bastos, 211 – Jardim Atlântico – CEP 31710-430
Belo Horizonte – Minas Gerais – Tel.: (31) 2121.4900
www.editoraforum.com.br – editoraforum@editoraforum.com.br

Técnica. Empenho. Zelo. Esses foram alguns dos cuidados aplicados na edição desta obra. No entanto, podem ocorrer erros de impressão, digitação ou mesmo restar alguma dúvida conceitual. Caso se constate algo assim, solicitamos a gentileza de nos comunicar através do *e-mail* editorial@editoraforum.com.br para que possamos esclarecer, no que couber. A sua contribuição é muito importante para mantermos a excelência editorial. A Editora Fórum agradece a sua contribuição.

Dados Internacionais de Catalogação na Publicação (CIP) de acordo com ISBD

V789

    25 anos de diálogos jurídicos: coletânea do Seminário de Verão de Coimbra/ coordenado por Paulo Dias de Moura Ribeiro, Cristiane de Medeiros Brito Chaves Frota. - Belo Horizonte : Fórum, 2022.

    309p.; 14,5cm x 21,5cm.
    Inclui bibliografia.
    ISBN: 978-65-5518-331-3

    1. Direito. 2. Direito Constitucional. 3. Direito à Saúde. 4. Direito Administrativo. 5. Direito Ambiental. 6. Direito Civil. 7. Direito Econômico. 8. Direito Empresarial. 9. Direito Financeiro. 10. Direito Internacional Público. 11. Direito Internacional Privado. 12. Direito Penal. 13. Direito Público. 14. Direito Tributário. 15. Direitos Humanos. I. Ribeiro, Paulo Dias de Moura. II. Frota, Cristiane de Medeiros Brito Chaves. III. Título.

2022-236

CDD 342
CDU 342

Elaborado por Vagner Rodolfo da Silva - CRB-8/9410

Informação bibliográfica deste livro, conforme a NBR 6023:2018 da Associação Brasileira de Normas Técnicas (ABNT):

RIBEIRO, Paulo Dias de Moura; FROTA, Cristiane de Medeiros Brito Chaves (Coords.). *25 anos de diálogos jurídicos*: coletânea do Seminário de Verão de Coimbra. Belo Horizonte: Fórum, 2022. 309p. ISBN 978-65-5518-331-3.

SUMÁRIO

PREFÁCIO
Marco Aurélio Mello..11

APRESENTAÇÃO
Benedito Gonçalves...13

A FUNÇÃO CONTRAMAJORITÁRIA DO SUPREMO TRIBUNAL
FEDERAL
Alexandre de Moraes...15

MUDANÇA GLOBAL DO CLIMA: IMPLICAÇÕES NO DIREITO
Elton Leme...19

CRISE DE REPRESENTAÇÃO
Dias Toffoli...25

DESGLOBALIZAÇÃO E DEMOCRACIA
Enrique Ricardo Lewandowski..33
    Perplexidade generalizada..33
    Avanço da globalização...34
    Advento da desglobalização...36
    Pós-modernidade *versus* Iluminismo...38
    Desglobalização e pós-modernidade..39
    Política necessária...41
    Dilemas da democracia...42
    Democracia e direitos humanos..44
    Referências...44

POPULISMOS E NACIONALISMOS
Jaime Nogueira Pinto...47
    Populismos e nacionalismos...47
    1870: o nacionalismo vira à direita...48
    Os novos nacionalismos..49
    O novo centro das lealdades...50

DESAFIOS DA DEMOCRACIA: A CRISE DE REPRESENTAÇÃO

João Nuno Calvão da Silva 53
Futuro da democracia: a revalorização do Parlamento 53
Democracia representativa e (complementaridade da) democracia direta 54
Democracia e combate à despolitização 57
Reflexões finais 59

MEIO AMBIENTE, ECONOMIA E SUSTENTABILIDADE: O BRASIL NO CONTEXTO DE NOVA ORDEM ECONÔMICO-FINANCEIRA

João Otávio de Noronha 65
Introdução 65
A Constituição Federal 69
Conclusão 75

CRIMES INTERESTADUAIS

Jorge Mussi 77

DISSOLUÇÃO POPULISTA DA JURIDICIDADE E FUNCIONALIZAÇÃO DO ESTADO DE DIREITO

José Joaquim Gomes Canotilho 83
Enquadramento 83
O Estado de Direito nas discussões atuais 84
I   O "stress" do Estado de Direito 84
II   A hipertrofia garantística 85
III Juridicidade e economicidade 86
IV   Juridicidade e populismo 87
Deficit sistêmico e conflitos de juridicidade na União Europeia 88
I   Crise constitucional e crise de juridicidade 88
1   Juridicidade como dimensão constitutiva da União Europeia 88
1.1 Deficit sistêmico 88
1.2 Indicadores 88
1.3 Funcionalização da juridicidade 89
Law shopping e *Forum shopping* 91

MEIO AMBIENTE E OS DESAFIOS DO CLIMA

Luis Felipe Salomão 93

CONSTITUCIONALISMO GLOBAL E TRIBUTAÇÃO
Luiz Alberto Gurgel de Faria 97

MIGRAÇÕES E DEMOGRAFIA: PERSPETIVAS DE UM MUNDO SEM FRONTEIRAS
Manuel Carlos Lopes Porto 101

Referências 111

O REGRESSO DO PROTECIONISMO?
Manuel Carlos Lopes Porto 115

1 Introdução 115
2 O século XIX, com um livre-cambismo largamente prevalecente 116
3 O século XX: um século rico em experiências e no contributo da ciência econômica 117
3.1 As experiências verificadas 117
3.2 O contributo da ciência econômica 120
4 As "razões", designadamente políticas, conducentes ao protecionismo ... 121
5 Uma ingenuidade para os países agora mais ricos? 122
6 A posição da Comissão Europeia 123
7 Conclusões 125
Referências 127

DESAFIOS DE EFETIVIDADE DA JURISDIÇÃO
Marcelo Navarro 129

A ARBITRAGEM NA UNIÃO EUROPEIA, NOS ESTADOS UNIDOS DA AMÉRICA E NO MERCOSUL
Marco Aurélio Gastaldi Buzzi 135

1 Introdução 135
2 Antecedentes históricos 136
2.1 Fase embrionária 136
2.2 Aporte contemporâneo 137
3 Aspectos gerais e comuns da arbitragem 138
4 Visão panorâmica da arbitragem na comunidade europeia 141
5 Visão panorâmica da arbitragem nos Estados Unidos da América 146
6 Visão panorâmica da arbitragem no Mercosul 147
7 Aspectos destacados do processo de arbitragem nos sistemas jurídicos examinados 148
7.1 A necessidade de intervenção do Poder Judiciário nas execuções forçadas das sentenças arbitrais 148

7.2 As medidas cautelares no sistema arbitral 151
7.3 A confidencialidade das decisões arbitrais e o intuito de se formar uma doutrina uniforme 154

ENTRE MEDOS E A ESPERANÇA DEMOCRÁTICA
Marco Aurélio Mello 157

PERSPECTIVAS DE UM MUNDO SEM FRONTEIRAS
Marco Aurélio Mello 163

AMBIENTE: DESAFIOS DO CLIMA
Mauro Luiz Campbell Marques 169

PROTECIONISMO: SUPERAÇÃO DE UM MODELO E OS DESAFIOS DO NEOPROTECIONISMO NA ERA PÓS-GLOBALIZAÇÃO
Mauro Luiz Campbell Marques 173
    Colocação do problema 173
    Barreiras clássicas e sua superação 174
    O neoprotecionismo: perfis e exteriorizações 178
    Conclusão 182

INSOLVÊNCIA TRANSNACIONAL E OS DESAFIOS DE EFETIVIDADE DA JURISDIÇÃO
Paulo de Tarso Sanseverino 183

CRISE DE INTEGRAÇÃO E CIDADANIA
Paulo Dias de Moura Ribeiro 187
    Cidadania 187
    Proteção da personalidade 188
    As revoluções, a cidadania e a personalidade 189
    Os tribunais, a proteção da cidadania e dos direitos da personalidade ... 191
    A história de Linda Brown 191
    Jurisprudência 192

NACIONALISMO
Paulo Dias de Moura Ribeiro 205
1   Apresentação do tema 205

2 Em busca de um conceito de nação	206
3 Nacionalismo	207
4 Cidadania e nacionalidade	207
5 Aquisição da nacionalidade pelo matrimônio	213
6 Conclusão	216

AMBIENTE: DESAFIOS DO CLIMA

Raul Araújo 219

Brevíssimas considerações introdutórias ao tema do painel de debates, como moderador, no XXV Seminário de Verão da Universidade de Coimbra, em julho de 2019 219

GLOBALIZAÇÃO FINANCEIRA

Reynaldo Soares da Fonseca 223

ATIVISMO JUDICIAL: POSSIBILIDADES E LIMITES

Ricardo Villas Bôas Cueva 231

CONSTITUCIONALISMO GLOBAL

Ricardo Villas Bôas Cueva 237

CRISE FINANCEIRA E DEMOCRACIA: DESAFIOS PARA A SUPERVISÃO ESTATAL E ADMINISTRAÇÃO – PROGRAMAS DE CONFORMIDADE OU *COMPLIANCE*

Ricardo Villas Bôas Cueva 243

MIGRAÇÕES E DEMOGRAFIA

Rogerio Schietti Cruz 253

Brevíssimo esboço da migração hoje 254

Uma breve nota sobre o Brasil 259

Mudança climática e migração 262

Conclusão 264

CIDADANIA E CRISE DE INTEGRAÇÃO

Sebastião Reis 267

Conclusão 269

MIGRAÇÕES E DEMOGRAFIA
Sebastião Reis 271

COMÉRCIO INTERNACIONAL
Theóphilo Antonio Miguel 277

CONSTITUCIONALISMO GLOBAL – O CASO EUROPEU
Vital Moreira 285
1   Apresentação 285
2   Enquadramento do tema 286
3   Do constitucionalismo nacional ao constitucionalismo transnacional ..288
4   Constitucionalização do Direito Internacional 289
5   Fatores do constitucionalismo transnacional 292
6   Dois temas exemplares 293
7   O constitucionalismo supranacional da União Europeia 296

POSFÁCIO
Enrique Ricardo Lewandowski 301

SOBRE OS AUTORES 305

PREFÁCIO

O Seminário de Verão, realizado na Universidade de Coimbra, tem reunido, por duas décadas e meia, os mais notáveis juristas e pensadores – magistrados, membros do Ministério Público, advogados e professores – de Portugal e do Brasil.

Mostra-se, desde 1989 – quando realizada a primeira edição –, ocasião propícia para a veiculação de ideias, a reflexão, a crítica e o aprimoramento. O saber é infindável. Pobre de espírito é o homem que sinta não depender mais de aportes em termos de conhecimento. A cada passo dado no serviço à sociedade, percebe-se o dever do aperfeiçoamento.

São 25 anos de palestras e debates examinando os desafios contemporâneos, a envolverem questões complexas, de repercussão nacional e internacional: democracia, cidadania, globalização, migração, crise financeira, ativismo judicial, meio ambiente, constitucionalismo global, arbitragem, nacionalismo e populismo.

Firmes nessa preocupação, o ministro Paulo Dias de Moura Ribeiro e a advogada Cristiane de Medeiros Brito Chaves Frota coordenam a edição da obra, desde já fundamental, "25 anos de diálogos jurídicos Brasil-Portugal".

Tem-se compilação a revelar o papel e o alcance do Direito na quadra vivida, não apenas versando aspectos doutrinários e jurisprudenciais, mas também conformando a realidade. E, sempre com o olhar voltado à concretização dos objetivos fundamentais da República, fomentando cultura de respeito ao arcabouço normativo.

A dinamicidade do Direito impõe perspectiva histórica, a busca pela percepção da realidade jurídica mediante reinterpretação das ideias e dos fatos que motivaram decisões passadas com implicações no presente e no futuro. Essa reconstituição de premissas, causas e fundamentos dos institutos e fontes do Direito abre oportunidade para a crítica visando fazer evoluir o ordenamento jurídico.

Como movimento histórico-cultural, o Direito renova-se ante as necessidades circunstanciais do homem na busca por justiça e paz. A análise dos 25 anos de diálogos entre pensadores portugueses e brasileiros é imprescindível para a compreensão desse ramo do conhecimento como ciência, o desenvolvimento do ensino jurídico e a formação do jurista.

O livro ensina sobre o espírito humano inquieto na luta por uma sociedade mais justa, igualitária, harmoniosa conforme as variantes de tempo. Servirá de fonte de conhecimento aos que buscam compreender os fundamentos da ordem constitucional a partir de valiosa abordagem hermenêutica.

Importa conhecer a visão daqueles que atuam na defesa pública. Ganham o mundo acadêmico, o meio jurídico e todos aqueles envolvidos na efetivação da Lei das leis, que é a Constituição Federal.

Oxalá possa a Universidade de Coimbra – responsável pela formação, em mais de sete séculos, de alunos notáveis, que se tornaram poetas, literatos, políticos e magistrados – continuar contribuindo para o aprimoramento das instituições democráticas e republicanas, considerado o objetivo maior de justiça social.

Marco Aurélio Mello

Ex-Ministro do Supremo Tribunal Federal. Presidente do Supremo Tribunal Federal (maio de 2001 a maio de 2003) e do Tribunal Superior Eleitoral (junho de 1996 a junho de 1997, maio de 2006 a maio de 2008 e novembro de 2013 a maio de 2014). Presidente do Supremo Tribunal Federal, no exercício do cargo da Presidência da República do Brasil, de maio a setembro de 2002, em quatro períodos intercalados.

APRESENTAÇÃO

Mudam-se os tempos, mudam-se as vontades,

Muda-se o ser, muda-se a confiança;

Todo o Mundo é composto de mudança,

Tomando sempre novas qualidades, (...)

(Luís de Camões)

Parabéns para o Instituto de Pesquisas e Estudos Jurídicos Avançados (IPEJA), que mantém viva a chama de novos diálogos entre a comunidade jurídica brasileira e portuguesa.

E agora essa grande homenagem com a publicação da obra que se dará ainda este ano sob o título *25 anos de diálogos jurídicos: coletânea do Seminário de Verão de Coimbra.*

Chega o momento de tecer alguns relatos históricos pessoais desse evento considerado o mais tradicional da área jurídica, que une pensadores portugueses e brasileiros sobre a Ciência Jurídica e Política.

Na ocasião que dirigi a Escola de Magistratura Federal, do Tribunal Regional Federal da 2ª Região, com sede no Rio de Janeiro, e com jurisdição neste Estado, e sobre o Estado de Espírito Santo, no início da vigência da Emenda Constitucional nº 45, da atual Carta Política, no ano de 2004, fui convidado para participar desse grande Seminário.

Época que o Brasil passava pelo processo de privatização, surgindo um novo olhar para o Direito: Direito Regulador. Espaços da economia saíram da área do Estado e foram para competição do mercado.

Naquele ano, com a ajuda do Prof. Canotilho, Prof. Manoel Porto, Prof. Rubinho e na maestria do Min. Eros Grau, trouxemos para aquela Escola judiciária um curso de pós-graduação em Direito Regulatório.

Momento de agradecer. Não só a oportunidade que tive acima, mas presto minhas homenagens ao IPEJA, na pessoa de seus dirigentes, que me proporcionou participar de várias edições do Seminário de Verão.

Termino esta singela participação demonstrando a imensa alegria de poder externar com essa pequena exposição meu reconhecimento daqueles momentos inesquecíveis.

> *O valor das coisas não está no tempo que elas duram, mas na intensidade com que elas acontecem. Por isso existem momentos inesquecíveis, coisas inexplicáveis e pessoas incomparáveis.*
>
> (Fernando Pessoa)

Benedito Gonçalves
Ministro do Superior Tribunal de Justiça

A FUNÇÃO CONTRAMAJORITÁRIA DO SUPREMO TRIBUNAL FEDERAL

ALEXANDRE DE MORAES

Inicia-se este artigo com a pergunta: qual é o papel efetivo, o papel macro do Poder Judiciário? Não só dos poderes Judiciários português e brasileiro, mas do Poder Judiciário internacional? Qual é o papel macro da efetividade da permanência e do fortalecimento da democracia?

Hoje, parece que a questão mais importante do ponto de vista global da atuação do Poder Judiciário é efetivamente ele continuar lutando, implementando e sustentando a democracia, o que é fundamental. Livros, como *Fascismo*, de Madeleine Albright, ex-secretária de Estado dos Estados Unidos, *Como as democracias morrem*, *Como as democracias chegam ao fim*, e outros, editados há aproximadamente dois anos, possuem o mesmo *script*, o mesmo diagnóstico, e têm o mesmo receio.

Além disso, também apontam as mesmas necessidades para que se consiga manter a democracia dentro do que é essencial: liberdade de imprensa, eleições livres periódicas e, mais do que isso, a aceitação do resultado das eleições. Eleição e democracia não são boas somente quando se ganha; quando se perde, há de se aceitar. É por isso que um dos pilares da democracia – junto com a liberdade de imprensa – é a periodicidade das eleições. Quem perde fica em uma posição e, depois de quatro, cinco anos, dependendo dos mandatos, tenta recuperar. Essa é a beleza de um país democrático.

Agora, o terceiro pilar da democracia é a independência do Poder Judiciário. Não haverá democracia – verdadeira democracia – se não existir um Poder Judiciário independente. O primeiro, no mundo moderno, a compreender isso foram os Estados Unidos da América. Não que o Judiciário não fosse importante nos outros países, mas quem primeiro, em 1787, por meio da Constituição, colocou o órgão Judiciário como poder de mesma dignidade dos demais no sentido de também ser responsável pela condução dos negócios políticos do Estado (obviamente cada poder nas suas competências e atribuições), foi o primeiro Presidente da Suprema Corte Americana.

No século passado, principalmente na segunda metade, percebeu-se, no mundo todo, o crescimento da importância do Poder Judiciário e, sobretudo, a partir da Segunda Grande Guerra, principalmente na Europa, o crescimento e o fortalecimento da jurisdição constitucional como salvaguarda dos direitos fundamentais e da democracia. Isso ocorreu por imposição dos países aliados após a vitória na guerra de constarem efetivamente mecanismos de jurisdição constitucional, mecanismos que pudessem conter efetivos abusos do Parlamento na Lei Fundamental da Alemanha de 45, na Constituição japonesa de 46 e na Constituição italiana de 47.

A jurisdição constitucional ganhou a sua força, a sua legitimidade durante a segunda metade do século XX e, agora, em virtude disso, vale a reflexão sobre a necessidade de se fortalecer o Poder Judiciário como instrumento de manutenção da democracia. Radicais, entretanto, seja de um lado ou do outro, de esquerda ou de direita, são contra a democracia, são contra o Estado de Direito. Radicais, não só os do Brasil, mas de vários outros países, não pedem mais o fechamento só de congressos nacionais e parlamentos. O discurso radical agora ataca também a independência, a autonomia e as competências do Poder Judiciário e das forças supremas. Países da Europa recentemente mudaram as composições nas Cortes, aposentando inúmeros juízes antecipadamente, porque hoje é uma realidade o fato de a democracia não sobreviver mais sem um Poder Judiciário independente, que exerça o papel das suas Cortes Supremas. No Brasil, é o caso do Supremo Tribunal Federal. Porém tal papel engloba também uma função contramajoritária quando se diz que uma Suprema Corte deve exercer o papel de moderação – não só a moderação tradicional de equilíbrio entre Estados federais ou entre governos locais, regionais e nacionais; não só o papel de equilíbrio entre a união dos Estados, o Poder Legislativo e o Poder Executivo, mas também a função de moderação de maioria e minoria.

Tirania, terminologia mais utilizada pelos norte-americanos, não é só de minorias; a maioria também pode exercer uma ditadura, pode vencer eleições no Legislativo, no Executivo e, a partir disso, desrespeitar brutalmente o direito das minorias: exercer perseguições, preconceitos, discriminação. E o que dizia Madison, para equilibrar esse papel majoritário dos poderes políticos: compete à Suprema Corte, compete ao Poder Judiciário fazer valer a Constituição. Se a maioria venceu as eleições, deve, efetivamente, no Poder Executivo, implementar as suas políticas públicas e, no Legislativo, a edição de legislação conforme o apoio da maioria. Essas ações serão exercidas dentro das regras do jogo, que são as regras constitucionais. Qualquer abuso, desrespeito ou discriminação compete ao Poder Judiciário. O papel contramajoritário não é, como infelizmente alguns propagam, julgar sempre a favor de minorias, mas sim impedir que qualquer seguimento minoritário – no sentido político da palavra, não no mérito – tenha seus direitos desrespeitados.

Em sentido figurado, esse papel contramajoritário é mais ou menos o papel de tomar conta de uma panela de pressão. Se as minorias não conseguem nem vencer as eleições do Executivo, nem ter uma maioria equilibrada no Legislativo, a partir dessas derrotas políticas, ano após ano, eleição após eleição, elas veem seus direitos sendo diminuídos, extipados, veem um preconceito, uma discriminação, uma perseguição. O que sobra, então, às minorias, para que continuem a participar da regra do jogo e a respeitar a democracia? Sobram o Poder Judiciário e as Supremas Cortes, ou, então, a panela de pressão vai estourar, o que significa que diversas minorias deixariam de participar da democracia não por opção inicial involuntária, mas por estarem acuadas. Calar o Poder Judiciário, diminuir sua independência e impedir que ele exerça a sua função contramajoritária é atentar contra a democracia, e, fora da garantia jurisdicional da proteção aos direitos fundamentais de todos, só sobra a barbárie. Só sobra o que ocorreu, por exemplo, na decisão considerada como a mais lamentável da história da Suprema Corte norte-americana, à qual estava atrelado o avanço em relação à abolição da escravatura. É claro que nenhum jurista, nem cientistas políticos disseram que houve uma guerra civil em virtude somente da decisão, mas não há dúvida de que ela foi um gatilho para a guerra. A Suprema Corte poderia ter avançado paulatinamente – como fez na década de 60 e depois do século XX em relação ao fim da segregação. E ela foi taxativa, afastando a última possibilidade de um grupo se libertar.

Não havia, entretanto, mais possibilidade política ou jurídica, e isso resultou em uma guerra civil. Vê-se hoje, em várias partes do mundo, um cansaço democrático. Muito se exigiu da democracia, entendendo que só ela garantiria uma igualdade econômica. Com as crises econômicas se sucedendo, surgiram movimentos populistas, movimentos de isolamento em cada país, de preconceito contra estrangeiros e contra determinadas pessoas. Ou seja, houve um cansaço em relação à democracia de muitos grupos e, lamentavelmente, de muitos eleitores. Parafraseando Churchill: "A democracia é o pior dos regimes, mas não inventaram nenhum melhor". Então, é necessário fortalecê-la, e não se fortalece a democracia enfraquecendo o Poder Judiciário ou diminuindo as suas competências. No mundo jurídico, vê-se a importância do intercâmbio internacional para que erros praticados em alguns países não sejam repetidos em outros e para que acertos na efetividade do Poder Judiciário e na defesa da democracia sejam passados de país a país.

Informação bibliográfica deste texto, conforme a NBR 6023:2018 da Associação Brasileira de Normas Técnicas (ABNT):

MORAES, Alexandre de. A função contramajoritária do Supremo Tribunal Federal. *In*: RIBEIRO, Paulo Dias de Moura; FROTA, Cristiane de Medeiros Brito Chaves (coord.). *25 anos de diálogos jurídicos*: coletânea do Seminário de Verão de Coimbra. Belo Horizonte: Fórum, 2022. p.15-18. ISBN 978-65-5518-331-3.

MUDANÇA GLOBAL DO CLIMA: IMPLICAÇÕES NO DIREITO

ELTON LEME

O tema deste artigo é a questão dos litígios climáticos. Uma das fontes do Direito Constitucional Global são as decisões judiciais. O mundo sem fronteiras é caracterizado pela influência da jurisprudência dos vários países, dos vários níveis das decisões judiciárias dos tribunais internacionais em todos os países do mundo que partilham valores comuns relacionados ao meio ambiente.

As catástrofes ambientais têm moldado o mundo nos seus milhões de anos. Há 60 milhões de anos, houve a transição entre o cretáceo e o terciário; foi uma catástrofe global com a queda de meteoro que acabou com 85% da vida do planeta e, há 200 mil anos, surgiu efetivamente a espécie humana

As catástrofes ambientais podem se dividir em dois grandes grupos. O primeiro são as catástrofes naturais propriamente ditas, que são eventos abruptos, imprevisíveis e inevitáveis, como a queda de meteoro, ou podem ser previsíveis diante das tecnologias, mas não há como evitar as suas consequências, embora seja possível se adaptar aos efeitos maléficos causados por essa catástrofe, como o furacão, por exemplo. O segundo inclui as catástrofes antropogênicas, caracterizadas como um conjunto de ações somadas ao longo do tempo, ou seja, possui um efeito protraído no tempo, previsível e evitável, ou, no mínimo, mitigável, atenuável quando o seu nível é muito grave.

A previsibilidade é diretamente proporcional ao desenvolvimento do conhecimento científico e tecnológico que a cada dia se aprimora e aumenta a capacidade de que os fenômenos sejam compreendidos. Quando se fala da mudança do clima, refere-se à catástrofe atual da humanidade que se prolonga no tempo. Começou com a Revolução Industrial e vem se agravando continuamente a ponto de gerar os eventos climáticos extremos que hoje se vivenciam: os grandes incêndios florestais em Portugal; a onda de calor na Europa; as chuvas torrenciais no Rio de Janeiro ou as secas prolongadas na Amazônia. Enfim, vários danos são decorrentes desses episódios, extremos, como a proliferação de pragas e doenças, os colapsos nos serviços públicos, a redução da disponibilidade de água, as perdas materiais e de vidas humanas, o deslocamento obrigatório de pessoas ao longo do mundo.

Diante desses eventos e de suas consequências, surgirão conflitos interindividuais, entre o indivíduo e o Estado e vice-versa. Grande parte desses conflitos resulta em litígios, que são chamados *litígios climáticos,* pertencentes ao gênero litígios ambientais. Os litígios climáticos próprios visam proteger ou, eventualmente, atacar um meio climático, um valor climático. Ele decorre da consciência crescente sobre a importância e a dependência do homem em relação ao clima. Geralmente são proativos. Aquele que litiga em nome do clima não quer o benefício exclusivo para ele; pensa na coletividade, quer melhorar o sistema com base na prevenção, precaução, objetivando, principalmente, a mitigação e a adaptação, que são dois princípios colhidos na Convenção-quadro das Nações Unidas sobre Mudanças do Clima. À medida que esses litígios avançam, há uma retroalimentação – resultados positivos que geram mais consciência, obrigação, e isso implica uma evolução político-normativa que conduz a mais diretrizes, pois há uma insatisfação crescente com o estado atual do tratamento do clima.

Há também os litígios impróprios que, implicitamente, tratam do clima, mas como questão de fundo. Na verdade, eles reagem às consequências negativas da mudança do clima e geralmente estão situados no âmbito da reparação dos danos ambientais.

Os litígios climáticos próprios têm base e se fundamentam, em geral, nos tratados internacionais e nas constituições dos países. Baseiam-se nos direitos fundamentais e nos direitos humanos, que são valores comuns constitucionais no mundo de um constitucionalismo global. Ingo Sarlet já afirmava que todo direito fundamental é, de certa forma, um direito ambiental, uma vez que, antes de tudo, há o valor único de proteção à vida e à dignidade da pessoa humana. Já que se fala em vida, qualidade de vida e dignidade humana, fala-se de valores eminentemente ambientais, que se fundamentam na ideia da sustentabilidade, da solidariedade intergeracional e no princípio da precaução dos seus valores comuns e próprios e muito difundidos no âmbito dos direitos fundamentais.

Os impróprios, geralmente, são baseados em sede infraconstitucional e evocam o princípio do Direito Civil: Direito Comercial no âmbito da indenização, portanto ele é reativo e se apoia na ideia dos hábitos ilícitos.

É importante destacar, nos litígios climáticos, o aspecto da judiciabilidade, ou seja, quando se propõe um litígio climático, o primeiro passo é avaliar se aquele tribunal, se aquela corte tem capacidade ou competência para atuar de modo a proferir uma decisão que seja da sua competência, obviamente, mas que não atinja a questão, os valores da separação dos poderes; que não interfira de forma substancial ou muito grave nas políticas públicas. Deve-se observar a questão da reserva do possível, as limitações orçamentárias, que acontecem especialmente em países mais frágeis da indústria econômica, como o Brasil. Esses comandos judiciais precisam estar diretamente relacionados aos parâmetros legais. O juiz atualmente não pode fugir da baliza ditada pelo legislador em relação aos parâmetros legais. Isso é fundamental, como os pontos abordados em relação aos litígios climáticos.

Na Universidade de Columbia, há o site Climate Change Litigation Database – Sabin Center for Climate Change Law, e embora forneça informações atualizadas, não reflete todos os litígios ambientais que existem. Em Portugal, por exemplo, não consta nenhum registro de litígio ambiental, quando, na verdade, existem inúmeros. Nos Estados Unidos, segundo esse centro, há 1218 litígios que envolvem o governo e as corporações; um universo muito variado, enquanto nos demais países há 280. O número é muito superior a isso se uma pesquisa mais detalhada for realizada nos vários tribunais.

A Europa representaria 45% desses litígios. A Austrália, que é muito atuante, 35%. Canadá e Nova Zelândia, cada um deles, com 6%, e o Brasil só com 1,4%. O site indica apenas quatro litígios ambientais, sendo que o universo é muito maior do que isso.

Um caso muito interessante foi deduzido perante a Corte Internacional de Justiça – a Corte de Haia – em 2013, que é a Fundação Urgenda, e mais uma série de pessoas contra o governo da Holanda. O objetivo dessa ação foi impor ao governo da Holanda regras mais rígidas de controle da emissão de gases do efeito estufa, porque a lei desse país estabeleceu uma meta de redução de 17% e, nessa ação, que foi julgada procedente, entendeu-se que a gravidade do tema e a fragilidade da Holanda diante dos eventos climáticos exigiam uma postura mais firme, mais eficaz e mais efetiva do governo holandês e, portanto, que essa meta deveria ser elevada para 25%. Essa ação teve como base a Constituição holandesa, a Convenção-quadro das Nações Unidas sobre Mudanças do Clima, as metas da União Europeia para a redução dos gases do efeito estufa, a convenção europeia dos direitos do homem e os princípios da razoabilidade, precaução, prevenção e todos os princípios evocados nas próprias decisões.

Em 2017, uma menina de nove anos, Ridhima Pandey, entrou com uma ação no National Green Tribunal, em Nova Deli, na Índia, postulando que a gravidade do tema exigia uma ação mais firme do governo da Índia. Ela pedia, então, que se observassem com mais vigor o acordo do país e as próprias disposições da Constituição indiana. O mais interessante nesse caso é que se passou a evocar a jurisprudência internacional. Usaram-se o caso da Urgenda, na Holanda, e outros semelhantes, como no Paquistão e nos Estados Unidos. Isso mostra a influência das decisões dos tribunais internacionais para moldar a jurisprudência dos países; é a força criativa e normativa das decisões judiciais, a ponto de modelar essa nova feição do mundo diante de um constitucionalismo global.

Há também um caso recente de maio de 2019, que foi deduzido na Corte federal do Arizona: um cidadão norte-americano, Komor, contra o governo dos Estados Unidos, alegou o risco eminente de danos a ele próprio e ao país em razão das políticas adotadas pelos EUA, da conduta pessoal do presidente e da ação das agências norte-americanas ao favorecer os combustíveis fósseis. A postulação é que se imponha a essas figuras a elaboração de um inventário das emissões dos Estados Unidos, para fins de mitigar as emissões dos gases de efeito estufa.

Para fazer um contraponto, cita-se a Polônia, com uma visão diferenciada dos litígios ambientais – Polônia contra Comissão Europeia. Nesse caso, tal país manifesta o seu inconformismo contra uma diretiva da União Europeia que estabeleceu regras nas licenças de emissão dos gases de efeito estufa e alega que a Comissão Europeia não levou em consideração as peculiaridades do país: o tipo de combustível utilizado, as desigualdades regionais. A Polônia alega a quebra do princípio da proporcionalidade, além da incompetência da comissão para editar essa diretiva, mas essa postulação, além de não ter sido acolhida, foi julgada improcedente, a favor da política europeia, que é muito rígida e proativa em relação à Convenção do Clima e ao acordo do país.

No Brasil, o caso exemplificado foi no estado do Rio de Janeiro, no município de Niterói. Foi uma ação civil pública, deduzida pelo

Ministério Público, que postulava a adoção de critérios mais rígidos para a elaboração dos estudos prévios de impacto ambiental. O plano do estatuto da cidade obriga que, nos municípios com mais de 20 mil habitantes, estabeleçam-se, no seu plano diretor, as regras do estudo prévio de impacto ambiental, para que os grandes empreendimentos não causem tanto impacto nessas cidades que já estão absolutamente saturadas e vivem com um verdadeiro caos urbano. A ação foi julgada procedente para se adotar um critério mais rígido de uma região de praias do mesmo município de Icaraí, mas a câmara começou o julgamento alegando que já havia lei, logo, o legislador municipal cumpriu a sua função legal prevista no estatuto da cidade, e o Judiciário não poderia interferir nessa política pública.

O relator foi acompanhado pelo desembargador e houve divergência com base em dois princípios: primeiro, o princípio da proporcionalidade, que possui duas facetas: de um lado, proíbe o excesso e, do outro, proíbe a insuficiência da ação estatal, parte pouco utilizada, mas que a jurisprudência do Supremo Tribunal Federal vem aplicando no caso de políticas públicas extremamente relevantes do ponto de vista da estratégia do próprio país. O outro é o princípio da proibição da proteção deficiente, que proíbe o retrocesso da proteção dos valores que já estão bem abrangidos e bem tutelados pela lei, ao mesmo tempo em que obriga uma proteção efetiva daqueles bens jurídicos que têm sede constitucional e que não estão cobertos pela possibilidade de o administrador agir de uma forma diferente. Nesse caso, ele é um princípio não só dirigido ao administrador – aos poderes Executivo e Legislativo – mas também ao Estado Juiz, que deve, em suas decisões, observar tal princípio e aplicar uma decisão que, de fato, preserve os valores com sede constitucional.

O Brasil é signatário da Convenção do Clima e, se há, de um lado, os princípios da mitigação e os princípios da adaptação, que remetem ao meio ambiente urbano, exatamente para ordenar as rotas de fuga do estado de catástrofes, ou seja, preparar a cidade para esses episódios cada vez mais extremos, há, também, o dever correlato de adaptação. Existe, no Brasil, uma lei de política referente à mudança de clima que quase ninguém utiliza. Ela não usa o termo adaptação, mas utiliza, conceitualmente, a obrigação e o dever de todos – do Poder Público ao indivíduo – para procederem de forma compatível com a adaptação e a mitigação.

Retomando o caso de Niterói, somou-se o princípio da proibição de proteção deficiente com o dever de adaptação para prover aquela postulação, manter a sentença e, pela técnica de extensão do julgamento, foram chamados mais dois integrantes da câmara, ficando como resultado 3x2. O relator mudou o voto, curvou-se aos argumentos e, por 4x1, foi decidido que o Poder Judiciário pode, nesses casos, seguir o exemplo do Supremo Tribunal Federal. Ele pode intervir se os valores envolvidos forem primordiais do ponto de vista da manutenção da vida. Ficou decidido que, no caso, não se trata de pretender ao Judiciário usurpar a função legislativa e ditar regras ao regime da lei – substituir a soberana vontade da casa legislativa, legitimamente eleita; trata-se de reconhecer a inocuidade da lei editada exclusivamente para atender ao comando legislativo geral, de proteção urbanística, mas que, na prática, passou ao largo da produção efetiva e eficaz do bem jurídico em questão, ostentando função meramente ornamental. Embora esse controle deva ser feito ordinariamente pelo legislador e pela lei, conversas falhas surgem. Quando eles faltam, surge a possibilidade subsidiária de atuação do juiz que deve – e aí é um comando impositivo – remediar a desproporcional eficiência.

Acredita-se, então, que se está inaugurando, no Brasil, a utilização do princípio de adaptação pra fundamentar uma decisão judicial.

No site Climate Change Litigation Database, base de dados sobre os litígios ambientais climáticos, saiu um relatório há pouco sobre o caso dos Estados Unidos, mostrando que, das centenas de ações manejadas contra o governo Trump, a grande maioria foi bem sucedida. E essas ações visavam manter os avanços de proteção ao clima do governo Barack Obama. A maior parte das iniciativas do governo Trump e das suas agências têm sido bloqueadas pelo Poder Judiciário, com base no princípio da proporcionalidade, na proibição do retrocesso.

São valores comuns em todas as nações e isso é muito interessante para o Brasil, que enfrentará situação muito semelhante com a tentativa do desmonte de toda política ambiental – todos os avanços das políticas ambientais brasileiras. O papel do Judiciário será fundamental. Nada mais é para fazer valer os tratados, a constituição e a lei. É isso que o Judiciário tem que fazer, e tão somente.

Informação bibliográfica deste texto, conforme a NBR 6023:2018 da Associação Brasileira de Normas Técnicas (ABNT):

LEME, Elton. Mudança global do clima: implicações no Direito. *In*: RIBEIRO, Paulo Dias de Moura; FROTA, Cristiane de Medeiros Brito Chaves (coord.). *25 anos de diálogos jurídicos*: coletânea do Seminário de Verão de Coimbra. Belo Horizonte: Fórum, 2022. p. 19-24. ISBN 978-65-5518-331-3.

CRISE DE REPRESENTAÇÃO

DIAS TOFFOLI

A crise de representação será abordada sobre três perspectivas: a do pluralismo partidário no Brasil; a do presidencialismo de coalizão e, por fim, a da complexidade da federação brasileira. A partir desses três pontos, portanto, tentar-se-á compreender qual é a crise de representação existente.

Nietzsche dizia que nós vamos viver a sociedade sem Deus e, ao tirar Deus da sociedade, quem vai substituí-lo? O individualismo, a ética e a moral de cada um. É esse, portanto, o mundo líquido que se fraturou, na morte de Deus, em um mundo individual de cada um de nós. Pode ficar uma pergunta: a democracia acabou? A democracia está em crise? Ainda viveremos a democracia? Isso é muito curioso porque, se forem consideradas as eleições em todos os países e analisadas as suas constituições, essa pergunta surge exatamente no momento em que o mundo – e não só o mundo ocidental, mas o mundo como um todo – está na maior base democrática da sua história.

Atualmente há no mundo 173 países democráticos. Nunca houve na história da humanidade um número como esse. São dados fornecidos, por exemplo, no site do IDEA internacional e em um levantamento feito anualmente pela revista *Economist*, em que é apresentado o índice de países democráticos.

No início da década de 1970, não eram 45 os países democráticos, então, o momento é o auge, o ápice de um sistema democrático em todo o mundo, e fala-se também em crise da democracia? Pensa-se que não.

Stalin esteve à frente do Império Soviético; na Espanha, foi Franklin e, na Alemanha, Hitler, ou seja, o mundo ganhou em densidade democrática. No Brasil, em 1894, a primeira eleição direta para Presidente da República no Brasil, em que 3,5% da população votaram, elegeu Prudente de Moraes. A eleição para constituinte desse mesmo ano contou com a votação de 7,5% da população brasileira. A redemocratização brasileira pós-Estado Novo – 2 de dezembro de 1945 – foi a primeira eleição do Brasil cujo eleitorado foi maior que 10%, a última eleição direta antes do regime militar. Na eleição em que Jânio Quadros venceu o general Lott, 20% da população eram eleitores. Após a Constituição de 88, o Brasil já possuía, em 15 de novembro de 1989, uma população eleitora de 70%, ou seja, o país saiu de uma eleição, em 1960, com base democrática de 20%, para uma eleição, em 1989, com uma base democrática de 70% e, atualmente, há 145 milhões de eleitores cadastrados no Brasil, o que significa a quarta maior democracia do mundo, perdendo apenas para a Índia – com mais de 800 milhões de eleitores –, Estados Unidos e Indonésia. Esta é a dimensão: 145 milhões em uma base de 202/203 milhões de brasileiros cadastrados e aptos a votar. Então, talvez esses problemas acerca da democracia sejam aqueles que Aristóteles já previa ou que os federalistas anteviam nos *federalist papers* e que Hamilton já discutia.

A Constituição dos Estados Unidos privilegia o sistema majoritário mesmo nos colégios eleitorais estaduais, exatamente em uma ideia de que, se todos são iguais e todos querem o poder, qualquer sistema hierárquico será desmanchado. Aristóteles já falava disso no passado, assim como Hamilton discutiu o assunto, e essa é uma ideia de uma sociedade livre.

Hannah Arendt já dizia que a questão da representação é crucial, porém das mais problemáticas da política moderna, pois envolve uma decisão sobre a dignidade do próprio domínio político.

O Brasil insere-se em uma tendência mundial de descrédito do sistema político, desaguando em uma crise de representação que não se apresenta como rediscussão teórica dos fundamentos da democracia representativa, mas como profundo desencanto dos cidadãos representados pelos representantes eleitos. Isso inclui o processo eleitoral, os partidos políticos, o governo eleito e as práticas políticas.

O formato do sistema político no Brasil inicia-se pela fragmentação partidária, passando pelo presidencialismo de coalizão e pelas forças das elites locais. A federação brasileira é muito forte. Parece que não quando são decididas várias ações diretas contra leis locais, sejam municipais, sejam estaduais, mas o fato é que é uma federação muito forte.

Em relação à fragmentação política, um estudo publicado em um livro ainda não traduzido para o português, de Scott Mainwaring *et al.*, ao analisar todos os partidos no período de 1979 a 1996 no Brasil, concluiu que o Brasil tem um sistema partidário subdesenvolvido, com partidos fracos, pouco institucionalizados, inconsistentes do ponto de vista ideológico e, assim, com uma reduzida identificação com os eleitores, mobilizados apenas nos períodos eleitorais e com alto grau de volatilidade eleitoral.

No caso específico dos partidos políticos, a crise de representatividade está associada a uma histórica debilidade do nosso sistema partidário. Até 1945, no Brasil, as atividades partidárias desenvolviam-se em termos estrita e formalmente regionais. Tendo em vista os riscos para as elites locais, não se aceitava, em toda República Velha e no início do Estado Novo – enquanto ainda havia eleições para o parlamento – a ideia de partidos nacionais. As elites locais morriam de medo desses partidos e, então, constituíram-se os vários partidos republicanos locais. Porém, a partir de 1945, procurou-se estimular a ideia de haver partidos que pensassem o Brasil nacionalmente. A Constituição de 46, então, reforça isso, assim como consta no artigo 17 da Constituição de 1988. Se a Constituição afirma que o partido tem que ser nacional, é porque eles não são naturalmente nacionais.

Diante dessa ausência de tradição partidária e das dificuldades históricas de desenvolvimento de forças nacionais, não havia como forçar os eleitores a votar em partidos, e o Brasil nunca forçou, nunca obrigou o voto no partido. Na prática, conferiu-se ao povo eleitor a possibilidade de, ao elegerem representantes parlamentares, fazerem uso do voto uninominal, garantindo-se, assim, que o representante eleito representasse sua base eleitoral, os interesses locais – no caso os deputados federais –, porque o distrito eleitoral de todo deputado é o estado inteiro. Então, a identificação não é com a localidade, é com a pessoa; não é com o partido, é com a pessoa e toda uma base de um estado inteiro, reforçando o poder das elites locais.

Na prática, esse sistema proporcional de listas abertas, fruto da cultura política brasileira desde 1934, contribuiu muito para o processo de personalização do voto e para a continuidade do enfraquecimento dos partidos políticos, pois acarretou a eleição de representantes que não eram comprometidos com os partidos pelos quais foram eleitos ou com os eleitores que o elegeram, até porque muitos são eleitos com votos excedentes dos candidatos. Pode-se questionar: mas ele não foi eleito? Como não tem compromisso com quem o elegeu? Como isso ocorre? No caso brasileiro, é fruto do nosso sistema partidário, porque, com as coligações e o sistema de distribuição de quociente eleitoral e de divisão de cadeiras por partidos, muitos são eleitos por eleitores de outras pessoas. Candidatos que receberam muitos votos conseguiram eleger três, quatro outros parlamentares, e os partidos que não tiveram votos suficientes para o quociente partidário, por estarem coligados, conseguiram, então, fazer um parlamentar. O resultado dessa forma que permite as coligações é a falta de identidade ideológica na formação delas. Os partidos acabam fazendo as coligações pelos interesses de tempo de televisão, pelos interesses dos fundos partidários.

Atualmente, o Brasil tem 35 partidos políticos, 26 com representação no congresso. Nas eleições de 2014 para deputado, 90% dos eleitores votaram em pessoas e só 10% votaram nas legendas, o que mostra que a relação é absolutamente individual, pessoal. Isso demonstra que os eleitores, em geral, não lembram depois em quem votaram e não estabelecem uma relação de cobrança de representação com aqueles que foram eleitos.

Edmund Burke e Maurice Duverger, já na década de 1940, advertiam para o sistema proporcional que levava ao multifacetamento de partidos e ao aumento das bases políticas. Esse quadro favorece a instalação de uma dinâmica em que coalizões são formadas e desfeitas de acordo com os interesses *ad hoc*, interesses momentâneos e não interesses nacionais, gerando uma instabilidade institucional. Assim, para se formar uma base política de apoio ao governo, não há outra opção senão o sistema de verdadeira cooptação, o que incita a troca de favores, podendo desdobrar para a corrupção e o próprio desvio das finalidades dos dinheiros públicos que são investidos, seja em sistema político-partidário, seja em todo o sistema de administração pública.

É importante mencionar que o Brasil é um país de extensão continental, com expressivas diferenças culturais, sociais e econômicas. Portugal nos deixou a estrutura de Estado, as bases para a construção de um império e nos legou um verdadeiro império para gerir. No Brasil, não há monotonia. Diariamente, o povo brasileiro está diante do desafio de construir a nação.

O Brasil não é um Estado pacificado, pois as disputas regionais são muito fortes. Um presidente da República não se mantém no poder se não pactuar com as elites locais. É evidente que o fato de o governo Dilma Rousseff ter concedido uma série de isenções fiscais para setores da indústria e da economia brasileira – que resultou em tributos que eram repartidos para os estados e municípios, esvaziando o poder de gestão dos governadores e prefeitos – contribuiu para a votação de seu *impeachment*. A gestão dos impostos federais, que eram repartidos, e a concessão de isenções corroeram a base de arrecadação também dos estados e municípios.

Nosso país é formado pela união de entes federativos, União, Estados, Municípios e Distritos Federais, e os portugueses nos legaram também a força dos municípios, a força das cidades, a força das vilas.

Até hoje, os partidos políticos são, na prática, descentralizados. Embora tenham a obrigação de serem nacionais, são descentralizados na prática, seguem a lógica do federalismo. Muitas de suas ações são mais determinadas pelo que acontece nos estados do que pela política nacional.

Na verdade, os partidos nacionais do Brasil ainda são, em uma grande medida, uma federação de partidos regionais. O maior exemplo de todos é o MDB, uma grande federação de lideranças políticas locais que se unem ao ponto de vista nacional, mas, em regra, todos possuem esse perfil.

Essa dificuldade da representação do regionalismo no Brasil por conta da fragmentação partidária leva à formação das bancadas setoriais. No país, tem-se uma representação mais expressiva de interesses econômicos, bancada ruralista, interesses sociais, bancadas de gêneros, interesses relativos ao meio ambiente, interesses culturais... Logo, essas bancadas são maiores que os partidos. O partido que mais tem deputados hoje é o PMDB: são 63 deputados sobre 513, pouco mais de 10%. A maior bancada de um partido na Câmara de Deputados do Brasil.

Não há dúvidas de que o federalismo é essencial em um país do tamanho e com a formação histórica do Brasil e ainda incentiva a descentralização e o compartilhamento do poder. No entanto, traz consigo o ônus de gerir o Brasil, de reforçar a dispersão e a fragmentação do poder político, dificultando ou impedindo o surgimento de uma representação de âmbito nacional.

O Brasil não tem uma elite nacional. Parece curioso, mas, quando estamos no Brasil, cada qual vai para seu local de origem, vai conviver com as suas regiões de origem, e não existe no Brasil uma elite nacional. Isso, por outro lado, fortalece muito as chamadas corporações administrativas. Mesmo na esfera da política nacional, portanto, os políticos, deputados, senadores e ministros de estados têm forte lealdade com suas origens locais e, muitas vezes, superam os compromissos que deveriam ter com a nação. Por estarem mais voltados às suas origens, estão menos dispostos a pensar em liderança e projetos nacionais.

Esses interesses, por sua vez, dificultam a formação de coalizões confiáveis no âmbito nacional, gerando indisciplina partidária. O Supremo teve que decidir pela fidelidade partidária e, mais uma vez, pela necessidade de cooptação de recursos para manter o apoio político das bancadas estaduais.

A própria construção da coalizão deve levar em conta os acordos que não só envolvam o maior número de partidos, mas que também satisfaçam as demandas regionais. Por sua influência sobre deputados e senadores do seu estado, independentemente do partido ou coalizão, os governadores e prefeitos podem frustrar ou facilitar projetos presidenciais, de modo que os políticos locais tenham poder considerado na formulação das políticas públicas nacionais do Brasil.

Essa regionalização dos interesses tem a desvantagem de limitar a capacidade sem implantar grandes reformas nacionais, mesmo quando são necessárias. Pelo fato de o sistema eleitoral brasileiro levar a essa fragmentação, a essa regionalização, existe a dificuldade de se fazer não só uma devida reforma tributária no país, mas também a própria reforma política. Apesar de todos esses problemas e dificuldades, deve-se professar a fé na democracia e na solução dentro da legalidade e da constitucionalidade.

A pós-globalização é um discurso que está surgindo no Brasil especificamente quando se menciona a necessidade de uma nova constituinte. Não se deve cair na tentação pós-globalizante de dizer "bom, agora tudo é líquido, agora tudo é fraturado, vamos fazer uma nova constituição". Não há de se falar em uma nova constituinte no Brasil. Deve-se conduzir a nação brasileira dentro do pacto da redemocratização com os ajustes das emendas constitucionais, com as decisões do Supremo Senado Federal que, muitas vezes, serão criticadas.

Woodrow Wilson, que presidiu os Estados Unidos durante a primeira Guerra Mundial, dizia que ter uma corte suprema era o mesmo que ter um processo constituinte constante. E na prática é isso. Por outro lado, é preferível ter um processo constituinte constante – em que, a cada 20 anos, é eleito um congresso para fazer uma nova constituição – a ter uma suprema corte? Vê-se que o exemplo dos Estados Unidos mostra que não. O preferível é ter uma suprema corte que atue e que defina os parâmetros dentro da ordem constitucional estabelecida.

É interessante a leitura de um livro, lançado em 2016 pela Princeton Oxford, intitulado *Democracy for realists: why elections do not produce responsive government,* de Christopher Achen e Larry Bartels. Os autores – um professor de Princeton e outro de Oxford – afirmam que as pessoas não estão preocupadas com o governo; elas querem que o governo não atrapalhe a sociedade. Ele deve ser um solucionador e não um criador de problemas.

Os professores realizaram uma série de pesquisas em vários países (o Brasil não está no rol dos países entrevistados) e uma delas era voltada para o quanto a democracia é importante no mundo atual. Praticamente, mais de 80% das respostas evidenciou que a democracia é o sistema ideal ou mais importante para se viver. Até na China o índice é de 84%.

Diante do exposto, pode-se perceber, portanto, a força da democracia.

Informação bibliográfica deste texto, conforme a NBR 6023:2018 da Associação Brasileira de Normas Técnicas (ABNT):

TOFFOLI, Dias. Crise de representação. *In*: RIBEIRO, Paulo Dias de Moura; FROTA, Cristiane de Medeiros Brito Chaves (Coords.). *25 anos de diálogos jurídicos*: coletânea do Seminário de Verão de Coimbra. Belo Horizonte: Fórum, 2022. p. 25-31. ISBN 978-65-5518-331-3.

DESGLOBALIZAÇÃO E DEMOCRACIA

ENRIQUE RICARDO LEWANDOWSKI

Perplexidade generalizada

Vivemos atualmente em um mundo que nos causa profunda perplexidade, diante da crescente perda de valores e parâmetros nos distintos planos da existência humana, que atinge a todos indistintamente. As pessoas hoje são reféns de certos eventos negativamente impactantes, os quais têm crescido de forma sorrateira, porém constante, a exemplo dos traumas causados por "uma intromissão momentânea, que perturba violentamente a vida cotidiana (um ataque terrorista, um assalto ou um estupro, terremotos ou tornados...)", somados aos "efeitos destrutivos da violência sociossimbólica, como a exclusão social" (ZIZEK, 2012, p. 200), cada vez mais disseminada nas distintas sociedades, motivada por razões de gênero, condição econômica, identidade étnica, opção sexual, entre outras.

Tais fenômenos levam à perda da privacidade, à massificação, à burocratização e ao autoritarismo – público e privado –, contribuindo, pouco a pouco, para sufocar as individualidades. Nesse sentido, assenta Bauman (2001, p. 184):

> Os fenômenos que todos esses conceitos tentam captar e articular é a experiência combinada da *falta de garantias* (de posição, títulos e sobrevivência), da *incerteza* (em relação à sua continuação e estabilidade futura) e de insegurança (do corpo, do eu e de suas extensões: posses, vizinhança, comunidade).

Sente-se, por toda a parte, um mal-estar difuso, porém persistente, uma espécie de *malaise* sem causa específica, que se caracteriza por medos, angústias, fobias, neuroses e ansiedades em grande parte dos indivíduos. Alguns atribuem esse desconforto à chamada "pósmodernidade", conceito que ainda aguarda uma melhor definição por parte dos estudiosos.

O próprio Estado-nação, principal centro de referência das pessoas no tocante aos postulados humanistas desenvolvidos pela civilização ocidental – ao menos desde o século XV da nossa era (JUVENEL, 1976) –, também se encontra profundamente abalado em seus alicerces e vê a sua soberania minguar dia a dia, sobretudo em matéria econômica (STRANG, 1996). A razão disso se deve ao processo de globalização, cujos impactos negativos vêm sendo aguçados pela crise econômica mundial sem precedentes pela qual passamos nos dias atuais.

Dentre os múltiplos problemas que inquietam as pessoas na atual conjuntura, sobretudo aquelas que vivem exclusivamente dos rendimentos de seu trabalho e dependem de ações estatais consistentes para lograr uma sobrevivência minimamente digna, figura com destaque a severa redução de benefícios sociais, que está sendo levada a efeito nos distintos países, com profundo impacto nas áreas da educação, saúde e previdência públicas, agravada pela precarização das relações empregatícias, mediante uma terceirização radical da mão de obra.

Avanço da globalização

A globalização – é verdade – não constitui um fenômeno novo. Ela constitui um processo que vem se desenvolvendo desde o passado remoto da humanidade. Em um sentido amplo, começa com as migrações do *Homo sapiens*, transita pelas conquistas dos antigos romanos, pela expansão do Cristianismo e do Islã, e pelas grandes navegações da Era Moderna. Passa, ainda, pela difusão dos ideais da Revolução Francesa, pelo neocolonialismo do século XIX e pelos embates ideológicos da centúria passada. Finalmente deságua na "aldeia global" em que vivemos atualmente, de que nos falava Marshall McLuhan (LEWANDOWSKI, 2004).

Em um sentido estrito, a globalização – cujo ritmo acelerou-se significativamente a partir do final da Segunda Guerra Mundial, e mais ainda após o término da Guerra Fria – configura em sua essência um fenômeno econômico. Nesse aspecto, ela corresponde a uma intensa circulação de bens, capitais e tecnologia através das fronteiras nacionais, com a consequente criação de um amplo mercado mundial.

A globalização, na realidade, representa uma nova etapa na evolução do capitalismo, tornada possível pelo extraordinário avanço tecnológico da comunicação e da informática. Nessa acepção, ela se caracteriza basicamente pela descentralização da produção, distribuída por diversos países e regiões, ao sabor dos interesses das empresas multinacionais (O'BRIAN; WILLIAMS, 2004, p. 313).

A globalização, entretanto, não se resume apenas a esse novo modo de produção capitalista, estruturado em escala mundial. Ela decorre também da universalização dos padrões culturais e da necessidade de equacionamento comum dos problemas que afetam a totalidade do planeta, além de resultar igualmente da degradação do meio ambiente, da explosão demográfica, do recorrente desrespeito aos direitos humanos, da disseminação de doenças endêmicas, da retomada da corrida armamentista, da multiplicação de conflitos regionais, entre outros fatores adversos.

Um dos grandes problemas da globalização é a abertura forçada dos mercados internos – em especial do mercado financeiro aos capitais internacionais –, que permite a livre circulação do capital especulativo, também denominado *hot money*, de alta volatilidade, que não tem qualquer compromisso com as atividades produtivas dos países hospedeiros (FERGUSSON, 2009, p. 120). São recursos aplicados em papéis de curtíssimo prazo, só com fins de agiotagem, resgatados ao menor sinal de crise política ou instabilidade econômica. Excepcionalmente, são destinados à compra, a preços vis, de ativos depreciados pelas crises cíclicas causadas pela própria globalização desordenada.

A partir desse modelo, que alguns chamam de "Cassino Global", as crises econômicas mundiais passaram a suceder-se em ciclos repetitivos (GRIFFITS, 2002, p. 28-30). Uma das mais importantes foi a crise do México, de 1994, que gerou o chamado "efeito tequila", que contagiou, sobretudo, os países latino-americanos.

O fenômeno repetiu-se em 1997, no sudeste asiático, com a recessão do Japão, que levou vários bancos e corretoras de valores à falência, afetando, por via reflexa, a confiabilidade dos denominados *Tigres Asiáticos*: Coréia do Sul, Cingapura, Tailândia, Indonésia, Malásia, Filipinas, Taiwan e Hong Kong. A frágil economia russa, recém-saída do comunismo, foi a próxima a ser atingida, entrando em colapso no ano de 1998, diante da queda abrupta dos preços do petróleo e a consequente fuga de capitais. A ela seguiu-se a crise da Argentina, fazendo esse país mergulhar em uma profunda depressão econômica em 2001, o que a levou a recorrer ao FMI, acarretando uma crise de credibilidade com relação aos demais países em desenvolvimento.

Essas crises cíclicas, de caráter eminentemente financeiro, não atingiram apenas os países periféricos. Em 1992, a Inglaterra e a Itália não conseguiram evitar um ataque especulativo do megainvestidor George Soros contra as respectivas moedas, o qual apressou a derrocada do sistema monetário europeu baseado em taxas de câmbio fixas.

No passado recente, experimentamos aquela que talvez seja a maior de todas as crises, gerada pelo denominado *subprime* dos bancos americanos, ou seja, empréstimos baseados em hipotecas supervalorizadas, que geraram uma "bolha" de crédito, que, ao arrebentar, levou de roldão todo o sistema financeiro mundial, revelando que o "rei estava nu".

Em setembro de 2008, o planeta mergulhou na mais profunda crise desde a Grande Depressão dos anos 1930, da qual hoje ainda não se recuperou. E o estopim foi a quebra de um dos maiores bancos de investimento dos EUA, o Lehman *Brothers*. Em poucos dias, outras grandes instituições financeiras do mundo seguiriam, num efeito dominó, o rastro de desastre do Lehman.

A crise revelou que os países ricos, em geral, tal como ocorreu com a mudança climática, foram os maiores beneficiários das vantagens do sistema econômico predatório, enquanto os pobres pagaram a maior parte da conta, sofrendo as piores consequências. E a fatura foi alta: os indicadores de qualidade de vida, como o saneamento básico, a habitação popular, a educação fundamental, a saúde pública e a geração de empregos passaram a apresentar *performances* medíocres. Mais: os índices de criminalidade e de violência urbana cresceram vertiginosamente, especialmente nos países que adotaram as políticas recessivas para conter a crise, levando à instabilidade política.

Advento da desglobalização

A ideia corrente segundo a qual a globalização seria um processo irreversível passou a ser colocada em xeque a partir da crise econômica mundial de 2008, que não foi apenas uma mera interrupção momentânea de um processo ascensional supostamente consolidado. De acordo com Antonio Luiz Costa (2016), o Brexit, ou seja, a decisão da Grã-Bretanha de sair da União Europeia – aliada à retórica isolacionista da campanha presidencial dos EUA (que resultou na vitória de Donald Trump), bem como o retorno da xenofobia e do populismo nos países do Velho Mundo, somados ainda ao reaparecimento do nacionalismo na Rússia, Japão e Turquia, entre outros – fez soar o alarme, surgindo com uma frequência cada vez maior a expressão "desglobalização".

Para o autor (2016), um dos sinais desse fenômeno é o fato de que o comércio internacional, em 2016, depois de décadas de crescimento sustentado, deveria ter um incremento inferior à economia mundial (1,7% ante 2,2%). A própria China, que, durante muito tempo, estimulou a expansão comercial para além de suas fronteiras, segundo nota, "começa a voltar-se de novo para dentro, prioriza o consumo e o investimento", valorizando o legado do maoísmo.

Observa-se mais que, de acordo com a Organização Mundial do Comércio, essa retração ocorre, em grande parte, à queda do investimento internacional e ao protecionismo, representado pelo aumento de tarifas, sobretaxas e outras barreiras. De fato, no começo de 2016, as autoridades chinesas, temendo uma desaceleração mais acentuada da economia mundial e, consequentemente, interna, "reduziu juros e incentivou investimentos, ampliando para além de limites já perigosos o endividamento das empresas e governos locais".

Com a desglobalização, lembra Costa, começa-se a ter consciência de que o mundo econômico não é plano,[1] porém finito, estando a sua beirada muito próxima, sobretudo no âmbito da biosfera. Não há mais lugar para um crescimento ilimitado, como se pretendia. Nesse quadro, "torna-se senso comum de que só é possível progredir (senão apenas sobreviver) à custa dos outros" (COSTA, 2016).

Acrescenta-se que a economia passa a ser vista como um jogo de soma zero, em que impera a lei da selva e cada um tenta salvar o seu padrão de vida. Cada vez mais os distintos países passam a proteger seus produtos, empregos e empreendimentos, bloqueando o movimento de estrangeiros e imigrantes. A consequência mais conspícua dessa situação é a queda do investimento e do consumo internos, com o consequente aumento de desempregados e o empobrecimento dos trabalhadores. No Brasil, por exemplo, já se alcançou a temerária taxa de desemprego de quase 14%,[2] correspondendo a mais de 4 milhões de desempregados. Essa situação, sobretudo a falta de uma política social mais abrangente e generosa, consubstancia terreno fértil para o surgimento de líderes de extrema direita, adverte COSTA (2016).

---

[1] Alusão ao livro de Thomas Friedman, intitulado *The world is* flat: a brief history of the twenty-first century, que faz apologia à globalização.

[2] TAXA de desemprego fica em 13,6%. *O Estado de S.Paulo*, São Paulo, 1 jun. 2017.

José de Souza Martins, lançando os olhos sobre o caótico mundo em que somos fadados a viver, aponta para o surgimento de uma nova categoria social, a qual denomina "sobrantes", expressão que prefere utilizar no lugar de "excluídos", por considerá-la uma "designação fácil e superficial sem validade explicativa". Populações sobrantes são, para ele,

> as que não conseguem emprego permanente ou que não têm acesso aos direitos sociais supostamente garantidos a todos, as que não têm acesso aos benefícios da Previdência Social ou o terão tardiamente, as que não têm onde morar, não têm terra para plantar, não têm acesso à assistência médico hospitalar que lhes garanta a duração da vida no que a vida deve durar (2017, p. 863).

Pós-modernidade *versus* Iluminismo

Não há consenso entre os estudiosos em torno do significado da expressão "pós-modernidade". Trata-se basicamente de um conceito construído para identificar uma nova forma pela qual as pessoas passaram a agir de uns tempos para cá, cujos reflexos se fazem sentir no campo da filosofia, psicologia, sociologia, política e até mesmo no das ciências exatas e naturais.

Apesar da falta de unanimidade quanto ao tema, é possível constatar, de imediato, que se trata de um novo tipo de comportamento, de um novo modo de ser das pessoas, antagônico àquele prevalecente nos tempos que se convencionou denominar de Era Moderna. Esta, superando a cosmovisão medieval, inicia-se com o Iluminismo, por volta do século XVII, e perdura até aproximadamente meados da centúria passada, com o término da Segunda Guerra Mundial. O espírito moderno tinha como nota distintiva a crença na prevalência da razão e na ciência como vetores do progresso da humanidade.

Tal convicção multissecular, porém, sofreu de repente um corte abrupto. Norberto Bobbio (1998, p. 250), nessa linha observa:

> A confiança na certeza do progresso nascia da convicção de que o progresso científico e o progresso moral estivessem estreitamente ligados e que o progresso moral dependesse da difusão cada vez maior do saber, que o avançar das luzes e do costume caminhassem juntos.

E ainda arremata com pessimismo: "Hoje ninguém mais acredita nisso".

A atitude pós-moderna – que sucede a *Weltanchaaung*, digamos assim, otimista, do Século das Luzes – caracteriza-se por um profundo ceticismo em relação a tudo e a todos, sobrelevando nela um sistemático repúdio a quaisquer verdades estabelecidas. As metodologias epistemológicas que, desde os albores do Modernismo, buscavam explicações abrangentes para o cosmos e a sociedade, passaram a ser paulatinamente abandonadas, vendo-se substituídas por visões fragmentadas e, como regra, efêmeras da realidade. Sobre isso, Stephen Law (2009, p. 43) assenta: "Vários pensadores do séc. XX passaram a ver com crescente desconfiança a busca de explicações sistemáticas e completas da realidade, bem como visões otimistas do progresso humano, prevalentes desde o Renascimento". Entre eles, o autor cita Lyotard e Foucault.

As pessoas deixaram de ter as comunidades religiosas, científicas, étnicas, afetivas ou territoriais como pontos de referências para elas próprias, optando pelo individualismo, consumismo, hedonismo e imediatismo. As relações sociais, por sua vez, passaram a caracterizar-se pela fugacidade, impessoalidade e pragmatismo. Como pano de fundo dessas transformações, tem-se o processo de globalização e, agora, o de desglobalização, que estimulou a introjeção de valores artificiais e transitórios resultantes de modismos que se sucedem frenética e desordenadamente. A comunicação instantânea pela internet, de seu turno, potencializou a absorção desses modismos que, se mal digeridos, são imediatamente substituídos por outros 20.

Desglobalização e pós-modernidade

Hoje, cerca de 52% da população mundial fazem parte de um grupo integrado por pessoas consideradas "socioeconomicamente em risco", que têm menos de 30 anos e vive em favelas urbanas ou comunidades de imigrantes, onde o Estado de Direito praticamente não existe, e as oportunidades de progresso são ilusórias ou muito limitadas (COHEN; SCHMIDT, 2013, p. 186). "Pobreza, alienação, humilhação, falta de oportunidade e mobilidade ou apenas tédio tornam essas populações jovens suscetíveis à influência de terceiros", desenhando-se um cenário de repressão e uma subcultura que estimula o radicalismo, cujos rancores promovem ainda mais o radicalismo (COHEN; SCHMIDT, 2013, p. 186).

A atual ordem (ou desordem) econômica mundial vive de crise em crise. São crises recorrentes, como se viu, as quais se renovam há várias décadas. Tudo indica que, longe de representarem uma situação de anomia passageira, correspondem ao modo de funcionamento normal – embora irracional – do capitalismo nos dias que correm. Trata-se de um desarranjo permanente, quiçá deliberado, valendo lembrar que Giorgio Agamben (DEUS, 2012), nesse diapasão, explica:

> 'Crise' e 'economia' atualmente não são usadas como conceitos, mas como palavras de ordem, que servem para impor e para fazer com que se aceitem medidas e restrições que as pessoas não têm motivo algum para aceitar. E aduz: 'Crise' hoje em dia significa simplesmente 'você deve obedecer!'

Analisando a conjuntura atual, Achile Mbembe (2016), de forma contundente, porém bastante realista, observa que o mundo caminha para o que se denomina "autoritarismo liberal" ou, empregando um termo de Stuart Hall, um "populismo autoritário", sobretudo na Europa e em certas regiões da Ásia. As desigualdades, segundo pensa, continuarão a acentuar-se em toda a parte, e a antiga luta de classes tomará a forma de racismo, sexismo, homofobia, chauvinismo e nacionalismo. O combate ao terrorismo, para ele, converter-se-á em uma batalha de extermínio contra religiões e etnias, enfim, contra tudo aquilo que pareça ser diferente, e a destruição do meio ambiente planetário prosseguirá, não obstante os diversos tratados internacionais direcionados a deter o processo. Aliás, a abrupta retirada dos Estados Unidos do Acordo de Paris sobre as mudanças climáticas, recentemente decidida por Donald Trump, confirma essa constatação.

Mbembe prevê ainda o triunfo de uma espécie de "neodarwinismo social", no bojo do qual reaparecerá o *apartheid* sob as mais diferentes modalidades, dando ensejo a novos separatismos, à construção de mais muros, à militarização de fronteiras e ao aumento da repressão policial interna com graves danos à democracia liberal. Segundo o pensador, o grande confronto ocorrerá entre o governo das finanças e o governo do povo, ou seja, entre o nihilismo e o humanismo. Isso porque, segundo crê, a racionalidade da democracia liberal não é compatível com a lógica interna do capitalismo financeiro. Em seguida, pontua: "Apoiado pelo poder tecnológico e militar, o capital financeiro conseguiu sua hegemonia sobre o mundo mediante a anexação dos desejos humanos e, no processo, converteu-se ele mesmo na primeira teologia secular global" (MBEMBE, 2016).

Antevendo, com o pessimismo que lhe era peculiar, o futuro desse sistema econômico, Walter Benjamim, já na década de 20 do século passado, definia o capitalismo como uma religião, que teria substituído, em grande parte, as crenças tradicionais, cuja liturgia seria o trabalho, tendo como culto o dinheiro. Tratar-se-ia efetivamente de uma religião, a mais feroz e implacável que jamais existiu, pois entreteria "a celebração de um culto *sans rêve et sans merci* (sem sonho e sem piedade)" (BENJAMIN, 2011).

Voltando a Mbembe (2016), os mercados, para ele, converter-se-ão cada vez mais em estruturas e tecnologias algorítmicas derivadas da informática. Os dados estatísticos substituirão as pessoas de carne e osso, que serão desprezadas caso nada tenham a comprar ou vender. O indivíduo pensante, concebido a partir do Iluminismo, capaz de fazer opções políticas conscientes, passará a ser substituído pelo consumidor, vaticinando que a "transformação da política em um negócio coloca o risco da eliminação da própria política".

Essa ideologia, anota ele na sequência, não pode ser confundida pura e simplesmente com o fascismo tradicional, salvo no que tange à implantação de um estado social de guerra permanente. Guerra contra os pobres, as minorias, os incapacitados, as mulheres, os islamitas etc. A política transformar-se-á em uma peleja rasteira em que a razão pouco importará, nem assim os fatos. Ela se converterá em uma luta brutal pela sobrevivência em um ambiente ultracompetitivo. A dúvida que fica para ele é se, no século XXI, a política ainda poderá subsistir de alguma forma.

Política necessária

Ao contrário do que se pensa comumente, as redes sociais, interligadas pela internet, trouxeram mais inconvenientes do que vantagens no campo da política. Em vez de democratizarem a informação e ampliarem a participação popular nos destinos da coisa comum, criaram uma verdadeira atomização da opinião pública, dispersando os agentes primários da soberania popular. No entanto, o desprezo com relação aos atores intermediários, ou seja, aos políticos e às agremiações partidárias, considerados ultrapassados e supérfluos, levou as democracias ocidentais a um verdadeiro beco sem saída. Para Dominique Wolton (2017), "as redes sociais ampliam o presente e esmagam o futuro", porquanto confundem "expressão com ação", impedindo, assim, "o debate sobre questões verdadeiramente fundamentais". Sim, porque, de acordo com ele, são justamente os atores intermediários que formulam as opções estratégicas para a vida em sociedade.

A vitória de Emmanuel Macron, na França, representou, em certo sentido, um repúdio do eleitorado aos políticos e partidos tradicionais e a busca de "algo novo", quiçá de um utópico centro ideológico. A esquerda histórica saiu destroçada desse embate, sobretudo após as recentes eleições parlamentares, nas quais o recém-criado partido "centrista" do presidente escolhido há pouco está prestes a conquistar uma supermaioria, podendo alcançar 78% das vagas na Assembleia (MACRON, 2017). Revelando sua decepção com a derrota anunciada, o secretário-geral do Partido Socialista francês, Jean-Chistophe Cambadélis, declarou, referindo-se aos efeitos de uma alegada "unanimidade artificial" que se formou em torno de Macron: "Nossa democracia não pode se dar ao luxo de adoecer" (RESULTADO, 2017), especialmente tendo em conta um índice de abstenção dos eleitores que ultrapassou 50% no primeiro turno. Bem examinadas as coisas, a totalidade do universo político francês, tal como estruturado desde o pós-guerra, sofreu um abalo generalizado de difícil recomposição. Lapouge (2017) faz o seguinte balanço das eleições francesas:

> Resultado: para onde foram os deputados de ontem? Os últimos comunistas? Em fuga. Os ecologistas? Em debandada. A direita ultrarradical da Frente Nacional? Marine Le Pen sobrevive quase sozinha. Os socialistas? Uma espécie em vias de extinção. E a direita, os Republicanos? Dividida em três.

Dilemas da democracia

Diante dos percalços pelos quais passa a atividade política nos dias atuais, faz-se necessário, antes de tudo, resgatar a perene discussão em torno da democracia. E três são as questões que reclamam uma discussão mais aprofundada, na esteira do que assenta Dalmo Dallari (1991, p. 235-255). A primeira: como assegurar, efetivamente, a prevalência da supremacia da vontade do povo? A segunda: como resolver o clássico dilema político representado pela predominância quer da liberdade sobre a igualdade, quer da igualdade sobre a liberdade? A terceira: como superar a tentação de identificar a democracia com certa forma ou sistema de governo, em que incorrem muitos pensadores e políticos?

Quanto à primeira questão, continua válida e atual a discussão sobre a necessidade de estabelecerem-se mecanismos eficazes para que a vontade do povo seja livremente formada e externada sem quaisquer empecilhos. De fato, não basta garantir o voto direto, secreto, universal e periódico, mas é preciso assegurar que ele seja exercido sem qualquer interferência, imunizando-o de contaminações espúrias, com a salvaguarda do sacrossanto direito de divergir. É que, embora em uma democracia a maioria deva predominar, não é lícito oprimir ou cercear a minoria, que exerce papel relevante na formulação de alternativas às ações governamentais (ATALIBA, 2001, p. 99).

De resto, é preciso pensar em canais alternativos para a expressão da vontade do povo. É necessário atribuir, com a seriedade que a questão requer, concretude aos mecanismos de participação cidadã, como o plebiscito, o referendo e a iniciativa popular, aliás, previstos em vários ordenamentos constitucionais. A força impulsora de tais instrumentos repousa nas associações civis e sindicatos, quer dizer, em entes coletivos que logram aglutinar os distintos setores de interesses existentes na sociedade.

No tocante à segunda questão, é clássica a constatação de que tanto a liberdade ilimitada, garantida apenas para os economicamente privilegiados, conforme preconizam até hoje os neoliberais (STRATERN, 2003, p. 263), assim como a igualdade levada a extremos, imposta de forma coativa, à moda do que ocorreu em alguns regimes totalitários recém-soterrados, nada tem a ver com o ideal de democracia (BLAINEY, 2011, p. 270). A experiência acumulada dos povos demonstra que um aumento desmedido da liberdade ocorre em detrimento da igualdade e vice-versa.

Ademais, quando se fala em liberdade, atualmente, não se pode mais cogitar, como se fazia num passado não tão longínquo, de um indivíduo isolado, autárquico e autossuficiente, ilhado da sociedade. Em nossos tempos, a liberdade só pode ser cogitada tendo-se em conta o "homem situado" (ABBAGNANO, 2007, p. 596-599), pelo que se impõe o conceito de uma liberdade socialmente qualificada.

Em contrapartida, é preciso repensar a noção oitocentista de isonomia, meramente formal, vista apenas como um tratamento equivalente perante a lei, fazendo-se mister encará-la como uma igualdade de possibilidades (SANCHEZ, 2008, p. 86), que garanta a todas as pessoas um mesmo ponto de partida, mediante ações afirmativas, por exemplo (SOWELL, 2004, p. 166).

No concernente à última questão aventada no início deste texto, é sabido que se mostra totalmente insuficiente a mera opção por determinada forma ou sistema de governo para atingir-se a democracia. Ora, formas republicanas ou monárquicas e sistemas parlamentaristas ou presidencialistas equivalem-se em virtudes e defeitos, revelando-se mais ou menos democráticos, dependendo do país ou do momento histórico em que são estruturados. Assim, não basta simplesmente prestigiar-se o aspecto institucional – quer dizer, formal – da organização estatal, pois isso, não raras vezes, serve de conveniente biombo para camuflar as mais cruentas ditaduras, como a que vivemos no passado recente no Brasil, que funcionava sob a égide de uma constituição imposta pelo regime militar ao Parlamento, sem qualquer participação do povo.

Democracia e direitos humanos

Pelas razões acima alinhavadas, nos tempos atuais, quem pensa em democracia, seja qual for a sua opção político-ideológica, há de ter sempre como referência incontornável a plena fruição dos direitos fundamentais, compreendidos em suas várias gerações ou dimensões.

Bobbio lembrava que esses direitos, desenvolvidos ao longo de distintas "gerações", de há muito, encontram-se suficientemente estudados e, mais, compilados em diferentes constituições, tratados internacionais e leis ordinárias, o que representaria um sinal do progresso da humanidade, sendo agora – enfatizava ele – o momento de colocá-los efetivamente em prática (BOBBIO, 2014, p. 80).

Visto isso, para finalizar, em apertada síntese, pode-se afirmar, sem medo de cometer maiores equívocos, que, neste planeta conturbado no qual vivemos, andaremos bem se, no mínimo, fizermos coincidir a ideia de democracia com a efetivação dos direitos fundamentais da pessoa humana, sem quaisquer concessões ou recuos. E a "proibição do retrocesso" nesse campo há de ser um dos postulados básicos que deve reger a concretização deste ideal já multissecular, infelizmente ainda longe de ser alcançado em sua plenitude.

Referências

ABBAGNANO, Nicola. Homem. *In*: *Dicionário de filosofia*. 5. ed. São Paulo: Martins Fontes, 2007.

ATALIBA, Geraldo. *República e Constituição*. 2. ed. São Paulo: Malheiros, 2001.

BAUMAN, Zygmunt. *Modernidade líquida*. Rio de Janeiro: Zahar, 2001.

BENJAMIN, Walter. Capitalismo como religião. Tradução: Jander de Melo Marques Araújo. *Revista Garrafa 23*, Rio de Janeiro, jan./abr. 2011. Disponível em: http://www.ciencialit.letras.ufrj.br/garrafa/garrafa23/janderdemelo_capitalismocomo.pdf. Acesso em: 5 mar. 2017.

BLAINEY, Geoffrey. *Uma breve história do século XX*. 2. ed. São Paulo: Fundamento Educacional, 2011.

BOBBIO, Norberto. *Diário de um século*: autobiografia. Rio de Janeiro: Campus, 1998.

BOBBIO, Norberto. *A era dos direitos*. Rio de Janeiro: Elsevier, 2014.

COHEN, Jared; SCHMIDT, Eric. *A nova era digital*: como será o futuro das pessoas, das nações e dos negócios. Rio de Janeiro: Intrínseca, 2013.

COSTA, Antonio Luiz. *O nacionalismo de direita e a era da desglobalização*. 2016. Disponível em: www.cartacapital.com.br/revista/923/o- nacionalismo-de-direita-e-a-era-da desglobalização. Acesso em: 4 maio 2016.

DALLARI, Dalmo de Abreu. *Elementos de teoria geral do Estado*. 6. ed. São Paulo: Saraiva, 1991.

DEUS não morreu. Ele tornou-se dinheiro. Entrevistado: Giorgio Agamben. *Revista IHU on-line*. São Leopoldo, RS, 30 ago. 2012. Disponível em: http://www.ihu.unisinos.br/noticias/512966-giorgio-agamben. Acesso em: 5 mar. 2017.

ECONOMIA chinesa volta a desacelerar. *Valor Econômico*, São Paulo, 1 jun. 2017.

FERGUSSON, Niall. *The Ascent of Money*: a financial History of the World. London: Penguin, 2009.

FRIEDMAN, Thomas. *The World is Flat*: A brief history of the twenty-first century. New York: Farrar, Strauss and Giroux. 2005.

GRIFFITS, Martin; O'CALLAHAHAN, Terry. Casino Capitalism. *In*: *International relations*: the key concepts. London; Routledge, 2002.

JOUVENEL, Bertrand de. *Les Debuts de L'État Moderne*: Une histoire des idées politiques au XIXe siècle. Paris: Fayard, 1976.

LAPOUGE, Gilles. Macron triunfa outra vez. *O Estado de S.Paulo*, São Paulo, 13 jan. 2017.

LAW, Stephen. *Filosofia*. 2. ed. São Paulo: Zahar, 2009.

LEWANDOWSKI, Enrique Ricardo. *Globalização, regionalização e soberania*. São Paulo: Juarez de Oliveira, 2004.

MACRON terá supermaioria, diz projeção. *Folha de S.Paulo*, São Paulo, 12 jun. 2017.

MARTINS, José de Souza. A sina dos sobrantes. *Valor Econômico*, São Paulo, ano 18, n. 863, 2 jun. 2017. Caderno Eu & Fim de Semana.

MBEMBE, Achille. *La era del humanismo está terminando*. 31 dez. 2016. Disponível em: http://contemporaneafilosofia.blogspot.com.br/2016/12/achille-mbembe-la-era-del-humanismo.html?m=1. Acesso em: 4 mar. 2017.

O'BRIAN, Robert; WILLIAMS, Marc. *Global Political Economy*: evolution and dynamics. New York: Palgrave Macmillan, 2004.

REDE social esmaga o futuro e exagera o presente na política. *Folha de S.Paulo*, São Paulo, 11 jun. 2017.

RESULTADO na França é tragédia para socialistas. *Folha de S.Paulo*, São Paulo, 12 jun. 2017.

SÁNCHES, Alfonso Ayala. *Igualdad y consciencia*: sesgos implícitos em constructores e intérpretes do derecho. México: Universidad Autónoma de México, 2008.

SOWELL, Thomas. *Affirmative action around the world*: an empirical study. New Haven & London: Yale University Press, 2004.

STRANG, Susan. *The Retreat of the State*: the diffusion of power in the world economy. Cambridge: Cambridge University Press, 1996.

STRATERN, Paul. *Uma breve história da economia*. Rio de Janeiro: Zahar, 2003.

TAXA de desemprego fica em 13,6%. *O Estado de S.Paulo*, São Paulo, 1 jun. 2017.

WOLTON, Dominique. Rede social esmaga o futuro e exagera o presente na política. *Folha de S.Paulo*, São Paulo, 11 jun. 2017.

ZIZEK, Slavoj. *Vivendo no fim dos tempos*. São Paulo: Boitempo, 2012.

Informação bibliográfica deste texto, conforme a NBR 6023:2018 da Associação Brasileira de Normas Técnicas (ABNT):

LEWANDOWSKI, Enrique Ricardo. Desglobalização e democracia. *In*: RIBEIRO, Paulo Dias de Moura; FROTA, Cristiane de Medeiros Brito Chaves (coord.). *25 anos de diálogos jurídicos*: coletânea do Seminário de Verão de Coimbra. Belo Horizonte: Fórum, 2022. p. 33-46. ISBN 978-65-5518-331-3.

POPULISMOS E NACIONALISMOS

JAIME NOGUEIRA PINTO

Populismos e nacionalismos

O chamado "populismo" não é propriamente "um fantasma que paira sobre a Europa", glosando as palavras de Marx e Engels sobre o comunismo, em 1848. Ou só o será na medida em que a designação vem dos que, estando no poder ou fazendo parte do "sistema", sentem-se prejudicados ou ameaçados por um fenômeno que se está a tornar popular.

Mas é de um fenômeno complexo e díspar que agora se trata, variando de país para país ou de sociedade para sociedade. Entre os votantes de Donald Trump – do Podemos – da Cinque Stelle – do Front National – não haverá muito em comum, além de estarem contra o *mainstream*, o centro estabelecido, e de as suas posições terem apoio entre os eleitores, isto é, serem populares.

Nos chamados populismos de direita ou à direita, o elemento nacional é decisivo. Por isso há agendas distintas naquilo que consideram prioritário, nos valores e nos inimigos. Se a retórica internacionalista se quer igual em todo o lado – ainda que os diferentes internacionalismos quase sempre ocultem interesses nacionais, de classe ou privados –, os nacionalismos são, declaradamente e por definição, diferentes consoante o contexto, a situação, a relação de poder na "ordem internacional" e a tradição.

Assim, fazer a amálgama dos nacionalismos não é legítimo nem intelectualmente honesto. Mas há quem a faça por interesse ideológico, erguendo, como exemplo e modelo dominante, o nacionalismo da Alemanha do Terceiro Reich e, como contramodelo, um qualquer mundo sem fronteiras, de paz, amor, igualdade e fraternidade entre os cidadãos de todos os gêneros e os povos de todas as raças e religiões. A partir daí, essa retórica internacionalista (à qual estranhamente não se aplica o pejorativo epíteto de populista) entra em delírio, qualificando como atributos de todo o nacionalismo, o racismo, a xenofobia, a guerra, os campos de concentração, todos os horrores.

O nacionalismo apresenta muitas variantes e qualificativos: há o nacionalismo revolucionário e republicano da Revolução Francesa, um nacionalismo que começa por ser defensivo e que depois passa à ofensiva, continuando no nacionalismo também liberal e anti-imperial da Primavera das Nações, na Europa de 1848.

1870: o nacionalismo vira à direita

Em 1870-71, depois da derrota da França às mãos dos prussianos, surgia, entre os vencidos, uma reflexão sobre o sentido e o conteúdo ideológico desse nacionalismo. Olhando-se a derrota de França e procurando-se as suas causas, a nova geração de pensadores nacionalistas – de Maurice Barrés a Charles Maurras, de Taine a Renan – vai acabar por evoluir para posições orgânicas e conservadoras. A derrota levara-os a pensar que a Alemanha – a Alemanha reunificada pela Prússia e por Bismarck –, com os seus valores autoritários, conservadores, orgânicos, conseguira um modelo político-ideológico superior ao da França.

O nacionalismo conservador nasceu aqui e foi sistematizado pela *Action Française* e exportado para o resto da Europa, sobretudo para a Europa Latina. Salazar foi um dos influenciados.

Esse nacionalismo tinha pouco de populista; era mais elitista, reacionário, orgânico, desconfiado do individualismo e das massas. Já o fascismo, que é fundado em 1919 e chega ao poder por via revolucionária em 1922, traz um forte elemento populista ou popular, mobilizado por causas de tipo irredentista – como a ocupação de Fiume e das cidades da costa adriática – e pela retórica antiplutocrática e antivaticanista. Nesse sentido, o fascismo – e as suas versões europeias e sul-americanas – foi populista e popular.

Os novos nacionalismos

O pós-guerra e a crise do mundo eurocêntrico confirmaram ou criaram os nacionalismos das periferias – chinês, indiano, indonésio, africano.

Se os nacionalismos da velha Europa ressuscitavam a glória das nações, corrigiam fronteiras, apelavam à memória e à História, os neonacionalismos das áreas imperiais procuravam descobrir e inventar as suas "nações", mobilizando-as em nome da revolta contra o jugo colonial. Para criar e libertar a nação, tinham que ressuscitá-la ou inventá-la. E assim, entre os finais da década de 1950 e os meados da década de 1970, surgiram dezenas de novos Estados que integraram a sociedade das nações, inscrevendo-se e sendo apoiados pela ONU.

Depois, na Europa Oriental e nos Balcãs, com a decomposição e o fim do Império Soviético, vieram os nacionalismos pós-totalitários, saídos da libertação da tutela comunista. Também por isso, sobretudo nos Balcãs, assumiram características identitárias e digladiaram-se entre si em sangrentas guerras civis, como na ex-Iugoslávia.

Querer amalgamar todos esses nacionalismos ou colocá-los sob um denominador comum de reprovação e *damnatio memoriae*, equiparando-os ao nacional-socialismo não ajuda muito a perceber a realidade.

Do mesmo modo, não faz muito sentido falar de "populismo" como uma categoria genérica ou como um movimento com uma identificação ideológica única e comum. Os populismos são diferentes, uns são "de esquerda", outros "de direita"; há populismos nacionalistas e há outros internacionalistas; como há nacionalismos populistas e nacionalismos elitistas ou conservadores.

O que hoje é comum a todos é o fato de serem populares e de contestarem as forças políticas tradicionais, acusando-as de terem confiscado o poder ao povo. No entanto, apesar desses e de outros traços semelhantes – a contestação ao sistema partidário tradicional e à globalização sem limites, a defesa das identidades nacionais, algum caudilhismo e alguma deriva autoritária –, o que por agora mais os aproxima é precisamente a amálgama em que os seus inimigos procuram encerrá-los.

A eleição de Donald Trump, além de surpreender, perturbar e escandalizar muitos, obriga-nos a pensar – ou deveria obrigar.

Como no fim da Segunda Guerra Mundial, como depois do Vietname e do Watergate, como na vitória na Guerra Fria, essa eleição teve o mérito de acicatar um debate sobre a América e o Mundo fora dos parâmetros habituais, isto é, do internacionalismo liberal como pensamento único.

O Brexit e a vitória de Trump marcaram o fim do velho paradigma: os ingleses privilegiaram a identidade nacional e o governo nacional contra a diluição e a integração europeias, apesar dos custos econômicos e dos sacrifícios no bem-estar. Trump apostou em um programa no qual o *salus populi* do povo americano era proclamado como imperativo para enfrentar a candidata que encarnava a ideologia estabelecida – liberal na economia, libertária nos costumes, internacionalista nas relações externas.

A tendência tinha começado antes, quando os alemães das duas Alemanhas pagaram para reunificar a nação dividida e quando a Rússia saiu dos escombros da União Soviética e se afirmou como potência nacionalista, conservadora e "russa" na Eurásia.

Agora, na Ásia, enquanto Xi Jinping reforça o controle da política e do partido sobre a economia e a sociedade, o Japão de Abe afirma o direito a ter Forças Armadas e a celebrar a História.

O novo centro das lealdades

A Nação e o Estado Nacional, cuja morte foi anunciada e festejada por luminárias mundiais e caseiras, parecem vivos e de boa saúde. O Reino Unido, os Estados Unidos, a Rússia e a China, quatro dos cinco Estados-membros do Conselho de Segurança das Nações Unidas, o *Politburo* do mundo, seguem o novo caminho.

Os internacionalistas liberais que identificaram o nacionalismo, todo o nacionalismo, com o hitlerismo, esqueceram-se de que o nacionalismo é o culto da nação e que a nação é a comunidade identitária por excelência, em que se realizam os valores e as liberdades religiosas, morais e sociais.

Os Estados nacionais voltam a ser o centro das lealdades e da política mundial. Na Ásia e na Ásia-Pacífico, as relações entre Estados lembram a Europa do século XIX depois da reunificação italiana e alemã. O Médio-Oriente, pelo conflito Israel-Palestina e pela fragmentação resultante das guerras do Iraque e da Síria e da emergência do Daesh, é uma zona de divisão e de alta fragmentação, de guerra de todos contra todos, que mostra bem os custos da destruição do Estado soberano e da sua substituição por lealdades religiosas e etnocêntricas. E a estatalidade deficiente de muitos Estados está também na raiz da crise africana.

O fato de os Estados Unidos seguirem uma política de "America First", de proteção das fronteiras e da economia nacional, não deixará de influenciar o resto do continente americano – do Brasil ao México –, confrontado com graves problemas de crime organizado e insegurança urbana. E as nações europeias terão de rever o processo de integração política forçada a optar por qualquer forma de "Europa *a la carte*" que preserve os benefícios do mercado comum, mas que afaste o devaneio federalista.

A realidade e a consequente *Realpolitik* acabarão por impor as suas duras regras às utopias e retóricas otimistas, e a política vai reivindicar os seus direitos contra os determinismos dos mercados e das correções ideológicas.

Informação bibliográfica deste texto, conforme a NBR 6023:2018 da Associação Brasileira de Normas Técnicas (ABNT):

PINTO, Jaime Nogueira. Populismos e nacionalismos. *In*: RIBEIRO, Paulo Dias de Moura; FROTA, Cristiane de Medeiros Brito Chaves (coord.). *25 anos de diálogos jurídicos*: coletânea do Seminário de Verão de Coimbra. Belo Horizonte: Fórum, 2022. p. 47-51. ISBN 978-65-5518-331-3.

DESAFIOS DA DEMOCRACIA: A CRISE DE REPRESENTAÇÃO

JOÃO NUNO CALVÃO DA SILVA

Futuro da democracia: a revalorização do Parlamento

Falar de *desafios* à democracia implica pensar no *futuro* do "menos mau dos regimes políticos", na indispensabilidade da sua *reinvenção*, em especial na urgência da *revalorização da função representativa assegurada pelos Parlamentos* (e respectivos membros).

Na base do mandato representativo, encontra-se a ideia de soberania nacional – os *deputados são representantes da Nação* e não de circunscrições eleitorais ou eleitores determinados –,[1] mais do que a noção de soberania popular ínsita em Rousseau e no Contrato Social, com o poder soberano a residir em cada membro da comunidade.

Não obstante o hodierno discurso político sobre a personalização de cada cidadão[2] apelar, de forma sedutora, aos deputados para agirem como porta vozes de interesses particulares, o Parlamento constitui algo distinto de uma Câmara Corporativa. Nesse sentido, o Parlamento não

---

[1] LE POURHIET, A.-M. Représenter la Nation?. *In: Association française de droit constitutionnel, Représentation et représentativité*, Paris, Dalloz, 2008, p. 10.

[2] JAUME, Lucien. Représentation. *In:* ALLAND, Denis. *Dictionnaire de la culture juridique*, PUF, 2003.

se confunde com outros organismos – também representativos – como confederações patronais, sindicatos ou o Conselho Econômico e Social.

Eixo fundamental do processo decisório público, *o hemiciclo parlamentar é concebido para promover alguma separação entre o Estado e a Sociedade Civil, entre o Público e o Privado*, sendo, por isso, *fundamental a ultrapassagem da crise de representação que vivemos nas democracias ocidentais.*

Articular adequadamente instituições democráticas representativas e mecanismos de democracia direta será o garante do coevo regime democrático:[3] os deputados não devem cair na tentação de espelhar interesses (apenas) dos seus círculos eleitorais e os representados não podem deixar de se rever no Parlamento, sob pena de os populismos e a demagogia alastrarem perigosamente.

Democracia representativa e (complementaridade da) democracia direta

No contexto de uma *sociedade de informação* em evolução constante, rápida e profunda – como, por exemplo, *a internet e as redes sociais (o dito jornalismo de cidadão) a esboroarem o papel mediador e reflexivo dos órgãos de comunicação social tradicionais –*,[4] o modelo democrático tem forçosamente de ser dinâmico e adaptar-se às novas realidades, em nome da sua própria sobrevivência enquanto regime político.

Na esteira de reconhecidos professores de Direito Administrativo (Sabino Cassese) e de Ciência Política (Giandomenico Majone), a condição essencial da legitimação do poder público assenta na denominada *procedimentalização*; a legitimação democrática, de acordo com esse pensamento, ancora-se no *due process of law* norte-americano, com o agir administrativo a pautar-se por garantias semelhantes às do processo jurisdicional, em termos de *abertura, transparência e participação (da sociedade civil)*[5].

---

[3] SAUVÉ, Jean Marc. *Institutions et démocratie représentative.* Discurso realizado em Congresso sobre *Fondation prospective et innovation – Les défis de la démocratie représentative. Quels futurs?*, 21 mar. 2013, inédito.

[4] SILVA, João Nuno Calvão da. Direito, saúde e *media*: breves reflexões. *Revista de Direito Biomédico*, Faculdade de Direito da Universidade de Coimbra, no prelo.

[5] Giulio Napolitano alerta para o fato de a intensificação das exigências do procedimento regulatório e o reforço da participação dos interessados neste "porem o problema de assegurar o justo equilíbrio entre vínculos e flexibilidade, entre exigências de tutela dos privados e objectivos de eficácia da acção regulatória. O risco, noutros termos, de replicar o fenómeno de «ossificação» do procedimento regulatório que caracteriza a recente experiência norte-americana". NAPOLITANO, Giulio. *Regole e mercato nei servizi pubblici.* Bolonha: II Mulino, 2005, p. 114.

Na gênese dessa denominada *legitimação procedimental*, está o funcionamento das *independent regulatory comissions* norte-americanas, assente, essencialmente, na participação dos interessados na tomada de decisões e em amplos deveres de fundamentação e publicitação delas. Através de um procedimento similar ao adotado pelas instâncias jurisdicionais[6] e de uma abertura do processo decisório à sociedade civil, em concretização da *democracia participativa*, a responsabilidade política do aparelho administrativo veria o seu lugar preenchido por um *iter* decisório transparente e de garantias reforçadas.[7]

Nas palavras de Sabino Cassese,

> a quem sustém que as Autoridades [Reguladoras Independentes] devem ser ainda politicamente «accountable», e, portanto, menos independentes, pode responder-se apenas que existe um outro modo de ser «accountable» e que esse modo diverso está na visibilidade das suas decisões, na completude das suas informações, na sua capacidade de atender os interessados. Numa palavra, que a sua *legitimação não deriva da democracia política; mas da democracia procedimental.* (itálico nosso)[8]

Em outros termos: para assegurar a racionalidade e a correção das decisões públicas, o sucedâneo da legitimação político-representativa seria a *legitimação pelo processo* (Luhmann),[9] no quadro de um *Estado osmótico*,[10] osmose entre Estado e Sociedade Civil, com a desvalorização

---

[6] Neste sentido, afirma Alberto Predieri: "A experiência histórica das Autoridades administrativas independentes na sua origem norte-americana dá uma justificação do fenómeno da procedimentalização em tudo análoga à que conhecemos da actividade jurisdicional". PREDIERI, Alberto. I procedimenti amministrativi. *In: II procedimento davanti alle Autoritá indipendenti*, Quaderni del Consiglio di Stato. Turim: Giappichelli, 1999, p. 36.

[7] Nas palavras de Michella Manetti, o procedimento seria "uma forma diversa, mas equivalente" da democracia representativa. MANETTI, Michella. *Poteri neutrali e Costituzione*. Milão: Giuffré, 1994, p. 216.

[8] CASSESE, Sabino. Negoziazione e transparenza nei procedimenti davanti alle Autoritá independenti. *In: Il procedimento davanti alle Autoritá independenti*, Quaderni del Consiglio di Stato. Turim: Giappichelli, 1999, p. 42.

[9] Nas palavras de Niklas Luhmann, "os procedimentos juridicamente ordenados contribuem para a legitimação de decisões juridicamente vinculativas, até as podem suportar [...]. Legitimação como aceitação de decisões vinculativas na própria estrutura decisória". LUHMANN, Niklas. *Legitimation durch Verfahren*. Neuwied am Rhein e Berlim: *Luchterhand*, 1969, p. 7-8.

[10] A expressão "Estado osmótico", a qual parece dever-se a Alberto Predieri, "evoca a interpenetração constante e difusa entre Estado e mercados locais e globais, entre instituições nacionais e supranacionais, entre Mercado e Sociedade". MORISI, Massimo. Verso una Democrazia delle politiche? Un'angolazione politologica per le «Autoritá Independenti» in Italia. *In*: PREDIERI, Alberto. *Le autoritá independenti nei sistemi istituzionali ed economici*, v. I, Florença: Passigli , 1997, p. 26.

do Parlamento, concebido, como referimos acima (cfr. 1), em nome da distinção entre o interesse público e a soma de interesses (societais) diversos.

Pela nossa parte, *não aceitamos a criação de laços diretos com a sociedade como modo de legitimação alternativo ao da representação política.* No máximo, dessa ligação próxima a *lobbies,* retira-se a necessidade de reforço das medidas destinadas a evitar a *captura do regulador pelos regulados.*[11]

Considera-se importante a adoção de procedimentos transparentes, mas *não se pode admitir a superação da legitimidade político-representativa, chave dos sistemas democráticos ocidentais, por pretensões de autorreferencialidade ancoradas em valores, como a imparcialidade e a eficiência*[12]*.* Em nome da democracia, *recusamos a legitimação do Poder Público com base na natureza das coisas, a ideia de autolegitimação através de atuação competente, transparente e aberta à participação dos interessados.*

Em suma: salvar a democracia implica a salvaguarda do clássico princípio da responsabilização governamental ante o Parlamento,[13] reconhecendo

---

[11] Como ensina Vital Moreira, "um dos maiores perigos da regulação consiste na possibilidade de o regulador ser «capturado» pelos regulados, de modo a transformar-se numa forma de autorregulação por meio de entreposto regulador". Economia de Mercado e Interesse Público – Declaração de Condeixa. *In:* MOREIRA, Vital. *Estudos de Regulação Pública* – I. Coimbra, Coimbra Editora, 2004, p. 715.

Para evitar esse *perigo da captura* e garantir que os membros dos reguladores, pessoas idôneas e de capacidade técnica reconhecida, não tenham interesses pessoais nas atividades reguladas que possam comprometer a sua imparcialidade e honorabilidade, prevêem-se listas de incompatibilidades e de impedimentos, um rigoroso regime de exclusividade e um período de nojo (após a cessação do mandato). Nesta matéria, a propósito (do artigo 19º) da Lei-Quadro dos reguladores, consideramos que "as soluções não são inovadoras e parecem-nos proporcionadas, atendendo às limitações nacionais de recursos humanos em domínios de elevada especialização técnica e às limitações financeiras atuais do país." SILVA, João Nuno Calvão da. Poderes e instrumentos regulatórios das entidades reguladoras ao abrigo da Lei-Quadro das entidades administrativas independentes com funções de regulação da actividade económica dos sectores privado, público e cooperativo. *In:* GONÇALVES, Pedro Costa. *Estudos de Regulação Pública* – II. Coimbra: Coimbra Editora, 2015, p. 399.

[12] Acentuando a ideia de eficiência, Fábio Severo Severi considera que "quando se reduz o espaço de responsabilidade do Governo no exercício do poder de direcção, favorece-se uma gestão «por objectivos»". SEVERI, Fabio Severo. Amministrazioni independenti, Agenzie, Autoritá: nuove (o vecchie) formule organizzative per la pubblica amministrazione. *In:* SEVERI, Fabio Severo. *La autoritá amministrative independenti. Aspetti problematici.* Centro di Ricerca sulla amministrazioni pubbliche "Vittorio Bachelet", Quaderni 12. Milão: Giuffré, 1998, p. 131.

[13] Como ensina Barbosa de Melo, nas democracias representativas europeias, ancoradas no princípio da separação dos poderes, a legitimidade popular dos poderes executivo e judicial deve ser garantida indiretamente, "através de um sistema de que fazem parte o princípio da legalidade das decisões judiciais e das decisões administrativas, o instituto do júri e a fiscalização parlamentar da actividade administrativa". A responsabilidade ministerial

os instrumentos da democracia direta (apenas) como elementos de apoio, complementares, da tradicional democracia representativa.[14]

Democracia e combate à despolitização

Para além desse apelo (sub-reptício?) à *democracia ateniense*, no contexto do hodierno *Estado Regulador ou de Garantia,*[15] promove-se a denominada *desgovernamentalização da regulação,*[16] *com os experts a*

---

ante o Parlamento era a chave da legitimação democrática da ação administrativa: "a subordinação hierárquica e a centralização administrativa viram-se, pois, convertidas em instrumentos de democracia". MELO, Barbosa de. Introdução às formas de concertação social. *Boletim da Faculdade de Direito da Universidade de Coimbra*, v. LIX, Coimbra, p. 81 e 84, 1983.

[14] Na nossa dissertação de Mestrado, escrevemos: "Não aceitamos, porém, a ideia de que a combinação de controlos de vária ordem (*v.g.*, recurso judicial, participação pública, procedimentos transparentes) possa sustentar a legitimidade das autoridades reguladoras independentes; só o controlo parlamentar pode atenuar o défice democrático da administração independente." SILVA, João Nuno Calvão da. *Mercado e Estado*: serviços de interesse económico geral. Coimbra: Almedina, 2008, p. 195.

[15] A falência do Estado intervencionista na vida econômico-social do século XX (*Estado Providência*) não tem que determinar o regresso do Estado abstencionista liberal e da *autorregulação* do mercado. Considera-se atualmente fundamental a intervenção exterior, a *heterorregulação pública*, para garantir o bom funcionamento da concorrência e a satisfação das necessidades básicas de todos os cidadãos. De um dirigismo estatal da economia passámos a um *Estado Regulador*, isto é, *a um poder público que, respeitando e incentivando mesmo a economia de mercado, não pode, porém, deixar de a regular e organizar em nome do bem comum*. Mais desenvolvidamente, *vide* SILVA, João Nuno Calvão da. *Mercado e Estado:* serviços de interesse económico geral. Coimbra: Almedina, 2008, p. 77 e ss.

[16] No contexto do denominado Estado Regulador, paralelamente à crescente desintervenção estadual na economia, cumpre destacar a *desgovernamentalização da regulação*, com as autoridades reguladoras, dotadas de independência (embora relativa) do Governo, a assumir a regulação do mercado. São várias as razões normalmente apontadas para a *atribuição da atividade reguladora a autoridades relativamente independentes do Governo*: a neutralização política; o grau elevado de especialização atingido em áreas diversas; a tutela dos consumidores, do ambiente e de outros interesses especiais; a preocupação em distinguir as funções de prestador e de regulador, para assim se garantir a igualdade entre operador(es) do Estado e operador(es) privado(s); a necessidade de assegurar o acesso à rede a todos os operadores em condições iguais, no caso das indústrias de rede; a necessidade de aumentar a participação dos cidadãos; a exigência de garantia de cumprimento das obrigações de serviço público.

De origens norte-americanas, as autoridades reguladoras independentes constituem presentemente fenômeno corrente no panorama da União Europeia, em função não apenas da crença nas virtudes da regulação independente como forma de controle do mercado, mas também das exigências comunitárias de abertura à concorrência em setores econômicos vários, *maxime* nas indústrias de rede. Na verdade, se, inicialmente, o ordenamento comunitário deixava a organização administrativa reservada ao legislador nacional, progressivamente se assiste à crescente *europeização da estrutura e do procedimento regulatório, com várias diretivas a impor a instituição de organismos reguladores independentes na regulação dos mercados liberalizados, independência primeiramente limitada à influência dos regulados e rapidamente alargada a possíveis ingerências políticas.*

assumirem crescentemente o lugar dos políticos na gestão da causa pública, como se a competência, o profissionalismo e a *sagesse* moral fossem exclusivos dos técnicos.

Em um tempo de aprofundamento da internacionalização e de emergência de poderosos grupos econômicos transnacionais, a justiça social tem sido relegada para um plano secundário: a maximização dos lucros não se compadece com a ética da solidariedade.

Uma vez que o primado da Economia cria, ou pelo menos não resolve, problemas graves, como a exclusão ou a desordem urbana, impõe-se devolver o protagonismo da ação pública à política:[17] só esta pode temperar a fúria do mercado selvagem e salvar as democracias da sua implosão.

Para a política reassumir o papel primordial no governo da *res publica*, torna-se indispensável, porém, a sua *credibilização*.[18] Com efeito, o triunfo da partidocracia sobre o mérito tem levado à diminuição da qualidade da atividade política, obrigando à convocação de elites tecnicamente competentes e à constituição de um novo figurino administrativo – a administração independente.

Caracterizadas pela neutralidade em relação à política, as autoridades reguladoras independentes, na sua missão de controle dos mercados, pautam-se por uma atuação de cariz técnico, dirigida fundamentalmente por preocupações com o eficaz funcionamento da economia.

Dito de outro modo: os reguladores, nacionais e europeus,[19] são o reflexo da moderna *despolitização*,[20] vale dizer, do *triunfo da economia*

Para mais desenvolvimentos sobre a *desgovernamentalização da regulação, ver* SILVA, João Nuno Calvão da. *Mercado e Estado:* serviços de interesse económico geral. Coimbra: Almedina, 2008, p. 110-199.

[17] Alain Minc fala em "ressurreição da política". MINC, Alain. *La vengeance des nations.* Paris: Grasset, 1990, p. 243.

[18] Como afirma Gianfranco Poggi, "a característica distintiva do ambiente político moderno de acordo com a qual 'a política é a matriz da acção pública' perdeu uma grande parte da sua credibilidade no decurso das últimas etapas da história do Estado". POGGI, Gianfranco. La nature changeante de l'État – l'État et quelques aspects de son histoire. *In:* WRIGHT Vincent; CASSESE, Sabino. *La recomposition de l'État en Europe.* Coleção Recherches. Paris: La Découverte, 1996, p. 33.

[19] Sobre os reguladores da União Europeia, *ver* SILVA, João Nuno Calvão da. *Agências reguladoras da União Europeia.* Coimbra: Gestlegal, 2017.

[20] A propósito das redes de reguladores europeus, Renaud Dehousse fala em despolitização das políticas públicas europeias, relacionando essa circunstância com o fato de o Parlamento Europeu "não assumir plenamente o papel de caixa de ressonância" dos cidadãos. DEHOUSSE, Renaud. Les États et l'Union européenne: les effets de l'intégration. *In:* WRIGHT Vincent; CASSESE Sabino. *La recomposition de l'État en Europe.* Coleção Recherches. Paris: La Découverte, 1996, p. 62-64.

sobre a política. A disciplina dos mercados por critérios não políticos é entendida como a melhor forma de assegurar o progresso da sociedade.

Não obstante a regulação social se incluir nos objetivos daquelas entidades, uma leitura global, política, da realidade não é sua incumbência, constituindo mesmo fator indesejável de distorção dos mercados.

Do nosso ponto de vista, mais do que intervenções governamentais *ad hoc* a sobrepor a razão política às decisões técnicas dos reguladores, é o modelo da administração independente que deve ser posto em causa: os centros decisórios devem permanecer nos Governos, podendo as vantagens apontadas às autoridades independentes serem cumpridas por Executivos compostos por membros idôneos, competentes e escolhidos independentemente dos aparelhos ou juventudes partidárias.

Dessa forma, assistiríamos ao ressurgir do *primado da política sobre a tecnocracia.* Mais: impondo-se o mérito à cor do partido, encontraríamos a *expertise* em sede democraticamente legítima, o Governo.

Reflexões finais

Evitar a implosão da democracia e prosseguir uma globalização (mais) justa e regulada são objetivos a alcançar com o reforço da política, respaldada no voto popular, e não pela defesa da governação da tecnocracia, na base da moda das administrações independentes (nos Estados Unidos da América, nos Estados europeus, etc.) *e do propalado défice democrático da União Europeia.*

Sem prejuízo da vantagem de uma preparação científica nas decisões, sobretudo em domínios técnicos específicos (*v.g.* segurança alimentar e saúde humana), acredita-se que a palavra final deve repousar sempre no decisor político, por razões de *legitimação democrática.*

Em outra maneira de dizer: embora seja de admitir a *complementaridade da eficiência e da democraticidade,* tem-se por essencial que a imputabilidade de qualquer exercício de autoridade pública radique, em última análise, na vontade coletiva, com a *proeminência da visão política sobre a gestão científica e a supremacia da política sobre a tecnocracia. E, não obstante a coeva tendência fundamental de domínio da técnica e da ciência sobre a política,*[21] *mantemo-nos fiéis à clássica ideia democrática de que todos possam decidir tudo*: reservar as decisões em determinadas matérias a sábios a pretexto da tecnicidade das matérias é, no fundo, restaurar a *arcana imperii* dos absolutistas, excluindo o povo das escolhas para o seu próprio bem.

---

[21] HABERMAS, Jürgen. *Towards a rational society:* student protest, science and politics. Londres: Heinemann, 1971.

Segundo Vital Moreira, "a principiologia de um Estado de Direito não consente a substituição generalizada da administração do Estado por um 'governo de especialistas'".[22]

Naturalmente, mesmo cabendo a gestão do risco somente ao responsável político, numa sociedade fortemente marcada por constantes progressos da ciência e perigos daí potencialmente advenientes, qualquer decisão (política) implicará a existência de uma avaliação prévia dos riscos a cargo de especialistas. A avaliação científica dos riscos constitui, na prática, no contexto da atual sociedade de risco, etapa indispensável para a tomada de decisões proporcionadas, não discriminatórias, transparentes e coerentes.

Em geral, os procedimentos de avaliação científica dos riscos permitem a racionalização da escolha de agir e das medidas a adotar, dotando o decisor político de informações objetivas, de todo o conhecimento de causa que lhe permite ponderar as melhores decisões, sustentadas em dados precisos e pertinentes. E, estando enquadrada a atuação do decisor político em cada vez mais domínios pelo *princípio da precaução*,[23] revela-se essencial a intervenção de *experts* para aferir a existência de riscos plausíveis ou de indícios sérios que permitam razoavelmente duvidar da inocuidade de uma determinada substância ou serviço. Partindo apenas de informações detalhadas e de recomendações cientificamente estruturadas e verificadas, pode a instância decisora optar pela adoção de medidas de precaução ou renunciar a tomar qualquer medida preventiva tendo em conta a existência de

---

[22] MOREIRA, Vital. *Administração autónoma e associações públicas*. Coimbra: Coimbra Editora, 1997, p. 136. Em especial, quanto à ideia de a governação por *experts* ser mais credível, é de sublinhar a afirmação de Martin Shapiro: "o que cria a credibilidade é a desatenção. Quando o público não se importa com algo, a informação dos especialistas é credível. Logo que o público se importa com algo, a informação dos especialistas torna-se simplesmente em outro argumento da luta política." SHAPIRO, Martin. Agencies in the European Union: an American perspective. *The New European Agencies*: Conference Report, EU Working Papers. Instituto Universitário Europeu, San Domenico, 1996, p. 102.

[23] Sobre o princípio da precaução como princípio geral de direito, ver GARCIA, Maria da Glória Dias. Princípio da precaução: lei do medo ou razão de esperança? *In*: CORREIA, Fernando Alves; MACHADO, Jónatas; LOUREIRO, João. *Estudos em homenagem ao Prof. Doutor Gomes Canotilho*, Volume I – Responsabilidade: entre passado e futuro. Coimbra: Coimbra Editora, 2012, p. 454-455. Em especial, sobre a importância do princípio da precaução em domínios como o direito ambiental e do urbanismo, ver ARAGÃO, Alexandra. Dimensões europeias do princípio da precaução. *Revista da Faculdade de Direito do Porto*, VII, p. 245 e ss, 2010; CORREIA, Fernando Alves. A avaliação ambiental de planos e programas: um instituto de reforço da protecção do ambiente no Direito do Urbanismo. *Revista de Legislação e de Jurisprudência*, ano 137, n.3946, p. 6-10; CANOTILHO, Gomes. Electrosmog e relações de vizinhança ambiental: primeiras considerações. *Revista do CEDOUA*, n. 10, p. 9-12, 2002.

riscos meramente hipotéticos para valores, como a saúde pública ou a proteção do ambiente.[24]

Como escreve Maria da Glória Garcia,

> a estrutura democrática representativa do Estado de Direito da modernidade, que alicerça o período da legalidade e o poder discricionário, lida mal com a ignorância sobre os fenómenos científicos com repercussão social e com os fenómenos sociais 'tout court' [...]. A ignorância enquanto fenómeno específico subjacente à construção da 'sociedade do conhecimento' obriga a repensar o exercício democrático do poder, a estruturação do Estado e de outros entes públicos, o modo de realização do direito. [...] A criação de entidades independentes, que funcionam de acordo com uma lógica eminentemente técnica [...], mas sintomaticamente fora da hierarquia administrativa, são uma consequência.[25]

Só que, não obstante a necessidade de pareceres científicos transparentes, independentes e de excelência para impedir a arbitrariedade das medidas adotadas, não é de suprimir a liberdade de apreciação política do decisor relativamente à escolha de agir e ao conteúdo das decisões a adotar. De fato, apenas os decisores públicos se encontram investidos de poder discricionário, a não poderem delegar a margem de apreciação política em experts, abdicando da sua autoridade decisória, para responsabilizarem o parecer técnico pela adoção de determinada medida.

Quer dizer, as recomendações dos especialistas são etapa procedimental relevante do processo decisório, mas não consubstanciam a tomada da decisão propriamente dita, a qual não deve basear-se somente na apreciação científica de comitês ou de agências de *expertise*: tem também de incorporar circunstâncias de ordem econômica, social e ética ponderadas pelo decisor político, que não pode esquecer a dimensão política da questão decidenda, resguardando-se pura e simplesmente no parecer técnico. Termos em que os *apports da expertise* no processo decisório limitam, mas não eliminam a margem de apreciação das instituições responsáveis politicamente pela adoção de decisões.

Nada deve sobrelevar o *reforço da democracia representativa*, porquanto, *sob a capa sexy da (maior) democraticidade direta, apenas se legitima o governo dos lobbies e a preponderância do poder econômico sobre o poder político*, sérios riscos para o regime democrático.

---

[24] Comunicação da Comissão relativa ao princípio da precaução, COM (2000) 1 final, Bruxelas, 02/02/2000, ponto 5.1.

[25] GARCIA, Maria da Glória. *Direito das políticas públicas*. Coimbra: Almedina, 2009, p. 40-42.

Na verdade, *o aprofundamento da democracia direta apresenta claros riscos de colonização totalitária do Estado pelos diversos grupos de interesses,*[26] *com uma igualização do Estado e da sociedade perigosa para a ideia de autoridade pública e do próprio Estado de Direito, no âmbito de uma denominada democracia neocorporativa.*[27]

Em outra formulação, uma governança *accountable* e pluralista, com envolvimento dos *stakeholders*, por mais virtuosa que possa parecer, não pode substituir ou dispensar o governo democrático: não deve, pois, deixar de ser vista como "second-best", com função meramente suplementar ou complementar do circuito representativo democrático tradicional.[28]

Conforme realçou o Tribunal Constitucional germânico, "a mera participação deliberativa dos cidadãos e das suas organizações societárias na deliberação política [...] não pode substituir a conexão legitimadora baseada em eleições e outras votações", constituindo, neste sentido, a participação apenas um meio de "tornar mais efectiva a legitimidade representativa e democrática".[29]

De outro modo, a substituir-se o efeito disciplinador do direito de sancionar eleitoralmente o poder público pelo aprofundamento de mecanismos vários de *accountability* e processos de *governança multinível* participados, por-se-á em causa o clássico princípio de "um homem, um voto" e enfraquecer-se-á o governo democrático.[30]

---

[26] OTERO, Paulo. *A democracia totalitária*: do estado totalitário à sociedade totalitária: a influência do totalitarismo na democracia do século XXI. CASCAIS: Principia, 2001, p. 220 e ss.

[27] MACHADO, João Baptista. A hipótese neocorporativa. *In: Obra dispersa*, II, Braga, 1993, p. 461 e ss.

[28] Sobre o conceito de *accountability* democrática no contexto das formas de democracia representativa, ver BELLAMY, Richard; PALUMBO, Antonino. *Political accountability*. Ashgate, 2010, p. 3-113. Acentuando os pontos de conexão entre a *accountability* e a democracia direta, incluindo nesta apenas os referendos e os mecanismos de iniciativa, ver TRECHSEL, Alexander H. Reflexive accountability and direct demo-cracy. *West European Politics*. Routledge, v. 33, n. 5, set. 2010, p. 1050 e ss.
No âmbito da tentativa de sistematização dos tipos de *accountability* pública existentes, Mark Bovens distingue a *accountability* política – em que relevam os representantes eleitos, os partidos políticos, os eleitores e, mais recentemente, os meios de comunicação social – da *accountability* social, em que ressaltam os grupos de interesses e outros *stakeholders* em geral, tendo esta surgido como "reacção a uma reconhecida falta de confiança nos governos." BOVENS, Mark. Analysing and assessing accountability: a conceptual framework. *European Law Journal*, v. 13, n. 4, p. 454 e ss, jul. 2007,.

[29] Cfr. acórdão do Tribunal Constitucional alemão (BVerfG), 2 BvE 2/08, de 30/06/2009, n. 272. Disponível em: http://www.bverfg.de/entscheidungen/es20090630_2bve000208en. html.

[30] Nas palavras certeiras de Yannis Papadopoulos, "as tendências de governança como a judicialização, a delegação em agências independentes ou reformas administrativas

É que, *reconhecendo, embora como extremamente enriquecedor o envolvimento dos atores sociais no processo de elaboração de políticas, uma maior participação de grupos interessados em dada área não significa necessariamente aprofundamento da democraticidade.* Com efeito, *o envolvimento de grupos sociais vários no processo decisório acarreta mais um governo dos interesses (mais bem) organizados no interior da sociedade civil do que verdadeiramente um governo pelo povo*, razão pela qual, reconhecendo as vantagens decorrentes da maior participação e abertura aos destinatários nos diversos procedimentos de decisão pública, *considera-se a representação democrática tradicional insub-rogável.*[31]

Informação bibliográfica deste texto, conforme a NBR 6023:2018 da Associação Brasileira de Normas Técnicas (ABNT):

SILVA, João Nuno Calvão da. Desafios da democracia: a crise de representação. *In*: RIBEIRO, Paulo Dias de Moura; FROTA, Cristiane de Medeiros Brito Chaves (coord.). *25 anos de diálogos jurídicos*: coletânea do Seminário de Verão de Coimbra. Belo Horizonte: Fórum, 2022. p. 53-63. ISBN 978-65-5518-331-3.

---

inspiradas nos princípios do 'New Public Management' [...] enfraquecem o efeito do voto ao deslocar o poder para instituições não representativas e não democraticamente *accountable"*, constituindo a governança multi-nível e em rede um verdadeiro "paradoxo [...] caracterizado por mais *accountability*, mas menos democracia." PAPADOPOULOS, Yannis. Accountability and multi-level governance: more accountability, less democracy? *West European Politics*, v. 33, n. 5, p. 1043-1044, set. 2010. Mathieu Petithomme refere-se a "um novo modelo pós democrático baseado no funcionalismo e na eficiência em detrimento do tradicional mandato popular." PETITHOMME, Mathieu. La despolitización de la política europea y el dilema del déficit democrático. *Cuadernos Europeos de Deusto*, n. 39, 2008, p. 163.

[31] VEROLA, Nicola. *L' Europa legittima:* principi e processi di legittimazione nella costruzione europea. Florença: Passigli editore, 2006, p. 128. Nas palavras do autor, "a única teoria normativa que justifica o exercício da autoridade com base num mandato proveniente 'de baixo' é, de facto, a democrática, através dos mecanismos do voto individual e da representação".

MEIO AMBIENTE, ECONOMIA E SUSTENTABILIDADE: O BRASIL NO CONTEXTO DE NOVA ORDEM ECONÔMICO-FINANCEIRA

JOÃO OTÁVIO DE NORONHA

Introdução

O conceito de desenvolvimento sustentável está bem definido no Relatório Brundtland[1] como aquele

> [...] que procura satisfazer as necessidades da geração atual, sem comprometer a capacidade das gerações futuras de satisfazerem as suas próprias necessidades. Significa possibilitar que as pessoas, agora e no futuro, atinjam um nível satisfatório de desenvolvimento social e econômico e de realização humana e cultural, fazendo, ao mesmo tempo, um uso razoável dos recursos da terra e preservando as espécies e os *habitats* naturais.

---

[1] Também conhecido como *Nosso futuro comum*, publicado em 1987 pela Comissão Mundial sobre Meio Ambiente e Desenvolvimento, da ONU. Disponível em: https://edisciplinas. usp.br/pluginfile.php/4245128/mod_resource/content/3/Nosso%20Futuro%20Comum.pdf.

Tal é o grande desafio dos tempos atuais, no Brasil e no mundo: encontrar os caminhos que levem a esse estado de satisfação coletiva de maneira duradoura, buscando harmonizar os diversos aspectos que interferem na qualidade da vida humana. E – responsabilidade maior ainda – assegurar às próximas gerações as condições ideais para que possam também satisfazer, de forma adequada, suas necessidades.

Não é tarefa fácil, sobretudo porque, ao longo das últimas décadas, ocorreu demasiada preocupação com a quantidade do crescimento econômico, mas não com sua qualidade, circunstância que, além de não responder às questões da pobreza, da geração de emprego, da distribuição de renda, acabou por agravar as mazelas sociais e aumentar, de maneira irresponsável, a utilização dos recursos naturais do planeta.

O crescimento econômico (leia-se quantidade de crescimento) tornou-se, após a grande depressão que atingiu os Estados Unidos da América em 1929, o maior objetivo de política econômica para a maioria dos países, tendo-se transformado, na visão de muitos, "na única esperança para a redução ou eliminação da pobreza".[2]

Como consequência, tanto os países desenvolvidos quanto os em desenvolvimento criaram seus próprios modelos teóricos para alcançar aquela meta o mais rapidamente possível.

É inegável que o crescimento econômico, ancorado nas significativas inovações tecnológicas, acabou sendo responsável por profundas transformações ocorridas ao longo do século, embora não tenha conseguido equilibrar os notáveis índices de desigualdade social; ao contrário, aprofundou-os em muitos casos, conforme já referido.

No final do século, no entanto, os modelos então existentes davam sinais de esgotamento, principalmente pela percepção de que já não podiam mais responder à complexidade das novas relações surgidas em decorrência da globalização da economia, da escassez de recursos naturais que se prenunciava e dos próprios excessos que alguns modelos econômicos incorporaram.

Em bem elaborado trabalho apresentado no IX Encontro Nacional da Sociedade Brasileira de Economia Ecológica – ECOECO 2011, os economistas Beatriz Macchione Saes e Iderley Colombini Neto mostraram como o padrão de consumo norte-americano, aliado às facilidades criadas pelos métodos de engenharia financeira habilmente construídos ao longo das últimas décadas, desconectados das bases reais da economia

---

[2] JONES, H.G. *Modernas teorias do crescimento econômico*: uma introdução. São Paulo: Atlas, 1979, p. 12.

e das limitações biofísicas do planeta, desencadeou crise financeira nos Estados Unidos, alastrando-se ou repercutindo mundialmente.

Abordando o tema *Insustentabilidade Financeira e Limites Ecológicos na Economia Contemporânea*, os autores apontaram

> para a inviabilidade ecológica e econômica, no longo prazo, da manutenção da trajetória de crescimento financeiro iniciada nas últimas décadas. [...] Em outras palavras, a estabilidade econômica depende da validação das dívidas, que, no entanto, só podem ocorrer pelo crescimento econômico. Porém, [...] este crescimento não pode prosseguir indefinidamente, uma vez que é restringido pelos próprios limites materiais do planeta. Logo, no sistema econômico dirigido pelas finanças, a sustentabilidade econômica só pode prosseguir ao custo da crescente insustentabilidade ecológica, mas não indefinidamente, pois há restrições concretas ao crescimento.[3]

A noção de desenvolvimento continua intimamente ligada, ainda hoje, à ideia de crescimento econômico. Consideram-se países desenvolvidos aqueles que ostentam os melhores indicadores econômicos (leia-se, mais uma vez, quantidade de crescimento).

No entanto, como se viu, o crescimento econômico encontra limites materiais na própria escassez de recursos naturais, o que leva muitos especialistas a preconizar que o modelo atual de desenvolvimento está saturado, sendo

> [...] necessário refletir sobre uma transição social e ecológica dos países ricos rumo a uma economia de menor consumo energético e material. Ou seja, esses países precisam de um crescimento econômico e financeiro que tenha como referência as bases físicas reais do planeta.[4]

Em termos mais radicais, há quem defenda mesmo uma economia sem crescimento nos países ricos como única forma de evitar novas crises no futuro:

> Nesse sentido, o retorno às políticas anticíclicas keynesianas, que vise estimular a demanda e ocupar a capacidade ociosa da economia, como solução para a atual crise, é incompatível com o objetivo de atingir o desenvolvimento sustentável, mesmo que haja uma predominância

---

[3]   Disponível em: http://files.camolinaro.net/200000549-e34f0e447e/INSUSTENTABILIDADE %20FINANCEIRA%20E%20LIMITES%20ECOLOGICOS.pdf.

[4]   Disponível em: http://files.camolinaro.net/200000549-e34f0e447e/INSUSTENTABILIDADE %20FINANCEIRA%20E%20LIMITES%20ECOLOGICOS.pdf.

de investimentos verdes. Um "keynesianismo verde", que realize investimentos em segurança energética, em infraestruturas de baixo carbono e na proteção ecológica, só pode ser compatível com uma mudança da trajetória econômica se estiver inserido num conjunto de políticas de transição para uma economia sem crescimento nos países desenvolvidos. Se, no entanto, tais políticas de recuperação tiverem como último objetivo restabelecer o crescimento econômico, mesmo que de forma diversa do atual, acabarão por reforçar o caráter insustentável do desenvolvimento em voga.[5]

Torna-se necessária, por isso, a procura por novas fórmulas de desenvolvimento, menos dependentes do crescimento financeiro e mais articuladoras dos aspectos econômico, social e ambiental. Essas são as premissas básicas para alcançar o desenvolvimento sustentável.

Importante salientar que o alerta dirigido aos países desenvolvidos vale também para os ditos emergentes e para aqueles que ainda se encontram em condições de maior pobreza. Ora, se existe hoje a clara consciência da inviabilidade futura do modelo capitalista atual, baseado no excesso de consumo e endividamento dos governos, empresas e indivíduos, parece não haver dúvidas quanto à necessidade de buscar novos caminhos que permitam alcançar a melhoria das condições de vida da população sem os riscos das crises recorrentes.

Obviamente, o Brasil está inserido nesse contexto mundial e sujeito às mesmas vicissitudes que atingem muitos países que adotam o capitalismo como regime econômico.

É bem verdade que o país tem conseguido atravessar o momento até agora mais agudo da crise sem sofrer as turbulências que se verificam aqui e acolá.

Deve-se atentar, contudo, para o fato de que essa relativa imunidade acontece, entre outras razões, pela adoção de políticas públicas voltadas exatamente para a facilitação do consumo e o endividamento da população, ou seja, pela adoção do mesmo receituário que, no limite, parece ter levado ao desencadeamento da crise americana.

É certo que chegamos a esse limite crítico. Se não houver alteração da rota, poderemos incorrer nos mesmos equívocos dos que hoje sofrem as consequências daquele modelo de desenvolvimento.

Vem a calhar, por isso, a análise de alguns dispositivos da Constituição Federal brasileira, os quais, transpostos de sua condição de regras meramente programáticas para o mundo das realizações,

---

[5] Disponível em: http://files.camolinaro.net/200000549-e34f0e447e/INSUSTENTABILIDADE %20FINANCEIRA%20E%20LIMITES%20ECOLOGICOS.pdf.

permitem vislumbrar em que termos o Brasil pretende ocupar seu lugar na economia globalizada das próximas décadas.

A Constituição Federal

Da ordem econômica e financeira

A Constituição Federal brasileira, seguindo a tendência de outras constituições capitalistas mais modernas, afastou-se do modelo econômico-liberal preconizado por Adam Smith, fundado na regra do *laissez faire, laissez passer*, e passou a privilegiar o que se convencionou chamar de Estado Social, modelo econômico intervencionista em que o Estado passa a regular a atividade econômica. Não é por outra razão que se previu, no texto constitucional, entre os diversos dispositivos que tratam de matéria econômico-financeira, a possibilidade de exploração da atividade econômica diretamente pelo Estado "quando necessária aos imperativos de segurança nacional ou a relevante interesse coletivo" (art. 173, *caput*), bem como as premissas de atuação do Estado "como agente normativo e regulador da atividade econômica" de forma a exercer as "funções de fiscalização, incentivo e planejamento, sendo este determinante para o setor público e indicativo para o setor privado" (art. 174, *caput*).

Dispõe o art. 170 que

> a ordem econômica, fundada na valorização do trabalho humano e na livre iniciativa, tem por fim assegurar a todos existência digna, conforme os ditames da justiça social, observados os seguintes princípios: I – soberania nacional; II – propriedade privada; III – função social da propriedade; IV – livre concorrência; V – defesa do consumidor; VI – defesa do meio ambiente, inclusive mediante tratamento diferenciado conforme o impacto ambiental dos produtos e serviços e de seus processos de elaboração e prestação; VII – redução das desigualdades regionais e sociais; VIII – busca do pleno emprego; IX – tratamento favorecido para as empresas de pequeno porte constituídas sob as leis brasileiras e que tenham sua sede e administração no País.

Deduz-se claramente da leitura do dispositivo constitucional em comento que o Brasil adotou o modelo capitalista de produção, fundado, por um lado, na regra da livre iniciativa; por outro, na valorização do trabalho humano e com o objetivo manifesto de assegurar a todos existência digna conforme os ditames da justiça social. O trabalho humano foi elevado ao patamar de principal fator de produção, merecendo compensação proporcional à sua importância na ordem econômica.

Além disso, mencionado artigo estabeleceu, nos diversos incisos, os princípios norteadores da atividade econômica, colocando lado a lado aqueles de índole eminentemente capitalista e os próprios de economia dirigida, estes últimos a demonstrar que a intervenção nessa seara poderá ocorrer de forma mais abrangente do que se poderia supor à primeira vista.

Raul Machado Horta, citado por Alexandre de Moraes, ante tal realidade, afirma que a ordem econômica estabelecida no texto constitucional brasileiro "está impregnada de princípios e soluções contraditórias. Ora reflete no rumo do capitalismo neoliberal, consagrando os valores fundamentais desse sistema, ora avança no sentido do intervencionismo sistemático e do dirigismo planificador, com elementos socializadores".[6]

Prossegue Horta em suas observações:

> No enunciado constitucional, há princípios-valores: soberania nacional, propriedade privada, livre concorrência. Há princípios que se confundem com intenções: reduções das desigualdades regionais, busca do pleno emprego; tratamento favorecido para as empresas brasileiras de capital nacional de pequeno porte (alterado pela EC nº 6/95); função social da propriedade. Há princípios de ação política: defesa do consumidor, defesa do meio ambiente.[7]

Imperfeições à parte, a presença dessas e de outras regras relativas à ordem econômica e financeira no texto constitucional caracteriza aquilo que os doutrinadores denominam de *constituição econômica*, a qual, nas palavras de Vital Moreira,

> é o conjunto de preceitos e instituições jurídicas que, garantindo os elementos definidores de um determinado sistema econômico, instituem uma determinada forma de organização e funcionamento da economia e constituem, por isso mesmo, uma determinada ordem econômica; ou, de outro modo, aquelas normas ou instituições jurídicas que, dentro de um determinado sistema e forma econômicos que garantem e (ou) instauram, realizam uma determinada ordem econômica concreta.[8]

---

[6] HORTA, Raul Machado apud MORAES, Alexandre de. *Direito Constitucional*. 27. ed. São Paulo: Atlas, 2011, p. 838.

[7] HORTA, Raul Machado apud MORAES, Alexandre de. *Direito Constitucional*. 27. ed. São Paulo: Atlas, 2011, p. 838.

[8] MOREIRA, Vital apud TAVARES, André Ramos. *Direito Constitucional Econômico*. 2. ed. São Paulo: Método, 2006, p. 75.

Sobre o mesmo assunto, ensina José Alfredo de Oliveira Baracho que

> a relação entre Constituição e Sistema Econômico ou mesmo Regime Econômico, é frequente nas constituições modernas, que contemplam pautas fundamentais em matéria econômica. Chega-se a falar que, ao lado de uma constituição política, reconhece-se a existência de uma Constituição econômica.[9]

Eros Grau, por sua vez, argumenta que "o artigo 170 prospera, evidenciadamente, no sentido de implantar uma nova ordem econômica",[10] não podendo a atuação estatal, por tal motivo, vincular-se apenas "à ordem estabelecida do presente, à defesa do presente, mas também à formulação de uma ordem futura, antecipação do porvir".[11]

É sabido que entre a intenção e o gesto medeia grande distância. Mostra-se válida, por isso, a lição de José Afonso da Silva, que, ante os termos em que redigido o mencionado art. 170, alerta com ceticismo:

> Não nos enganemos, contudo, com a retórica constitucional. A declaração de que a ordem econômica tem por fim assegurar a todos existência digna, só por si, não tem significado substancial, já que a análise dos princípios que informam essa mesma ordem não garante a efetividade daquele fim.
>
> A ordem econômica configurada na Constituição prevê apenas algumas medidas e princípios que, bem lembrou Josaphat Marinho, em termos válidos ainda, "poderão sistematizar o campo das atividades criadoras e lucrativas e reduzir desigualdades e anomalias diversas, na proporção em que as leis se converterem em instrumentos reais de correção das contradições de interesses privados. [...]
>
> Mas, desses princípios e medidas advêm soluções de transição, apenas moderadoras dos excessos do Capitalismo. São fórmulas tecnocráticas e neocapitalistas, que não suprimem as bases de ordem econômica individualista, fundada no poder privado de domínio dos meios de produção e dos lucros respectivos.[12]

---

[9] BARACHO, José Alfredo de Oliveira. O princípio da solidariedade: conceito e evolução. *Cadernos de Direito Constitucional e Ciência Política*, n. 19, p. 11.

[10] GRAU, Eros Roberto. *A ordem econômica na Constituição de 1988 (interpretação e crítica)*. São Paulo: Malheiros, 2004, p. 157.

[11] GRAU, Eros Roberto. *A ordem econômica na Constituição de 1988 (interpretação e crítica)*. São Paulo: Malheiros, 2004, p. 309.

[12] SILVA, José Afonso da. *Comentário Contextual à Constituição*. 6. ed. São Paulo: Malheiros, 2008, p. 709-710.

No entanto, é o próprio constitucionalista, para amenizar seu posicionamento retromencionado, quem reconhece:

> Algumas providências constitucionais formam, agora, um conjunto de direitos sociais com mecanismos de concreção que, devidamente utilizados, podem tornar menos abstrata a promessa de justiça social. Esta é realmente uma determinante essencial, que impõe e obriga a que todas as demais regras da Constituição econômica sejam entendidas e operadas em função dela.[13]

Conclui o mestre:

> Um regime de justiça social será aquele em que cada um deve poder dispor dos meios materiais para viver confortavelmente segundo as exigências de sua natureza física, espiritual e política. Não aceita as profundas desigualdades, a pobreza absoluta e a miséria. O reconhecimento dos direitos sociais, como instrumentos de tutela dos menos favorecidos, não teve, até aqui, a eficácia necessária para reequilibrar a posição de inferioridade que lhes impede o efetivo exercício das liberdades garantidas. Assim, no sistema anterior, a promessa constitucional de realização da justiça social não se efetivará na prática. A Constituição de 1988 é ainda mais incisiva no conceber a ordem econômica sujeita aos ditames da justiça social para o fim de assegurar a todos existência digna. Dá à justiça social um conteúdo preciso. Preordena alguns princípios da ordem econômica – a defesa do consumidor, a defesa do meio ambiente, a redução das desigualdades regionais e pessoais e a busca do pleno emprego – que possibilitam a compreensão de que o Capitalismo concebido há de humanizar-se (se é que isso seja possível) com a efetivação da justiça social. Traz, por outro lado, mecanismos na ordem social voltados à sua efetivação. Tudo depende da aplicação das normas constitucionais que contêm essas determinantes, esses princípios e esses mecanismos.[14]

É verdade que a concretude do preceito constitucional só se torna efetiva a partir da vontade política dos que detêm o poder. É necessário, por isso, que a sociedade civil organizada, os partidos políticos, o próprio Poder Judiciário estejam vigilantes e prontos para repelir qualquer tentativa de transformar em letra morta aqueles nobres objetivos traçados na Constituição Federal.

---

[13] SILVA, José Afonso da. *Comentário Contextual à Constituição*. 6. ed. São Paulo: Malheiros, 2008, p. 710.

[14] SILVA, José Afonso da. *Comentário Contextual à Constituição*. 6. ed. São Paulo: Malheiros, 2008, p. 710.

Os princípios arrolados no referido art. 170 são considerados os núcleos condensadores do empreendimento privado e da função pública, de modo que, em uma ordem econômica objetivamente definida no texto constitucional, todas as atividades desenvolvidas pelos particulares e todas as ações implementadas pelo Poder Público devem necessariamente estar em consonância com o objetivo maior de "assegurar a existência digna, conforme os ditames da justiça social", como se lê no *caput* do dispositivo.

Da ordem social

No texto constitucional, em título específico, reafirma-se que a ordem social tem sua base no primado do trabalho e tem como objetivos o bem-estar e a justiça sociais.

Ao lado de disposições que tratam da seguridade social, da saúde, da previdência e assistência sociais, da educação, da cultura e do desporto, da ciência e tecnologia e da comunicação social, destaca-se o capítulo relativo ao meio ambiente.

O art. 225 estabelece que "todos têm direito ao meio ambiente ecologicamente equilibrado, bem de uso comum do povo e essencial à sadia qualidade de vida, impondo-se ao Poder Público e à coletividade o dever de defendê-lo e preservá-lo para as presentes e futuras gerações".

A análise do referido dispositivo há de ser feita em conjunto com o disposto no art. 170, IV, da Carta Magna, uma vez que é patente a estreita relação que o legislador constituinte procurou estabelecer entre o Direito Econômico e o Direito Ambiental a fim de alcançar o almejado desenvolvimento sustentável.

Importante registrar que, mesmo antes da promulgação da Carta de 1988, a Lei nº 6.938/1981 já definia como objetivo da política de meio ambiente a "compatibilização do desenvolvimento econômico social com a preservação da qualidade do meio ambiente e do equilíbrio ecológico".

Celso Fiorillo, citado por Antônio Souza Prudente, afirma:

> o princípio do desenvolvimento sustentável tem por conteúdo a manutenção das bases vitais da produção e reprodução do homem e de suas atividades, garantindo igualmente uma relação satisfatória entre os homens e destes com o seu ambiente, para que as futuras gerações também tenham oportunidade de desfrutar os mesmos recursos à nossa disposição. [...] A preservação do meio ambiente passou a ser palavra de ordem, porquanto sua contínua degradação implicará diminuição da capacidade econômica do país, e não será possível à nossa geração e

principalmente às futuras desfrutar uma vida com qualidade. Assim, a livre iniciativa, que rege as atividades econômicas, começou a ter outro significado. A liberdade de agir e dispor tratada pelo Texto Constitucional (a livre iniciativa) passou a ser compreendida de forma mais restritiva, o que significa dizer que não existe a liberdade, a livre iniciativa, voltada à disposição de um meio ambiente ecologicamente equilibrado. Este deve ser o objetivo. Busca-se, na verdade, a coexistência de ambos sem que a ordem econômica inviabilize um meio ambiente ecologicamente equilibrado e sem que este obste o desenvolvimento econômico.[15]

A jurisprudência do Supremo Tribunal Federal firmou-se nesse sentido, como se depreende de voto do Ministro Celso de Mello, de cuja ementa consta o seguinte trecho:

> O princípio do desenvolvimento sustentável, além de impregnado de caráter eminentemente constitucional, encontra suporte legitimador em compromissos internacionais assumidos pelo Estado brasileiro e representa fator de obtenção do justo equilíbrio entre as exigências da economia e as da ecologia, subordinada, no entanto, à invocação desse postulado, quando ocorrente situação de conflito entre valores constitucionais relevantes, a uma condição inafastável, cuja observância não comprometa nem esvazie o conteúdo essencial de um dos mais significativos direitos fundamentais: o direito à preservação do meio ambiente, que traduz bem de uso comum da generalidade das pessoas, a ser resguardado em favor das presentes e futuras gerações.[16]

Disse mais o Ministro Celso de Mello:

> A atividade econômica não pode ser exercida em desarmonia com os princípios destinados a tornar efetiva a proteção do meio ambiente.
> A incolumidade do meio ambiente não pode ser comprometida por interesses empresariais nem ficar dependente de motivações de índole meramente econômica, ainda mais se se tiver presente que a atividade econômica, considerada a disciplina constitucional que a rege, está subordinada, dentre outros princípios gerais, àquele que privilegia a "defesa do meio ambiente" (CF, art. 170, VI), que traduz conceito amplo e abrangente das noções de meio ambiente natural, de meio ambiente cultural, de meio ambiente artificial (espaço urbano) e de meio ambiente laboral. Doutrina.

---

[15] FIORILLO, Celso *apud* PRUDENTE, Antônio Souza. A missão constitucional do Poder Judiciário republicano na defesa do meio ambiente e do desenvolvimento sustentável. *Revista de Direito Ambiental*, ano 17, v. 66, p. 85-86, 2012.

[16] MC na ADI nº 3.540/DF, *DJU* de 03.02.2006.

[...]

Todos têm direito ao meio ambiente ecologicamente equilibrado. Trata-se de um típico direito de terceira geração (ou de novíssima dimensão), que assiste a todo o gênero humano (RTJ 158/205-206). Incumbe, ao Estado e à própria coletividade, a especial obrigação de defender e preservar, em benefício das presentes e futuras gerações, esse direito de titularidade coletiva e de caráter transindividual (RTJ 64/158-161). O adimplemento desse encargo, que é irrenunciável, representa a garantia de que não se instaurarão, no seio da coletividade, os graves conflitos intergeneracionais marcados pelo desrespeito ao dever de solidariedade, que a todos se impõe, na proteção desse bem essencial de uso comum das pessoas em geral. Doutrina.[17]

A defesa do meio ambiente é, portanto, princípio modelador da ordem econômica e condição indispensável para a continuidade e sustentabilidade dos processos produtivos. Assim, o Direito Econômico e o Ambiental devem ser vistos como interdependentes e complementares na persecução do interesse maior que é a melhoria da qualidade vida.

Conclusão

É certo que o sistema capitalista ainda é a melhor forma para alcançar o bem-estar social e individual, sobretudo porque, em regra, tal sistema floresce nos países que adotam o regime democrático, de valorização das liberdades, indispensável para a completude do ser humano.

É necessário, porém, aprender com as lições do passado. Não se pode persistir em um modelo que, dia após dia, tem-se mostrado inadequado para resolver situações hoje inaceitáveis, como a miséria, a fome, a degradação do meio ambiente.

Vale, por isso, a observação de Dowbor quando rememora a lógica não consumada do liberalismo econômico:

A ideia era que o padeiro teria todo interesse em produzir bom pão, e barato, e em quantidade, pois assim ganharia muito dinheiro; e da preocupação do padeiro consigo mesmo resultaria a fartura de pão para todos. Nascia a visão utilitarista, que acabaria por tornar-se a única filosofia realmente existente no chamado liberalismo. A visão do padeiro e a crença na resolução automática das tensões macro que resultam de milhões de decisões microeconômicas tornam-se ridículas

---

[17] MC na ADI nº 3.540/DF, *DJU* de 03.02.2006.

num planeta que enfrenta o impacto dos gigantescos grupos transnacionais, as poderosas redes de comércio de armas, os monopólios da mídia mundial, a destruição acelerada da vida dos mares, o aquecimento global, o acúmulo das chuvas ácidas, a especulação financeira globalizada, o comércio ilegal de drogas, órgãos humanos e prostitutas infantis, e tantas outras manifestações de um processo econômico sobre o qual perdemos o controle.[18]

A crise econômica atual pode transformar-se em oportunidade para a implementação de mudanças de comportamento que privilegiem a solidariedade, a redução das desigualdades sociais e o uso racional dos recursos naturais.

Vozes já se levantam em defesa de novos modelos de crescimento que possibilitem compatibilizar aqueles princípios encartados na Constituição brasileira – e certamente na de muitos outros países – com os ideais de liberdade democrática, tão caros à nossa tradição ocidental, esses também merecedores de nossa luta diária em prol de sua eterna permanência.

Caberá aos países emergentes papel fundamental nesse processo de mudanças, que poderá levar o planeta a novo patamar de desenvolvimento.

Milita a seu favor o fato de seus modelos econômicos não se encontrarem ainda tão fossilizados quanto os dos países desenvolvidos, o que os torna mais permeáveis às inovações.

Informação bibliográfica deste texto, conforme a NBR 6023:2018 da Associação Brasileira de Normas Técnicas (ABNT):

NORONHA, João Otávio de. Meio ambiente, economia e sustentabilidade: o Brasil no contexto de nova ordem econômico-financeira. *In*: RIBEIRO, Paulo Dias de Moura; FROTA, Cristiane de Medeiros Brito Chaves (Coords.). *25 anos de diálogos jurídicos*: coletânea do Seminário de Verão de Coimbra. Belo Horizonte: Fórum, 2022. p. 65-76. ISBN 978-65-5518-331-3.

---

[18] DOWBOR, L. *Capitalismo: novas dinâmicas, outros conceitos*. Disponível em: http://dowbor. org/2000/01/capitalismo-novas-dinamicas-outros-conceitos-2.html/.

CRIMES INTERESTADUAIS

JORGE MUSSI

Por ser um construto intelectual e envolver um considerável grau de complexidade, o Direito permite um número indefinido de formatos, mudando ao sabor das premências e vontades políticas, econômicas e culturais.

Esse polimorfismo e a variedade de seus resultados práticos autorizam um sem-número de experiências jurídicas ao redor do globo, reflexo da já aludida multiplicidade de soluções para a mesma problemática.

Nesse contexto, ciosos que somos de resolver as agruras pelas quais passam nossas respectivas comunidades, a comparação de estatutos jurídicos, em um mundo que permite a célere transmissão do conhecimento, torna-se imperiosa ferramenta de aprimoramento e otimização.

Ignorar o conhecimento alheio seria o mesmo que desprezar um manancial ímpar de soluções possivelmente melhores do que aquela que atualmente temos como superior. Ostentar o véu da ignorância, por vezes, em que pese confortável, pode custar caro, e o preço, não raro, é pago em vidas.

Não obstante a massificação de problemas, a expansão desse ponto comum internacional importa, colateralmente, na massificação de soluções. A pesada informatização, o avanço irrefreável no desenvolvimento de inteligências artificiais e a construção de uma lenta – mas paulatina – parametrização dos ordenamentos ocidentais são marcas comuns desse novo mundo, realidade da qual não nos será dado fugir por longo tempo.

O assunto aqui recai sobre os crimes transestaduais, ou transnacionais, como são chamados no Brasil.

Uma vez que tais delitos representam uma séria ruptura dos direitos difusos provenientes à sociedade, recebem imensa atenção dos doutos, que se debruçam sobre os seus elementos com o fito de encontrar uma solução eficaz para o problema.

Para bem entender o fenômeno da transnacionalidade dos crimes, a primeiro, impende voltar as vistas àqueles que, de modo mais maciço e contumaz, perpetram-nos: as organizações criminosas. Há diversas análises históricas que explicam o surgimento delas.

Sabe-se que as organizações criminosas não podem ser consideradas um fenômeno recente. Tem-se, a título de exemplo, ainda nos séculos XVII e XVIII, os piratas, que já contavam com uma estrutura hierárquica que os tornavam uma organização estável, apoiada por redes oficiais de alguns Estados, visando ao cometimento de delitos além das fronteiras de suas terras natais. Da mesma forma, mais recentemente, os grupos mafiosos italianos também são conhecidos por terem, em sua estrutura, uma forte equipe devidamente hierarquizada e com divisão de tarefas devidamente delineadas.

Extrai-se da literatura especializada, outrossim, que as organizações criminosas de caráter transnacional ganharam impulso com o término da Guerra Fria, haja vista o relaxamento das linhas fronteiriças dos países.

No Brasil, uma das principais causas para o desenvolvimento da criminalidade organizada foi o significativo êxodo rural, que permeou a década de 1970, seguido do forte cenário de crise e da estagnação econômica que marcou os anos 1980. A baixa instrução, a carência de oportunidades, a inércia estatal – marcada por políticas populistas inconsequentes – e o vazio ético decorrente de uma miríade de fatores estruturantes da sociedade brasileira, desde seus primórdios, representaram fatores decisivos no surgimento de regiões periféricas das grandes metrópoles, as quais se tornaram, em pouco tempo, focos de criminalidade.

A conivência estatal e o narcotráfico, impulsionados por organizações criminosas estrangeiras, que encontraram nesses bolsões de pobreza um ambiente ideal de negócios, acabaram por possibilitar que fossem forjadas, ao menos em grande parte, as organizações criminosas brasileiras.

Com isso, criou-se, em território nacional, solo fértil para o desenvolvimento de mecanismos criminosos estruturados e controlados, fortemente hierarquizados por meio de códigos de conduta e imposição de regras internas e aprofundada divisão de tarefas – a propalada organização criminosa.

Em suma, as organizações criminosas passaram a integrar um quadro internacional de delitos, o que debilitou, consideravelmente, a capacidade de controle criminal por parte de cada Estado, de modo isolado.

Vale dizer: os Estados ficaram impotentes ante o vulto das organizações, cujas colossais dimensões – seja de suas operações ou de suas estruturas pessoais e materiais – e elevado grau de fluidez tornam o combate nacional isolado inviável.

Além dos agentes criminosos, é crucial, por outro vértice, analisar as consequências dos delitos transestaduais, já que são elas que dão gênese ao combate levado a cabo pelos entes internacionais.

A presença do crime organizado internacional, por sua natural força financeira e, por vezes, paramilitar, implicam, sem dúvida, a fragilização da segurança e das relações internacionais, o colapso econômico, social, político e moral, a deterioração do círculo social, a adulteração do mercado e a corrupção das instituições do Estado por meio dos instrumentos da corrupção e do tráfico de influência.

A título de exemplo, cita-se o delito de lavagem de dinheiro, consectário do crime de tráfico, tendo em vista que se busca dissimular a origem ilícita de ativos financeiros adulterando o mercado financeiro de capitais. Ou, ainda, a evasão de divisas, posto que sua prática ludibria o Fisco por intermédio da operação dólar-cabo (crime recorrente na divisa entre Brasil e Paraguai), burlando e corrompendo as instituições estatais.

Despontando, no viés do dano social, tem-se, também, o problema do tráfico de imigrantes, uma das atividades ilegais que mais se expandiu no século XXI, que consiste em comercializar, escravizar, explorar e privar vidas com o fito exclusivo de enriquecimento ilícito (terceiro negócio ilícito mais rentável, atrás somente das drogas e armas, segundo dados da Organização Mundial do Trabalho).

Ou seja, o crime organizado, quando se fala em dano social, econômico e político, basicamente viola todas as premissas básicas do que se entende por direitos humanos; corrompe as soberanias dos entes, tendo em vista que os assuntos internos acabam por ficar ingerenciáveis; e adultera o mercado econômico com o encobrimento do lucro obtido de forma ilícita, desregulando os negócios financeiros e contribuindo para a crise mundial.

A gravidade de tais consequências, bem como a incapacidade de combate individual aos agentes criminosos, inspirou, pois, a atuação conjunta dos Estados, por meio de uma efetiva cooperação jurídica internacional, traduzida na repressão conjunta e coordenada ao crime organizado transnacional.

Esse auxílio mútuo entre Estados – que se estende, mas não se restringe, à luta contra o narcotráfico, contra a exploração sexual, contra a mercancia ilícita em sua generalidade – já demonstrou exponencial avanço em seu *modus operandi*, muito embora, como é natural, necessite de avanços.

Nessa linha, destaca-se, em 2018, a realização de um acordo--quadro sobre combate ao crime organizado entre a União Europeia e países da América Latina no conhecido evento intitulado Programa de Assistência Contra o Crime Transnacional Organizado (PACCTO), cujo plano de cooperação dele decorrente já apresenta significativos resultados.

Do mesmo modo, buscando dar maior efetividade à Convenção de Palermo, a ONU, também no ano passado, preocupada com a questão, reuniu mais de 800 representantes governamentais em Viena para discutir os desafios globais atualmente enfrentados nessa área, no chamado United Nations Convention Against Transnational Organized Crime (UNTOC). Nele foi apresentado um novo conjunto de propostas e medidas que abrange o combate a esses crimes, colocando como prioridade máxima o combate ao crime organizado transnacional.

Em solo brasileiro, o Poder Judiciário tem enfrentado a matéria com grande rigor. Visando à integridade das instituições, ameaçadas diuturnamente pela insidiosa e sub-reptícia atuação das organizações criminosas (que, aliás, infiltraram-se na própria estrutura do Estado), os aplicadores do direito têm se posicionado contra a impunidade em diversos aspectos, principalmente no campo jurisprudencial.

Exemplo disso é a Ação Penal nº 470 (caso Mensalão) e a recente Operação Lava Jato, que vem colecionando condenações a crimes de colarinho branco – cujas proporções, ao menos, são inéditas no Brasil, inclusive repatriando fundos públicos pulverizados ao redor do globo.

Já no âmbito legislativo, o atual Ministro da Justiça, Sérgio Moro, apresentou novo Projeto de Lei Anticrime, que endurece as regras para combater o crime organizado. Tal projeto confere maior rigor na punição dos crimes transnacionais, bem como sugere alterações e adaptações na atual legislação, formalizando a possibilidade de ação conjunta de investigação na apuração desses crimes transnacionais, facilitando a sua punição.

Na seara executiva, o governo brasileiro repensou sua forma de combater esse tipo de criminalidade e criou o Sistema Nacional de Informações de Segurança Pública (Sinesp), com o escopo de coletar, atualizar e analisar informações das forças de segurança em três áreas: combate à criminalidade, controle dos presídios e enfrentamento do tráfico como um todo.

Apesar da positiva iniciativa em criar tais bancos de dados, de nada adiantará se eles não abarcarem dados internacionais – dada a transnacionalidade das organizações criminosas –, pois os bancos de dados devem reunir informações universais.

Destaca-se, ainda, o investimento em pessoal capacitado, a valorização salarial e o emprego da tecnologia nas regiões fronteiriças.

Além disso, impende fazer menção ao aprofundamento da investigação relativa à corrupção institucional, que facilita a entrada e a saída da mercancia ilícita dos países; à reocupação dos espaços das autoridades policiais; à cooperação civil, entre outros.

Diante de tudo isso, afirma-se felizmente o que já está sendo feito: a conscientização de que o crime organizado transnacional traduz-se em problema de cunho global.

No entanto, apesar de todas essas iniciativas, ele ainda corre a passos largos à nossa frente, instigando-nos a perseguir um novo norte a ser seguido. Certamente, talvez a legislação precise ser mais bem calibrada, prevendo mais modalidades de atuação criminosa e deixando de seguir critérios eminentemente objetivos que não combatem efetivamente a atuação delituosa.

O Brasil, assim como Portugal, precisa de leis eficientes, de mecanismos satisfatórios para que o combate ao crime organizado entre linhas fronteiriças não fique somente na utopia dos pensamentos e torne-se efetivamente um instrumento de realidade social.

Sem isso, não há Estado Democrático de Direito, tampouco de civilização digna desse nome, o que faz lembrar os dizeres de Nelson Mandela: "Devemos promover a coragem onde há medo, promover o acordo onde existe conflito e inspirar a esperança onde há desespero".

Informação bibliográfica deste texto, conforme a NBR 6023:2018 da Associação Brasileira de Normas Técnicas (ABNT):

MUSSI, Jorge. Crimes interestaduais. *In*: RIBEIRO, Paulo Dias de Moura; FROTA, Cristiane de Medeiros Brito Chaves (coord.). *25 anos de diálogos jurídicos*: coletânea do Seminário de Verão de Coimbra. Belo Horizonte: Fórum, 2022. p. 77-81. ISBN 978-65-5518-331-3.

DISSOLUÇÃO POPULISTA DA JURIDICIDADE E FUNCIONALIZAÇÃO DO ESTADO DE DIREITO

JOSÉ JOAQUIM GOMES CANOTILHO

Enquadramento

No Seminário de Verão promovido pelo IPEJA e pela Associação de Estudos Europeus de Coimbra, realizado na Faculdade de Direito de Coimbra entre 3 e 5 de julho de 2017, coube-nos a responsabilidade de problematizar a representação política e o populismo. Trata-se de um tema que hoje provoca assinalável dispersão narrativa, não só porque a teorização encobre várias experiências políticas de "contemporaneidade concreta", mas também porque está em causa o problema crucial da identificação dos *deficits sistêmicos da juridicidade*. Muito recentemente, uma revista francesa[1] teceu interessantes propostas reflexivas em torno do tópico *Démocratie et Populism*, identificando dois regimes e práticas políticas como exemplos de *dissolução populista da juricidade*. Entretanto, em que consiste essa juridicidade e quais são as suas revelações fenomênicas?

Em muitos confrontos políticos, os caminhos sombrios da dissolução do Estado de Direito apontam para a Constituição. Exige-se a

---

[1] L'OBS Hors Série, 2017.

revisão da Constituição e a feitura de uma nova. Critica-se o chamado *status quo* judicialista, nomeando-se novos juízes em substituição aos indicados pelo governo e neutralizam-se retroativamente decisões judiciais anteriores.

A função pública e o sistema audiovisual são conformados como pedras funcionais da "dessubstancialização" sistêmica da juridicidade. Reforça-se o poder Executivo, enfraquecendo-se os contrapoderes e, em geral, as garantias institucionais e constitucionais estruturantes do Estado de Direito. Os agentes administrativos são selecionados de acordo com a orientação partidária, sobrepondo-se os critérios políticos aos critérios de competência. Chega-se mesmo a novos arranjos organizatórios referentes aos poderes de tutela, perfilando-se, como exemplo típico, a tutela do audiovisual pelo ministro das finanças.

No plano político-constitucional, os nervos vertebradores reconduzem-se direta ou indiretamente à recuperação decisionista-democratizante: (1) monopólio da representação pelo povo; (2) eliminação de corpos intermediários considerados entraves à expressão do voto popular; (3) fuga às imposições constitucionais e europeias em nome da democracia.

O Estado de Direito não se reconduz a um "Estado iliberal". Qualquer que seja a cunhagem da separação de poderes (Montesquieu) e a estruturação eleitoral representativa e participativa (Rousseau) da vontade do povo, a democracia legitima-se em uma forma de governo republicano, liberal e democrático. Teorizar a democracia, como fazem políticos e doutrinários (Kaczynski, Urban), a partir de categorias como *democracia não liberal* e de *impossibilismo legal* abre as portas à neutralização direta e indireta do Estado de Direito e do princípio da juridicidade. Consideramos, porém, que o democratismo populista não é o único "produtor" da crise. Se virarmos o observatório para a própria juridicidade, verificaremos que a gravitação com buracos negros se esconde na própria funcionalização do Estado de Direito. Vejamos por quê.

O Estado de Direito nas discussões atuais

I O "stress" do Estado de Direito

1. O jurista familiarizado com a problemática do *Estado de Direito* e, em termos mais amplos, com a juridicidade de *comunidades de Direito*, está hoje perplexo com a turbulência em torno de um princípio que se julgava estabilizado e indiscutível. Alguns autores falam mesmo de

"Estado de Direito sob stress".[2] Outros avançam com a ideia de dispensabilidade da forma principial englobante sugerida pelo princípio em questão, pois todos os problemas relevantes no âmbito da juridicidade dos esquemas jurídico-políticos estão resolvidos pela consagração de princípios ou regras específicas plasmados nos textos constitucionais ou equivalentes (direitos fundamentais, separação e interdependência de poderes, constitucionalidade dos atos dos poderes públicos, autonomias territoriais, proibição do excesso, etc.).[3]

Mais recentemente, procura-se conferir precisão ao *status* epistemológico do princípio, sublinhando a sua dimensão valorativa (não primariamente formalística) e a sua extensão a comunidades politicamente organizadas fora do contexto do "Estado nacional soberano".[4] Nessa perspectiva, o Estado de Direito é definido como a versão do Estado moderno que, com base em uma filosofia individualística e por meio de processos de difusão e de diferenciação do poder, atribui ao ordenamento jurídico a função primária de tutelar os direitos civis e políticos, "contrastando", com esta finalidade, a inclinação do poder para o arbítrio e a prevaricação.[5]

II A hipertrofia garantística

2. O Estado de Direito encontra-se também submetido a variadas críticas tendentes à relativização e mudança dos *standards* de juridicidade progressivamente sedimentados. Denunciam-se a hipertrofia garantística da juridicidade estatal e os perigos da edificação de um "Estado de Direito total".[6] O excesso de garantismo é invocado por todos aqueles que consideram a globalização como um desafio para o Direito Público. Esse esquema de regras organizatórias, procedimentais e processuais cristalizadoras de juridicidade é também contestado em nome da necessidade da "aceleração", "simplificação", "ponderação

---

[2] BIN, Roberto. *Lo Stato di diritto*. Bologna, 2004, p. 67.

[3] Em termos paradigmáticos, KÜNIG, Phillip, *Das Rechtsstaatsprinzip*. Tübingen: 1986, p. 109 e 457 e ss.; ROSENFELD, Michel. Judicial Balancing in Times of Stress: Comparing the American, British, and Israeli Approaches to the War on Terror. *Cardozo Law Review*, 27, p. 767-832, 2006.

[4] De forma aprofundada, PALOMBELLA, Gianluigi. *È possibile una legalità globale? Il rule of law e la governance del mondo*, 2012, p. 69 e ss.

[5] COSTA, Pietro; ZOLO, Danilo. *Lo Stato di diritto*, 3. ed, 2006, p. 44, de onde se retira a formulação do texto; BIN, Roberto. *Lo Stato di diritto*, Bologna, 2004; PALOMBELLA, Gianluigi. *È possibile una legalità globale? Il rule of law e la governance del mondo*, 2012, p. 69 e ss.

[6] BETTERMANN, Karl August.. *Der totale Rechtsstaat*, 1986.

de interesses", "contratualização" e "informalização" para o desenvolvimento econômico.[7]

3. O excesso de juridicidade e de garantismo também é um mote obsessivo dos defensores do Estado de segurança e da democracia iliberal. A criminalidade crescente, o terrorismo, a insegurança individual e coletiva demonstrariam que a "sociedade de risco" e a "sociedade de perigo"[8] exigem outras abordagens jurídicas e políticas sobretudo no campo dos Direitos Constitucional, Penal, Processual Penal e Processual Administrativo. Os objetivos de tolerância zero e do Direito Penal do inimigo inserir-se-iam nessa perspectiva crítica. Ao Estado de Direito clássico são exigidas "garantias", "formalidades" e "procedimentos" que não coloquem em risco a sua própria capacidade de prestação.[9]

III Juridicidade e economicidade

4. O Estado de Direito dá-se mal com critérios econômicos. Ao lado da juridicidade e da justiça, os princípios da *efectividade* e da *eficiência*, economicamente trabalhados, obrigam a desconstruções (ex: da burocracia estatal, dos serviços públicos, do sector público da economia) e a reconstruções dos esquemas organizatórios (privatização, desregulação, desformalização) com a consequente criação de novas formas de atuação no exercício de poderes públicos (*governance*, regulação, cooperação entre poderes públicos e poderes privados, garantia de resultados econômicos viáveis, *outsourcing*). Sublinha-se a incapacidade ou insuficiência do Direito como instrumento de conformação da ordem jurídico-social. A inflação legislativa, a perda de validade do direito estatal num contexto de globalização, a insuficiente capacidade de prognose dos agentes públicos, os limites notórios no nível da própria formulação linguística dos atos normativos, a abertura para situações concretas assentes em critérios econômicos em desfavor dos

---

[7] Garantismo é um neologismo com o qual se pretende recolher o conjunto de técnicas de tutela de direitos fundamentais. Num sentido mais restrito, está ligado ao sistema de garantias processuais do Direito penal, na tradição clássica do pensamento penal liberal. FERRAJOLI, Luigi. *Democracia y Garantismo.* Madrid, 2001, p. 61.

[8] São aqui obrigatórios os livros de BECK, Ulrich: *Risikogesellschaft*, Frankfurt/M, 1986; *Weltrisikogesellschaft*, Frankfurt/M, 2007.

[9] Veja-se o importante livro de ROYO, J. Perez; DURÁN, M. Carrasco. *Terrorismo, democracia y seguridad.* Madrid, 2010. Em língua portuguesa, existem hoje importantes estudos: AMARAL, D. Freitas do. Reflexões sobre alguns aspectos jurídicos do 11 de Setembro e suas sequelas. *In: Liv. Hom. Isabel Magalhães Colaço,* III. Coimbra, 2006, p. 236 e ss.; PIÇARRA, Nuno. Terrorismo e direitos fundamentais: as *smart sanctions* na jurisprudência do Tribunal de Justiça da União Europeia e no Tratado de Lisboa. *In: Est. Hom. Gomes Canotilho,* III. Coimbra, 2012, p. 711 e ss.

atos jurídicos tradicionais (leis, regulamentos, atos administrativos), impõem a tomada em consideração de *formas de regulação não jurídicas* e o arrepio das exigências estreitas da juridicidade.[10]

O Estado de Direito também não se alinha com a *sociedade de informação e de comunicação*. As dificuldades da administração do Estado perante os *downloads* caleidoscópicos e os "partidos-pirata" regateadores da internet gratuita e livre são apenas sinais recentes da perda de força conformadora das medidas e procedimentos jurídicos do Estado de Direito.

IV Juridicidade e populismo

5. Tudo o que se acaba de expor merece uma suspensão reflexiva exigente e aberta. Deve salientar-se, porém, que o Estado de Direito não é um aparelho jurídico, ou melhor, um conjunto de artefatos técnico-jurídicos apenas adaptado às premissas filosóficas e políticas do Estado liberal e do individualismo burguês. As condições possibilitadoras da sua emergência e solidificação representam os *pressupostos culturais e políticos*[11] do Estado de Direito.

O princípio da juridicidade estatal garante constitucionalmente a "medida e a forma" (K. Hesse) justas de atuação dos poderes públicos em uma comunidade organizada. A "ambiance" desses pressupostos constitucionais assenta em uma verdadeira cultura e civilização jurídicas (liberdade individual e coletiva, direitos e garantias, administração pública profissional e imparcial, igualdade de acesso aos cargos públicos, acesso ao direito e à tutela jurisdicional efetiva, vinculação de todos os poderes à constituição, responsabilidade dos poderes públicos ou de privados com poderes públicos pelos danos causados aos particulares no exercício desses poderes, justiça administrativa com esquemas processuais adequados). As dificuldades atuais obrigam ao repensamento do princípio da juridicidade. Não se pretende atirar essa aquisição cultural para o campo das "velharias jurídicas". Mesmo lá, onde o *grau zero do Estado de Direito*[12] parece radicar o pessimismo

---

[10] Um exemplo de grande acuidade é fornecido pela discussão em torno da sustentabilidade da dívida pública. Sob o ponto de vista da juridicidade, justificar-se-ia o travão ao endividamento "de modo a evitar que a bancarrota orçamental implique ingerências confiscatórias nas posições jurídico-constitucionais dos cidadãos e que, em termos de justiça geracional, haja uma sobrecarga quer sobre a geração atual quer sobre as gerações futuras." KOEM, Maxi. *Eine Bremse für die Staatsverschuldung*. Tübingen, 2011, p. 155 e ss.

[11] HÄBERLE, Peter. *Verfassungslehre als Kulturwissenschaft*, 2. ed., 1998.

[12] Obra do jurista da Guiné-Bissau. KOSTA, Emílio Kafft. *O grau zero do Estado de direito é uma notável expressão deste pessimismo*.

perante a inoperacionalidade do princípio da juridicidade estatal fora dos seus quadros culturais, é indispensável uma problematização reflexiva e aberta.

Deficit sistêmico e conflitos de juridicidade na União Europeia

I Crise constitucional e crise de juridicidade

1 Juridicidade como dimensão constitutiva da União Europeia

1.1 Deficit sistêmico

1. A juridicidade estatal surge normativamente consagrada como um dos valores constitutivos da União Europeia (TUE, art. 2º). Dada a dimensão constitutiva desse princípio, entende-se que ele não está imune às crises atuais da União Europeia, desde a crise da dívida ou do excesso de endividamento até a crise constitucional, quer dos Estados-Membros, quer da União Europeia. Mais concretamente, existe um *deficit sistêmico* que perturba a promoção da *Rule of Law* no ordenamento jurídico da União Europeia. A juridicidade é ameaçada quando um número significativo de agentes, em diversos setores, deixa de garantir expectativas normativas, a ponto de originar um *déficit* na *confiança* no direito e nas instituições públicas.[13]

1.2 Indicadores

2. Através de vários indicadores monitorizados por diferentes esquemas de controlo e de regulação,[14] é possível trabalhar com dados referentes à corrupção (*control of corruption*), à qualidade da regulação (*regulatory quality*), à juridicidade (*rule of law*) e à efectividade de governo no que respeita à qualidade de serviço (*government effectiveness*).

Centrado especificamente no *Rule Law Index*, o *World Justice Project* (WJP) analisa nove categorias: limitação do governo através da lei, ausência de corrupção, ordem e segurança, direitos fundamentais,

---

[13] BOGDANDY, Armin Von; IOANNIDIS, Michael. Das Systemische Defizit, Merkmale, Instrumente und Problem am Beispiel der Rechtsstaatlichkeit und des neuen Rechtsstaatlichkeitsaufsichtsverfahren. *ZaöRV*, 2, 2014, p. 283-328.

[14] Exemplos: *Worldwide Governance Indicators* (WGI), *World Justice Project* (WJP).

governo aberto, cumprimento das regulações, funcionamento da justiça civil, da justiça criminal e da justiça informal ou consensual.

A mobilização de alguns desses dados indicou que a juridicidade da União Europeia era confrontada com a "juridicidade fraca" de vários Estados-Membros, designadamente na promoção da estatalidade macroeconômica e do desenvolvimento sustentável. Perante as externalidades negativas detectadas em vários campos, tornou-se indispensável a imposição de condicionalismos por meio de "memorandos de entendimento" e de um "procedimento de fiscalização da juridicidade".

Com este último procedimento, visa-se especificamente controlar diversos aspectos da juridicidade – princípio da legalidade, segurança jurídica, proibição do arbítrio do Poder Executivo, controlo judicial, efectivo e independente, direito a procedimento justo, divisão de poderes e igualdade perante a lei –, podendo as entidades europeias competentes emitir uma recomendação (*rule of law recommendation*).[15]

1.3 Funcionalização da juridicidade

3. É visível que o procedimento de fiscalização da juridicidade procura resolver disfunções da *rule of law*, a fim de, no nível do sistema jurídico, neutralizar fragilidades estruturais que vão do combate ao crime organizado e à corrupção até a inoperacionalidade do sistema de justiça. O problema dessa abordagem sistêmica é a de colocar no banco dos réus os sistemas jurídicos dos Estados-Membros a fim de legitimar políticas de ajustamento econômico e financeiro.

Algumas políticas tornam o sistema de juridicidade estatal mais fraco em virtude das inúmeras medidas – financeiras, fiscais, sociais, laborais – derrogatórias de princípios incontornáveis do Estado de Direito (princípio da protecção da confiança e da segurança jurídica, princípio da proporcionalidade, princípio da não retroatividade de leis fiscais e de leis restritivas de direitos fundamentais). À narrativa da fragilidade do princípio do Estado de Direito pode ser oposta a que está subjacente à doutrina do déficit sistêmico, salientando-se a violação de direitos humanos e de direitos fundamentais imbricada

---

[15] Vide a exposição de BOGDANDY, Armin Von; IOANNIDIS, Michael. Das Systemische Defizit, Merkmale, Instrumente und Problem am Beispiel der Rechtsstaatlichkeit und des neuen Rechtsstaatlichkeitsaufsichtsverfahren. *ZaöRV*, 2, 2014,p. 322. O procedimento a que se faz referência no texto tem como título "Communication from the Commision to the European Parliament and the Council: A New Framework to Strengthen the Rule of Law", 11.3.2014, COM (2014) 158.

no pacote de medidas econômico-financeiras impostas a cidadãos de alguns Estados-Membros.[16]

Mesmo em análises serenas centradas nos aspectos econômico-financeiros,[17] o problema do *conflito de juridicidades* – a juridicidade da União Europeia e a juridicidade dos Estados-Membros – justifica a reproblematização do sentido de Estado de Direito e de juridicidade estatal. O assédio econômico financeiro obriga a um sofrimento judicial: "É de assinalar que os tribunais constitucionais estão hoje em sofrimento, nos países que (como Portugal) tiveram de submeter-se a traumáticos vínculos externos".[18]

> A tenaz que aperta princípios de elevado valor jurídico em confronto com a consciência dos efeitos potencialmente desestabilizadores das sentenças, num clima de assédio econômico, induz os juízes a procurar um difícil equilíbrio, no qual entra também, por vezes, a possibilidade de diferir pragmaticamente os efeitos das sentenças.[19]

O problema do conflito de juridicidades reconduz-nos, afinal, a uma discursividade crítica da visão europeia do deficit sistêmico: o princípio da juridicidade estreitamente *funcionalizado* a políticas econômicas. As consequências de tal compreensão da juridicidade são aniquiladoras da própria *ratio essendi* dessa mesma juridicidade. Os princípios ou requisitos convocados para densificar a juridiciade europeia destinam-se a servir à nova forma de *gubernaculum*, ou seja, a *governance* europeia.

A ideia de *dualidade do direito* que esteve sempre presente na consolidação da juridicidade estatal ou da *rule of law* – existência de um direito positivo para lá do direito positivo do domínio político-econômico – dissolve-se nos sistemas de "constituições financeiras multinível".[20] O último passo nesse sentido detecta-se também na

---

[16] FISCHER-LESCANO, Andreas. *Human Rights in Times of Austerity. The EU Institutions and the Conclusion of Memoranda of Understanding*. Baden-Baden, 2014.

[17] GIOVANNELLI, Adriano. Vincoli europei e decisione di bilancio. *Cuaderni Costituzionali. Rivista Italiana di Diritto Costituzionali*, XXXII, 4, p. 933 e ss, 2013.

[18] GIOVANNELLI, Adriano. Vincoli europei e decisione di bilancio. *Cuaderni Costituzionali. Rivista Italiana di Diritto Costituzionali*, XXXII, 4, p. 933 e ss, 2013.

[19] GIOVANNELLI, Adriano. Vincoli europei e decisione di bilancio. *Cuaderni Costituzionali. Rivista Italiana di Diritto Costituzionali*, XXXII, 4, p. 933 e ss, 2013.

[20] Vide as considerações críticas de PALOMBELLA, Gianluigi. *È possibile una legalità globale? Il rule of law e la governance del mondo*, 2012, p. 235 e ss.

introdução de categorias como interesse público e direito de necessidade político-administrativa.

Law shopping e Forum shopping

O teste mais recente à inderrotabilidade do princípio do Estado de Direito ou princípio da juridicidade emerge da *colocação no mercado* dos próprios ordenamentos jurídicos.[21] Subjacente à ideia de compra e venda de leis e ordenamentos jurídicos (*law shopping*) e de compra e venda de tribunais (*forum shopping*) está a chamada atratividade econômica do Direito. Determinados indicadores relativos a determinados elementos dos ordenamentos jurídicos – legislação agilizadora de negócios, legislação flexibilizadora das relações de trabalho, legislação incentivadora no plano fiscal, organização judiciária eficiente, proteção do direito de propriedade, proteção de acionistas[22] – justificariam o aparecimento de outras qualidades dos sistemas jurídicos (globalidade, eficiência, agilização, amizade para com os negócios) radicalmente diferentes daquelas que estão associadas ao princípio da juridicidade.

O sentido da concorrência de ordenamentos exige, desde logo, uma resposta no nível da constituição. Pode submeter-se a lei constitucional ao cálculo econômico? É possível substituir o padrão de juridicidade típico do Estado de Direito – sobretudo nas dimensões de vinculação ao direito igual e justo – pelo paradigma da liberdade de escolha e discricionariedade dos ofertantes do mercado? Será adequado configurar a concorrência como um elemento de divisão de poderes, neutralizador de regulações autoritárias desproporcionadas? Em que termos um Estado pode arrogar-se ser importador e exportador de direito?[23] Em suma: o paradigma do Estado e de outras entidades públicas e privadas, nacionais e transnacionais objetivamente alicerçado em "produtos" do Direito como "mercadoria" e em indivíduos como "clientes" está em condições de substituir o paradigma constitucional – o "cânone constitucional" forjado pelo constitucionalismo – centrado

---

[21] Vide Gemeinwohl durch Wettbewert?. *VVDSTRL*, v. 69, 2010, em que se discute a concorrência de ordenamentos jurídicos (Anne Peters e Thomas Giegerich) e a democracia como ordem de concorrência (Armin Hatje e Markus Kotzur).

[22] O *World Economic Forum* que se reúne anualmente em Davos publica regularmente o *Global Competitiveness Reports*, em que estão inventariados os indicadores da atratividade econômica do direito.Vide Peters, Anne. "Wettbewerb von Rechtsordnungen. *In*: *Gemeinwohl durch Wettbewerb?*. *VVDSTRL*, v. 69, 2010, p. 9 e ss.

[23] Vide os recentes trabalhos de EIDENMÜLLER, Horst. Recht als Produkt. *JZ*, v. 64, 2009, p. 641 e ss; MICHAEL, L., Wettgewerb von Rechtsordnungen. *DVBL*, 2009, p. 1062 ss; GREESZICK, B. Lässt sich eine Verfassungs kalkulieren?. *JZ*, 2003, p. 647 e ss.

em bens jurídicos impregnadores de uma cultura radicada em uma profunda arquitetura de juridicidade?

Informação bibliográfica deste texto, conforme a NBR 6023:2018 da Associação Brasileira de Normas Técnicas (ABNT):

CANOTILHO, José Joaquim Gomes. Dissolução populista da juridicidade e funcionalização do Estado de Direito. *In*: RIBEIRO, Paulo Dias de Moura; FROTA, Cristiane de Medeiros Brito Chaves (Coords.). *25 anos de diálogos jurídicos*: coletânea do Seminário de Verão de Coimbra. Belo Horizonte: Fórum, 2022. p. 83-92. ISBN 978-65-5518-331-3.

MEIO AMBIENTE E OS DESAFIOS DO CLIMA

LUIS FELIPE SALOMÃO

Isaac Asimov, um dos mais importantes escritores de ficção científica do século XX, lançou a reflexão: "Apenas uma guerra é permitida à espécie humana: a guerra contra a extinção".

Nesse contexto e segundo a grande maioria dos cientistas, desde a Revolução Industrial, não houve preocupação em se preservar o meio ambiente, e a utilização de combustíveis fósseis para a produção de energia seguiu sem limites. O resultado é o efeito estufa, que representa um dos maiores problemas que a humanidade enfrenta no século XXI.

Seus desdobramentos envolvem as migrações, os refugiados e os direitos humanos, e impactam diretamente as questões econômicas das nações desenvolvidas e subdesenvolvidas.

Pesquisas revelam que, em Bangladesh, 62 milhões de pessoas estão desabrigadas por desastres climáticos. Em outros países, como Vietnã, Paquistão, Laos e Sri Lanka, estima-se que cerca de 25 milhões de pessoas foram forçadas a deixar seus lares por tragédias ambientais, o que já configura um grande problema para a comunidade europeia. Em nível global, a previsão é de que, em 30 anos, cerca de 200 milhões de pessoas fiquem desabrigadas.

Um exemplo bastante destacado na doutrina específica é o caso das Ilhas Tuvalu, um estado insular no Pacífico que pode desaparecer, ainda no século XXI, pela ação do clima sobre o seu território. Seus governantes iniciaram tratativas para permitir a movimentação e retirada de seus cidadãos. A Austrália se recusou a receber os refugiados e a

Nova Zelândia impôs condições que restringem os hipossuficientes, deixando os habitantes da Ilha em situação bastante incomum de refugiados em seu próprio país. A questão está sendo acionada em tribunais internacionais, mas apresenta-se ainda sem solução.

Em um instigante artigo para a *Folha de S.Paulo,* de 16 de junho de 2019, o jornalista Antônio Prata traçou um paralelo entre a inércia que dominou os engenheiros de Chernobyl diante da tragédia ambiental provocada pelo gravíssimo acidente nuclear, correspondente a cerca de 20 a 30 bombas de Hiroshima concentradas, e a cegueira diante do aquecimento global: "Estamos na mesma situação dos engenheiros de Chernobyl. Nós estamos assistindo à devastação sem que façamos o dever de casa".

Analisando esse fenômeno do ponto de vista da mitigação dos efeitos do dano, mais precisamente das formas de composição desses danos em relação às mudanças climáticas, são poucos os casos no mundo e também no Brasil. Em termos de legislação, é importante destacar a Conferência das Nações Unidas para a agenda 2030 que ocorreu em Nova York, em 2015, no plano global. No caso brasileiro, o destaque é para a Lei nº 12.187, de 2009, que depois foi complementada pelo Decreto nº 7.390, de 2010, que instituiu a Política Nacional sobre Mudança no Clima e estabeleceu princípios, objetivos, diretrizes e instrumentos, e é com base nessa lei que as Cortes brasileiras debatem o tema.

Soluções convencionais, tais como a litigância individual, conciliação, negociação e arbitragem não são mais suficientes para tais casos; são necessários novos métodos. Para isso, é necessário encontrar pontos em comum entre as vítimas dessas tragédias. Além da dor e das perdas, precisa-se identificar o que há em comum entre as vítimas das Torres Gêmeas, nos Estados Unidos; entre moradores do Edifício Palace, tragédia emblemática no Rio de Janeiro, com o desabamento de um prédio residencial que causou inúmeras vítimas; acidentes aéreos; credores de uma grande empresa que está em recuperação ou falência por motivos decorrentes do clima; desabamento de barreiras, de mineração, seguros habitacionais relacionados à construção de imóveis para pessoas carentes.

O que há em comum nessas tragédias, além da dor sem fim e do sofrimento? É a falta de uma solução específica para cada uma delas. Surge, então, o *design* de sistema de disputa – o DSD – em que se desenha uma solução para cada conflito específico, para cada tragédia específica, tendo obtido vários bons resultados no caso brasileiro e em âmbito mundial.

No caso brasileiro, ainda se discute se é necessário um novo código para ações coletivas, porque existe atualmente um tratamento legislativo das ações coletivas no âmbito do Código de Processo Civil e da lei específica sobre o tema. Muito se evoluiu, e a legislação não acompanhou. Existem diversos projetos de lei que estão sendo discutidos no parlamento brasileiro para definir tratamento adequado às ações coletivas e alguns precedentes podem ser destacados.

No Supremo Tribunal Federal, no RE nº 586.224, os ministros apreciaram se era ou não constitucional uma lei do município de Paulínia que proibia a realização de queimadas para fins agrícolas. Apesar de o agronegócio ser uma atividade de representação significativa na economia brasileira, alguns especialistas ponderam sobre possíveis efeitos poluidores. Assim, o município de Paulínia editou lei proibindo as queimadas para fins agrícolas, e o Supremo, avaliando a questão constitucional, entendeu por declarar inconstitucional essa lei, autorizando as queimadas para tais fins. Esse precedente é bastante criticado pela doutrina, pois entende-se que estimula a produção do efeito estufa.

No Superior Tribunal de Justiça, há alguns precedentes com efeito vinculante, de natureza repetitiva. O primeiro caso diz respeito à questão relacionada às barragens, no âmbito da Segunda Seção. Julgou-se, por exemplo, que os danos decorrentes de rompimento de barragem constituem responsabilidade objetiva informada pela Teoria do Risco Integral, sendo o nexo de causalidade fator aglutinante que permite que o risco se integre na unidade do ato. O Recurso Especial nº 1.374.284 merece destaque, pois, além de reconhecer a responsabilidade dos municípios de Miraí e Muriaé por um rompimento de barragem, estabeleceu que o risco é integral.

Em outro caso, o Recurso Especial nº 1.354.536 tratou de barragem e vazamento de amônia no rio Sergipe. O grande destaque é que, nesse caso, a responsabilidade pelos danos ambientais é objetiva, sendo descabida a invocação de excludentes de responsabilidade pela empresa responsável pelo dano ambiental. Então, reconheceu-se que, para o risco ambiental, no campo do direito privado, não é dada a invocação das excludentes de responsabilidade.

Julgou-se também contaminação do solo e das águas subterrâneas, no caso do Recurso Especial nº 1.505.047, e, então, avaliou-se o prazo prescricional, que só começa a correr a partir da ciência inequívoca dos efeitos danosos à saúde quando se trata de contaminação do solo e das águas subterrâneas.

Por fim, no caso do precedente contido no Recurso Especial nº 1.525.327, em que se discutiu se as ações individuais de indenização por dano ambiental podem correr em paralelo com as ações coletivas, entendeu-se que o juiz, a seu critério, pode interromper as ações individuais para não haver divergência, dispersão de julgamentos, apreciando apenas a ação coletiva, resolvendo de uma vez o litígio.

Portanto, a doutrina e a jurisprudência vêm evoluindo no sentido da proteção ao meio ambiente e, em breve, enfrentarão a questão específica dos efeitos climáticos sobre os diversos aspectos da evolução humana.

Informação bibliográfica deste texto, conforme a NBR 6023:2018 da Associação Brasileira de Normas Técnicas (ABNT):

SALOMÃO, Luis Felipe. Meio ambiente e os desafios do clima. In: RIBEIRO, Paulo Dias de Moura; FROTA, Cristiane de Medeiros Brito Chaves (coord.). 25 anos de diálogos jurídicos: coletânea do Seminário de Verão de Coimbra. Belo Horizonte: Fórum, 2022. p. 93-96. ISBN 978-65-5518-331-3.

CONSTITUCIONALISMO GLOBAL E TRIBUTAÇÃO

LUIZ ALBERTO GURGEL DE FARIA

Este artigo tratará do tema *constitucionalismo global e tributação,* que será exposto em duas partes: inicialmente, de forma breve, será abordado o funcionalismo global para, depois, discorrer-se sobre a tributação no âmbito global, internacional, destacando a economia digital.

Qual é a concepção que se tem de constitucionalismo global?

É importante dizer que, a depender do doutrinador a se estudar, parte-se de uma acepção por demais ampla, que defende o constitucionalismo global a ponto de propor uma constituição global, e há também quem entenda a ideia de constitucionalismo global com as constituições se comunicando, os países tratando de temas comuns.

Aqueles que defendem uma concepção mais ampla chegam a propor uma ideia de constituição global, em que todos devem respeitar esse posicionamento, mas fica a pergunta: existe um Estado mundial? Existe um Estado global? Diante dessa questão, trabalhar-se-á com a ideia de uma interconstitucionalidade, em que as constituições, a exemplo do que existe na União Europeia, respeitam as formas que estão no âmbito da comunidade europeia. É a concepção de um constitucionalismo global visto pelo âmbito do Direito Constitucional Internacional e Direito Internacional Constitucional.

Incorporado nessa ideia de comunicação entre o Direito constitucional internacional e o Direito internacional constitucional, onde é que as constituições, as normas apresentam esse caráter de supranacionalidade? No caso de decisões do próprio Supremo Tribunal Federal acerca dos direitos fundamentais, sequer há a necessidade de que esteja na constituição para que respeitemos. Tratados que abordam os direitos humanos precisam ter, no caso, até pelo direito cogente, a obrigatoriedade para o sistema. No tocante aos direitos humanos, pode-se dizer que a capilaridade e a aceitação, no âmbito dos mais diversos países, é a maior possível. Entretanto, isso não fica apenas no âmbito dos direitos humanos; vale para outros subsistemas, como o Direito Penal e o Direito Econômico, por exemplo.

No âmbito do Direito Penal, há os tribunais internacionais, que julgam delitos considerados contra a verdadeira humanidade. No contexto econômico, há uma preocupação das mais diversas nações com os problemas que estão surgindo: o mundo vai crescer mais, o mundo vai crescer menos, as desigualdades que existem entre as mais diversas nações. Então, os países mantêm-se em comunicação para tentarem encontrar normas que venham a favorecer uma energia, um mundo – no que diz respeito ao aspecto jurídico – para melhor tratar desses subtemas.

No âmbito do Direito tributário, foco deste trabalho, no tocante a essa preocupação global, o que há de mais moderno é exatamente a questão da tributação no campo da economia digital. Existe, hoje, a Organização para Cooperação de Desenvolvimento Econômico (OCDE), da qual Portugal é um dos países membros. O Brasil, embora não o seja, é um parceiro preferencial e já solicitou fazer parte.

Há um estudo muito interessante da OCDE, em que são listadas 15 ações para tratar do tema da tributação, visto que, hoje em dia, com a economia digital, as empresas procuram ir para os países onde há uma menor tributação, e é necessário tentar equalizar a situação. Embora esse estudo da OCDE liste 15 ações, este artigo tratará especificamente da primeira, que é pertinente à economia digital. Porém, há outra ação também muito importante, a questão dos preços de transferências: quando as empresas são relacionadas, quais valores devem ser cobrados?

O planejamento tributário abusivo é efetivamente o que mais tem ocorrido com as empresas nos últimos tempos. A partir do momento em que elas verificam que tratados de dupla tributação favorecem a instalação de suas sedes, de sua sociedade-base, vão, logicamente, para aquele determinado território planejar e proceder. No entanto, isso acaba trazendo prejuízo para as nações onde elas atuam sem estarem fisicamente presentes. Por conta disso, a OCDE se preocupa também com as questões dos paraísos fiscais e dos regimes fiscais preferenciais.

Os paraísos fiscais não tributam renda, e os regimes fiscais preferenciais, mesmo nas situações em que há esse tipo de tributação, apresentam uma legislação interna que favorece a guerra fiscal, por óbvio, no âmbito internacional.

Não cabe, aqui, posicionar-se contra empresa nenhuma e nem em relação à tributação de determinados países, mas é lógico que, se a legislação permite, tenta-se pagar menos.

Qual é, portanto, a situação hoje existente no mundo? Basta verificar os gigantes da tecnologia da informação: Google, Facebook, Apple, Amazon, Microsoft. Onde elas se instalarão? Onde, na verdade, elas criarão sociedades-base para vender? Com a economia digital, elas não precisam mais da presença física naqueles determinados países, pois realizam suas vendas de onde estiverem. Então, o país elege o seu domicílio tributário, o lugar onde a tributação seja facilitada e menor. A empresa Google, por exemplo, possui como grande fonte de faturamento a publicidade. No local onde houver uma sociedade-base, ela poderá vender sua publicidade. O mesmo ocorre com o Facebook e a Apple. Na Europa, tais gigantes se instalaram na Irlanda, pois nesse país a tributação é menor se comparado a outros países da União Europeia no que diz respeito à renda.

Isso tem gerado, entretanto, grandes atritos. A União Europeia, por volta de 2016, cobrou da Apple o pagamento de aproximadamente 13 bilhões de euros para a Irlanda, porém, o detalhe inusitado é que nem a Apple queria pagar e nem a Irlanda queria receber. Depois a situação se resolveu.

Essas empresas ganham, principalmente, com publicidade, com venda de dados das pessoas que são associadas a elas, com *market place*, ou seja, o consumir não está, necessariamente, comprando daquela determinada empresa. Ela pode estar servindo, apenas, como um lugar para que o mercado possa atuar e comércio se realizar. A base fica em outro local e, muitas vezes, a renda não está sendo tributada onde está sendo produzida.

Diante desses fatos, a OCDE está estudando, junto aos seus países-membros e também com os seus parceiros preferenciais (o Brasil também participa desses estudos), uma tributação que contemple um tributo digital. A ideia é que, mesmo que a empresa esteja situada em um país-sede que possua uma tributação mais favorecida, haja ali uma distribuição para os países onde efetivamente as vendas são feitas. França e o Reino Unido já estão implantando um projeto como esse.

Enquanto a OCDE não conseguir resolver a questão (há um projeto para que seja solucionada até 2020), alguns países já estão propondo um imposto digital, com alíquota de 3%, para que esses gigantes deixem esse valor nos países onde efetivamente estão vendendo, e não apenas onde estão as suas sedes – locais mais favorecidos em termo de tributação.

Há, portanto, uma grande esperança de as nações aderirem a essa proposta da OCDE ou de fazerem tratados.

A diferença entre a morte e os tributos é que a morte não piora toda vez que o congresso se reúne. Isso vale também para os Estados nacionais.

Informação bibliográfica deste texto, conforme a NBR 6023:2018 da Associação Brasileira de Normas Técnicas (ABNT):

FARIA, Luiz Alberto Gurgel. de Constitucionalismo global e tributação. *In*: RIBEIRO, Paulo Dias de Moura; FROTA, Cristiane de Medeiros Brito Chaves (coord.). *25 anos de diálogos jurídicos*: coletânea do Seminário de Verão de Coimbra. Belo Horizonte: Fórum, 2022. p. 97-100. ISBN 978-65-5518-331-3.

MIGRAÇÕES E DEMOGRAFIA: PERSPETIVAS DE UM MUNDO SEM FRONTEIRAS

MANUEL CARLOS LOPES PORTO

Trata-se de uma temática que não podia deixar de ser considerada em um seminário sobre as *Perspetivas de um mundo sem fronteiras*. Tendo o evento ocorrido em julho de 2019, alguns textos foram atualizados para publicação, em 2021, quando uma pandemia terrível obrigou a um encerramento de fronteiras que não se poderia imaginar que viesse um dia a ter lugar.

Uma vez que o autor deste texto é um defensor da abertura de fronteiras e dos movimentos de populações, essa atualização foi realizada com a esperança de que, em breve, ultrapassem-se os constrangimentos impostos pela covid-19 e de que se caminhe no sentido desejável e realista para o qual se aponta aqui.

Tratando-se de um seminário ocorrido em um país da União Europeia, justifica-se que se comece por referir o modo como o problema dos movimentos de pessoas tem sido considerado no seio desse espaço, com uma abertura que, aliás, veio proporcionar oportunidades acrescidas também a quem é de outros espaços, passando depois a considerarem-se, com desafios a que não se pode fugir, as perspetivas que se verificam no plano mundial, procurando ver as dificuldades que se levantam e os caminhos que deverão ser seguidos. Conclui-se com uma referência ao caso português, com exemplos muito recentes de saídas e de entradas de população com grande significado numérico que, todavia, não tiveram as implicações negativas que poderiam ser receadas; pelo contrário, tiveram consequências positivas muito significativas.

O caso da União Europeia é sem paralelo de abertura de fronteiras entre países antes tão "afastados", apenas oito décadas atrás envolvidos em uma "incompreensível" guerra mundial.

Uma grande abertura aconteceu em boa medida na sequência da criação do Mercado Único de 1993, com a aprovação de uma legislação em cuja elaboração e aprovação esteve pessoalmente envolvido o autor deste texto, como membro do Parlamento europeu.

Depois de um período de menor crença no processo de integração europeia, que ficou conhecido como *período de europessimismo*, e com o reconhecimento de que não eram tomadas medidas necessárias por se verificarem dificuldades na aprovação de legislação (o que foi designado por *euroesclerose*, com a exigência de unanimidade no Conselho), ficará na história o impulso decisivo dado pela iniciativa da Comissão, presidida por Jacques Delors, que conduziu ao Ato Único europeu e à criação do Mercado Único de 1993.

Com a admissão de aprovação de grande parte dos diplomas em causa por maioria de votos no Conselho, avançou-se no afastamento de obstáculos de grande relevo à criação do mercado único, designadamente no afastamento das barreiras físicas entre os países.[1] Em um caminho complementado, em relação aos países que o subscreveram, pelo Acordo de Schengen, abriu-se uma possibilidade de circulação de pessoas que não era imaginável poucos anos atrás e não terá paralelo, entre países diferentes, em outros espaços do mundo. Hoje é possível ir (com exceção das limitações impostas pela pandemia da covid-19) de Coimbra a Paris ou a Berlim sem parar em uma fronteira, onde teria de se exibir um passaporte ou outro documento de identificação (indo de automóvel ou autocarro, é necessário parar apenas nos postos de abastecimento de combustíveis ou de carregamento das baterias dos veículos elétricos).

Vale a pena recordar o receio que havia, no Parlamento europeu, de que uma abertura total das fronteiras facilitasse o aumento da criminalidade, por exemplo, do terrorismo. As audições públicas organizadas pelo Parlamento asseguraram que não é com o controle de passaportes, em longas filas nas fronteiras, que se evita a entrada

---

[1] Já foi muito menor o avanço no afastamento de barreiras fiscais, área em que se continuou a exigir unanimidade no Conselho.

de potenciais criminosos, mas sim com processos bem mais sutis e eficientes, com "infiltrações" nas redes em causa. Desde 1993, não se verificou na Europa um aumento da insegurança e da criminalidade.

Trata-se de abertura de fronteiras feita obviamente no interesse da Europa, havendo cálculos apontando que os custos com as demoras verificadas eram de cerca de 800 milhões de ECUs por ano (MONTI, 1999, p. 19-20). É bom sublinhar, entretanto, que se trata de vantagem que beneficia igualmente qualquer pessoa ou empresa de outro espaço do mundo, circulando como turista ou tendo negócios na União Europeia.[2]

A problemática das migrações não pode, todavia, deixar de ser considerada no plano mundial, com natural preocupação face às perspetivas que se abrem em relação à evolução de cada um dos continentes.

Segundo projeções realizadas pelas Nações Unidas, a população do mundo aumentará de 7,3 milhares de milhões de habitantes em 2015 para 11,2 milhares de milhões em 2100.[3] Entretanto, isso acontecerá em um período em que a população da Europa terá mesmo diminuído, de 700 para 640 milhões, diferentemente do que acontecerá nos demais espaços do mundo. Nas Américas do Norte e Latina (com Caraíbas), na Oceania e na Ásia, haverá aumentos não muito significativos, e onde haverá maior aumento será na África, mais do que triplicado, passando de 1,2 para 4,4 milhares de milhões de habitantes.[4]

Continuando a Ásia a ser o continente com mais população (apesar de alguma quebra na China), com 4,8 milhares de milhões de habitantes, não estará em 2100 muito acima da população da África, havendo, todavia, em um caso e outro, situações muito diferentes. Na Ásia, temos economias com grandes crescimentos, em particular nos dois países maiores, a China e a Índia, capazes de, em boa medida, ir correspondendo aos anseios das suas populações. É muito diferente o caso da África, com economias em geral menos desenvolvidas, onde

---

[2] O benefício configura-se, também, naturalmente na mesma medida, com o afastamento das barreiras técnicas, passando a haver as mesmas exigências em todo o vasto mercado da União.

[3] Com os dados da Comissão Europeia (2017).

[4] Sendo especialmente expressivas as previsões para a Nigéria, passando de menos de 38 milhões de habitantes em 1950 para 182 milhões em 2015 e prevendo-se que aumente para 399 milhões em 2050 (dez vezes mais do que em 1950) e 752 milhões em 2100, subindo de 1,5% da população mundial em 1950 para 6,7% em 2100; com a América do Norte a ter então 4,5%, a Europa, 5,8% e o conjunto da América Latina e das Caraíbas, 6,4% (KING, 2018, p. 201).

não pode ser encontrada uma resposta semelhante, embora algumas evoluções recentes e perspetivas otimistas tenham sido verificadas.[5]

Trata-se de uma circunstância que não pode deixar de preocupar a Europa (havendo, aliás, projeções mais recentes, já de 2020, apontando para uma quebra nesse continente maior do que a mencionada há pouco), até pela proximidade geográfica do continente africano (geralmente não se tem presente, por exemplo, que a capital mais próxima de Lisboa não é Madrid, mas sim Rabat, embora sendo bem mais fácil chegar à capital espanhola, com acesso também por terra).

Face a essa situação, põe-se naturalmente a questão de saber qual deve ser o caminho a seguir.

Antes de se observarem diferentes prismas de consideração do problema, não se pode deixar de sublinhar que uma posição drástica de impedimento de imigração é totalmente inaceitável à luz de princípios básicos que não podem deixar de serem tidos em conta.

Durante séculos, mesmo milênios, o mundo sofreu com privilégios nobiliárquicos ou de casta, sendo conde quem era filho de um conde, ou marquês quem era filho de um marquês, ou de casta superior quem era filho de alguém de casta superior. Havia, assim, cidadãos "de primeira" e cidadãos "de segunda"; quem não era nobre ou de uma casta superior estava limitado nos seus anseios logo à nascença.

Com a proibição de imigrações, temos, e já no século XXI, uma nova forma de "nobreza", uma nobreza "territorial", havendo por essa via cidadãos de primeira e de segunda, estando "condenado" à nascença quem é de um país pobre, não podendo desfrutar das oportunidades de quem nasce em um país rico.

Quem é, por exemplo, católico entenderá que, quando Deus criou o mundo, não considerou tal situação, um mundo compartimentado territorialmente, com territórios limitados a certos cidadãos. Porém, independentemente de qualquer determinação religiosa, à luz de princípios básicos, não poderá ser esse o entendimento e a posição acerca da ocupação do mundo, devendo entender-se que o nosso planeta é um espaço de todos os cidadãos, não havendo territórios fechados, reservados à nascença para cidadãos mais favorecidos, com "muros" impedindo o acesso de outros cidadãos.

---

[5] Autores que expressam bem esses conteúdos: Mahajan (2011), Clarke (2013), Roque (2005), Comissão Económica para África; PNUD (2011), Conselho Económico e Social; Comissão Económica para África (ONU); Comissão da União Africana (2011), Gordon; Gordon (2013), BAD e OCDE (2017), Vungue (2017), African Union; OECD Development Center (2019) e Roque (2019).

Sendo esta uma posição ética e democrática básica, de princípio, tem que se reconhecer que movimentos maciços podem suscitar dificuldades, mesmo limitados e impedidos não só por razões econômicas e sociais face à dificuldade de integração de muitas pessoas, mas também com a "invocação" da preservação dos valores identitários dos países de imigração, valores que estariam em causa e se perderiam mesmo com a vinda de pessoas com outros valores.

A par de outros autores, pode-se apontar, como bem expressivo dessa posição, com preocupação em relação à manutenção da identidade europeia, um livro recente de Douglas Murray, com o título já por si significativo: *A estranha morte da Europa* (2018). Logo na primeira frase, o autor afirma que "a Europa está a suicidar-se", prosseguindo com a ideia de que, com a vinda de pessoas de fora, mantendo os seus valores e hábitos de vida, "no final do tempo de vida da maior parte das pessoas que hoje viva, a Europa não será Europa e os povos da Europa terão perdido o único lugar do mundo a que podíamos chamar a nossa casa".

Aponta-se, assim, para a necessidade de se evitar a interligação entre pessoas de diferentes culturas e etnias, mesmo a miscigenação, a fim de dificultar o empobrecimento ou mesmo o desaparecimento de uma civilização, no caso referenciado, a civilização europeia.

O caso português é bem expressivo acerca da possibilidade de enriquecimento resultante da aproximação entre pessoas de civilizações diferentes, mesmo de miscigenação. Parece-nos claro que a civilização europeia foi sendo enriquecida com a aproximação de outros valores, assim outras civilizações e países se enriqueceram com as ligações verificadas com pessoas do continente europeu.[6]

Trata-se de reconhecer o enriquecimento assim verificado que, desde logo, deve levar a uma política de aproximação das pessoas,

---

[6] A esse propósito, vale bem a pena referir a posição de Nelson Mandela, ao afirmar (em 1964): "Lutei contra a dominação branca, e lutei contra a dominação negra", acrescentando: "prezei muito o ideal de uma sociedade livre e democrática, em que as pessoas vivam em harmonia e oportunidades. É um ideal para o qual espero viver e tenho esperança de realizar. Mas, se preciso for, é um ideal pelo qual estou preparado para morrer" (MANDELA, 2012, p. 236); numa sociedade multicultural, em que a luta era contra o colonialismo, com o desejo da permanência e da participação do "homem branco" (ver por ex. *loc. cit.*, p. 23).
Considerando o que se tem passado em diferentes continentes, designadamente no continente americano, é de referir o capítulo 11 de Legrain (2007), com o título *Alien Nation? Does immigration threaten national identity?*, mostrando bem que não é assim, podendo ser e sendo mesmo um fator de enriquecimento. Considerando vários aspectos ligados à preservação e à promoção do "modo de vida europeu", ver Zamith (2018-19), valendo a pena ter presente uma afirmação de Claude Junker em relação aos imigrantes: "accepting them coming (from) far away" "is part of the European Way of Life" (ZAMITH, p. 349).

evitando-se que, nos países de imigração, formem-se "ilhas" com pessoas de outras origens. Assim deverá acontecer no interesse dos imigrantes, passando, desde a chegada, a frequentar os mesmos serviços sociais, com os jovens a frequentarem as mesmas escolas e a terem uma fluência perfeita na língua do país, ficando, pois, em condições de aceder de igual modo às oportunidades de emprego em aberto. Contudo, é esse também, inquestionavelmente, o interesse do país de acolhimento, com mais racionalização nas infraestruturas de apoio e, com um relevo muito maior, não se criam condições para tensões geograficamente localizadas. Com a população imigrante integrada, em termos de atividades desenvolvidas e nos mesmos espaços, não aparecem movimentos de xenofobia e rejeição étnica, em grande medida na base de movimentos que vêm crescendo na Europa.[7]

Voltando a referir mais adiante experiências portuguesas, já a este propósito é de sublinhar que não se criaram "ilhas" de portugueses na França, na Alemanha, em Luxemburgo, nos Estados Unidos, no Brasil ou em qualquer outro país, frequentando as mesmas escolas e os mesmos centros de formação profissional, falando com a mesma fluência a língua do país (sendo uma língua diferente) em que se integraram e sendo inúmeros os casos em que se estabeleceram relações familiares entre pessoas de origens diferentes.[8]

Os números referidos há pouco sobre as estimativas de aumento da população nos vários continentes impõem, contudo, uma reflexão profunda na Europa sobre os caminhos a seguir, tendo especialmente em conta o caso da África, dentro de algumas décadas, com cerca de 40% da população mundial.

---

[7]   Assim acontece designadamente com a criação e a ampliação de movimentos populistas (ver PUREZA, 2018 ou, para uma análise da imigração em uma região da Itália, COLATRELLA, 2001, cap. 7).
Não se pode deixar de ter sempre presente o peso que teve, no voto a favor do Brexit, a mensagem de que, com a saída da União Europeia, o Reino Unido se "libertaria" de entradas não desejadas de imigrantes (PORTO, 2020), com uma sondagem do início de 2016 que visava apurar "os principais problemas que preocupavam os britânicos" a mostrar que "a imigração os incomodava mais do que qualquer outro tópico de destaque, antes da saúde, da economia, do terrorismo, da pobreza, da desigualdade, da habitação e das escolas" (KING, 2018, p. 207).
Em uma linha bem mais positiva a esse propósito, podem ter-se presentes palavras recentes de Banerjee e Duflo (2020, p. 168), sublinhando que "o contacto interpessoal é uma das formas mais eficazes de reduzir o preconceito", pois "ao passarmos tempo com outros, aprendemos a compreendê-los e a apreciá-los e, em resultado desta nova apreensão e compreensão, o preconceito diminui".

[8]   São bem expressivas frases de César das Neves (2011), sublinhando o modo como se foi verificando a integração de emigrantes portugueses, diferentemente do que aconteceu com emigrantes de outros países.

Com a quebra de população e o seu envelhecimento, algum afluxo de imigrantes, desse e dos demais continentes, é bem-vindo na Europa, preenchendo faltas verificadas no mercado de trabalho. São vários os setores em que isso acontece, sendo, pois, de sublinhar esse contributo proporcionado pela imigração.[9]

Os números mencionados há pouco, bem como o conhecimento de experiências recentes do século XX, apontam para que o caminho a seguir deva ser fundamentalmente o do desenvolvimento de continentes e países, entretanto menos desenvolvidos.

Importa que assim aconteça, sendo este o valor primacial a considerar e a procurar assegurar, no interesse das pessoas em causa, que se sentem naturalmente mais realizadas se conseguirem oportunidades de emprego e iniciativa nas suas terras de origem. É aí que residem os seus valores, os seus familiares e amigos, e sentir-se-ão felizes podendo concorrer para a sua valorização.

A experiência deste século é especialmente significativa com os êxitos da China e da Índia. Apesar de, ainda em 2004, terem 6% do PIB mundial,[10] nas três décadas apresentaram os maiores crescimentos do mundo, prevendo-se que, em 2050, tenham 45% do PIB mundial (PORTO, 2017, p. 526-529), diminuindo naturalmente a necessidade de os seus cidadãos emigrarem, procurando empregos em outros países, designadamente na Europa.

É bem claro que o crescimento desses países se deve basicamente à boa utilização de recursos próprios, em particular o aforro que permite que o investimento seja realizado. O maior "contributo" da Europa para a sua emergência (reemergência, nos casos da China e da Índia) está na possibilidade de acesso ao seu mercado, com um nível de proteção baixo (em nível mundial), na sequência do Uruguai Round,

---

[9] Considerando o problema e os contributos em geral, em diferentes áreas do mundo e em diferentes domínios, designadamente no domínio econômico, ver Legrain (2007). Considerando em particular o caso europeu, ver Pinto; Pinheiro (2007).
Sobre o quadro geral da inserção de imigrantes em Portugal, referindo-se naturalmente também às dificuldades que sentiram e sentem, e apontando para políticas a seguir, ver relatórios recentes do Observatório das Migrações (VALENTE, 2016; OLIVEIRA; GOMES, 2019, este último particularmente positivo). Considerando, em especial, as implicações demográficas, em anos anteriores, ver Valente Rosa, Seabra e Santos (2004); em especial as implicações financeiras, ver Corrêa de Almeida e Duarte Silva (2007) e, igualmente vários outros aspectos, ver César das Neves (2007).

[10] Durante muitos séculos, foram, de longe, as maiores economias do mundo, situação que se verificava ainda nas primeiras décadas do século XIX. Em 1820, tinham 42,1% do PIB mundial (a China 28,7% e a Índia 13, %), quando, por exemplo, o que é hoje a França ou recentemente a União Soviética tinham 5,5%, o Reino Unido, 5%, o Japão, 3,1%, a Alemanha, 2,4% a Espanha, 1,9%, e os Estados Unidos da América, 1,8%.

com uma média de 3,6% nos impostos alfandegários aplicados, com 38% das importações a ter lugar sem nenhuma tributação (PORTO, 2017, p. 542 e 2019).[11]

Atualmente, sabe-se que, a par de outros fatores, esses países começaram a crescer com base na abertura das suas economias, no plano interno e no plano externo, em uma mudança de políticas a que estarão para sempre ligados Deng Xiao Ping e Manhoban Singh.[12]

É, todavia, diferente o caso da África, com países com menos recursos e com o já referido acréscimo de população previsível para as próximas décadas. Sendo assim, pode e deve ter, nesse caso, um relevo maior algum contributo que a União Europeia e, em maior medida, os seus países possam proporcionar.[13]

É bom referir que já atualmente é na Europa que está a maior fonte de apoio ao seu desenvolvimento, sendo europeus os únicos países do mundo (Suécia, Noruega, Luxemburgo, Dinamarca e Holanda) que correspondem ao desiderato, estabelecido pelas Nações Unidas, de apoiar países menos desenvolvidos, 0,80 dos PIBs nacionais (seguindo-se, aliás, outros nove países da Europa).[14]

Sendo, sem dúvida, uma intervenção determinada por princípios políticos elevados, de solidariedade com outros países e populações, deve-se assinalar que a Europa muito beneficia com o seu desenvolvimento.

---

[11] Sublinha-se que se têm reforçado as posições da União Europeia, designadamente da Comissão, no sentido da abertura das economias, contrastando com posições do presidente Trump.

[12] Sobre a evolução desses países, podem-se ver, em uma literatura muito extensa, em anos mais recentes: Cheung e Háan (2013) e Kroeber (2016) sobre a China, Jacobsen (2016) e Nielekani e Shah (2015) sobre a Índia e, considerando os dois países, Rampini (2005-2007); Engardio (2007); Naidu, Chen e Narayanan (2015), Ogden (2017) ou ainda Banerjee e Duflo (2020, p. 102 ss.). Ver também Porto, 2017, p. 525-526 e 2019.

[13] Com King a defender, em palavras expressivas (2018, p. 293), que "se sentimos algum nervoso perante a aceleração da imigração, temos de pensar mais em apoiar o desenvolvimento nas zonas mais pobres do mundo".

[14] É menor o apoio financeiro da União Europeia, tendo naturalmente um relevo muito maior e crescente o apoio proporcionado pelo Banco Mundial (PORTO; CALVETE, 2020 e PAZ FERREIRA, 2004). Em uma linha desejável de estímulo ao crescimento de países menos desenvolvidos através da promoção do seu comércio, vale referir a iniciativa *Aid for Trade,* criada em 2006 pela Organização Mundial do Comércio (BANERJEE; DUFLO, 2020, p. 89).
No Quadro Financeiro Plurianual em vias de aprovação, para o período de 2021 a 2027, estão de qualquer modo previstos acréscimos de verbas significativos para as ações externas e para a integração de imigrantes, bem como para o controle das fronteiras (ALBUQUERQUE DE MATOS, 2018-2019). Sobre os artigos do TFUE dispondo acerca desta temática, em particular sobre o art. 79, ver PIÇARRA, 2012.

Assim acontece, na linha da problemática de fundo deste texto, porque será o modo de, com realismo, diminuírem-se fluxos migratórios que não conseguem ser acolhidos na sua totalidade de uma forma desejável. A experiência recente, mesmo atual, de fluxos imigratórios (em alguns casos, como consequência de conflitos políticos, mas, em grande medida, com causas econômicas), é bem esclarecedora a esse propósito, causando problemas a alguns países do sul da Europa.

A experiência, entretanto, é também muito clara, mostrando que, na economia, designadamente na economia internacional, há uma desejável "moral", com o bem dos outros a ser o nosso bem (e, ao contrário, com o mal dos outros a ser o nosso mal). Com o crescimento de outros países, por exemplo, com a industrialização, há naturalmente uma maior concorrência, causadora de problemas a muitas empresas. Porém, há, por seu turno, um aumento de capacidade econômica, com uma população com mais recursos para consumo e empresas a necessitar de novos equipamentos, levando a importações que constituem aumentos de mercado comprador para as nossas empresas que produzem esses bens.

No quadro econômico mundial, estando a emergir ou a reemergir (casos da China e da Índia) países com salários mais baixos ou sem as mesmas exigências sociais e políticas, poderá dizer-se que se trata de uma esperança ingênua, não se conseguindo colocar lá produtos.

A Europa, no entanto, em especial a Zona Euro, presta ao mundo um excelente serviço, com as maiores exigências nesses domínios, e a terem um assinalável excedente na sua balança dos pagamentos correntes, o maior excedente do mundo, por exemplo, em 2018 um excedente de 438,7 milhares de milhões de dólares, mais do que duplo do superave da China, de 172,0 milhares de milhões (PORTO, 2019); colocando designadamente nesses países produtos industriais com a maior exigência, nos setores da aviação, automóvel, químico, farmacêutico e tantos outros.

Tendo-se bem presente que há casos muito mais complicados, em um texto sobre movimentos migratórios, justifica-se que se exponham duas experiências recentes portuguesas, na segunda metade do século XX:[15] um caso de saída de pessoas e outro de entrada.

---

[15] Referenciadas também por César das Neves (2007), sublinhando o seu significado em nível mundial, tendo-se batido com elas "recordes mundiais" com boa integração. O autor também se refere igualmente a aspectos históricos, designadamente um caso do século XVI, quando eram escravos 10% dos habitantes de Lisboa, não havendo referências a dificuldades na sua progressiva integração.

Há vários séculos, tem havido emigração de cidadãos portugueses, tradicionalmente para outros continentes, tendo um relevo único a emigração para o Brasil, mas tendo tido também um relevo assinalável a emigração para a Venezuela, bem como para países africanos do velho "império português", com um papel de grande importância no desenvolvimento e na afirmação desses países. Assim foi acontecendo ao longo das décadas, com números que não eram percentualmente muito significativos em relação à população do país de onde saíam (ou em relação à população do país em que se integravam).

A situação foi muito diferente na segunda metade do século XX, quando a emigração passou a ser predominantemente para outros países da Europa e atingiu valores nunca antes atingidos: calcula-se que, entre 1960 e 1975, em 16 anos, tenha emigrado cerca de 1,5 milhão de portugueses (só em um ano, em 1970, tendo saído 2% da população).

Trata-se de movimento que justifica reflexões em dois planos. Por um lado, no plano nacional, com a constatação de que a saída desse número de pessoas, de uma população abaixo dos 9 milhões de habitantes, não enfraqueceu a economia portuguesa.

Trata-se, em grande medida, de pessoas em subemprego, em uma agricultura que não necessitava de tanta mão de obra, e verifica-se, então, um assinalável crescimento, com um reforço importante da atividade industrial (e com as remessas dos emigrantes a proporcionar uma grande capacidade de pagamento ao estrangeiro). Por outro lado, mais no quadro das preocupações deste texto, assinala-se o modo como os emigrantes portugueses se integraram, sem a formação de "ilhas" portuguesas, "*Portuguese towns*". São inúmeros os casos de casamentos com cidadãs e cidadãos dos países para onde foram viver, bem como de portugueses chegando a posições muito desejadas, designadamente a posições políticas conquistadas em eleições.

O outro caso a justificar referência e poucas vezes mencionado é o ocorrido em 1974-1975, da integração em Portugal de cidadãos das ex-províncias ultramarinas, compelidos a sair ou decididos a fazê-lo, com pessimismo em relação ao futuro desses novos países.

Calcula-se que tenham vindo para Portugal cerca de 800.000 cidadãos, apelidados com frequência de "retornados", mas, em muitos casos, tratando-se de pessoas lá nascidas. O que é inquestionável é o modo louvável como esses cidadãos foram acolhidos e se integraram, em um período economicamente muito difícil.

Poderá dizer-se – já ouvimos em diversas ocasiões, retirando valor e mérito ao que se passou – que se tratava, em grande medida, de pessoas da mesma etnia, europeia, em muitos casos com familiares ou pessoas muito chegadas em Portugal, que haviam ajudado no acolhimento, mas vinham de qualquer forma disputar empregos e concorrer em iniciativas em um período de grande crise.

Alguns eram cidadãos com uma razoável qualificação. Em uma análise ao que se passou nesses anos, não se pode deixar de considerar que se tratou de um caso de sucesso exemplar em nível mundial, com a integração, no espaço de um ano, de uma população que representava cerca de 9% da população de um país, não havendo quase aspetos negativos a referir, pelo contrário. Essas pessoas valorizaram o país em atividades já existentes e, em muitos casos, tomando iniciativas empresariais (por exemplo, no comércio), muitas delas no interior, valorizando também, por isso, o país.

Com um mínimo de realismo, não podemos deixar de reconhecer que há no mundo situações muito mais graves, não tanto pelas expressões numéricas, mas porque se verificavam maiores diferenças culturais, por vezes com posições de difícil aceitação de outras culturas ou mesmo de outros hábitos de vida.

Não podemos deixar de nos orgulhar com o que se passou e de ir lembrando ou mesmo dando a conhecer que podemos servir de exemplo para outros casos, com benefício, e é isso que importa para as pessoas e os países envolvidos, contribuindo-se para um desejável mundo em que diferentes civilizações, em lugar de se digladiarem, articulem-se e enriqueçam-se entre si.

Referências

AFRICAN UNION; OECD Development Center. *Dinâmicas do desenvolvimento em África:* alcançar a transformação produtiva. Paris: Addis Ababa/OECD Publishing, 2019.

ALBUQUERQUE DE MATOS, Nuno. EU Multiannual Framework 2021-2027: a lost opportunity. *Temas de Integração*, n. 38-39, 2018-2019.

BAD (Banco Africano de Desenvolvimento) e OCDE. *Perspetivas económicas em África:* empreendedorismo e industrialização, 2017.

BANERJEE, Abhijit V; DUFLO, Esther. *Boa economia para tempos difíceis* (na ed. orig. *Good Economics for Hard Times*, 2019). Coimbra: Actual, 2020.

CESAR DAS NEVES, João. Comentário à obra Impacto da Imigração nas Contas do Estado. *In*: CORRÊA DE ALMEIDA, André; DUARTE SILVA, Pedro. *Impacto da imigração nas contas do Estado.* 2. ed. Lisboa: Alto Comissariado para a imigração e Diálogo Intercultural, 2007, p. 144-154.

CHEUNG, Yin-Wong; HAAN, Jacob (ed.). *The evolving role of China in the global economy.* Londres: The MIT Press, 2013.

CLARKE, Duncan. *Africa's future.* Darkness to Destiny. How the past is shaping Africa's economic evolution. Londres: Profile Books, 2013.

COLATRELLA, Steven. *Workers in the world:* African and asian migrants in Italy in the 1990s. Trento: Africa World Press, 2001.

COMISSÃO Económica para África; PNUD (Programa das Nações Unidas para o Desenvolvimento). *Ritmo de desenvolvimento da África segue lento e desigual, apesar de progressos.* 2011.

COMISSÃO Europeia. *Controlar a globalização.* Bruxelas, 10 maio 2017.

CONSELHO Económico e Social; COMISSÃO Económica para África (ONU); COMISSÃO da União Africana. *Gerir o desenvolvimento em África*: o papel do Estado na transformação económica. Adis-Abeba, 2011.

CORRÊA DE ALMEIDA, André; DUARTE SILVA, Pedro. *Impacto da imigração em Portugal nas contas do Estado.* 2 ed. Lisboa: Alto Comissariado para a Imigração e Diálogo Intercultural, 2007.

ENGARDIO, Pete (ed.). *Chindia. How China and India are revolutionizing global business.* Nova Iorque: McGraw-Hill, 2007.

GORDON, April A.; GORDON, Donald L. (ed.). *Understanding contemporary Africa.* 5. ed. Boulder (Colorado) e Londres: Lynne Rienner Publishers, 2013.

JACOBSEN, Knut A. (ed.). *Routledge handbook of contemporary India.* Nova Iorque: Routledge, 2016.

KING, Stephen. *Lamentável Mundo Novo:* o fim da globalização e o regresso da História. Lisboa: Temas e Debates, 2018.

KROEBER, Arthur R. *China's economy:* what everyone needs to know. Oxford: Oxford University Press, 2016.

LEGRAIN, Philippe. *Immigrants:* your country needs them. Londres: Princeton University Press, 2007.

MAHAJAN, Vijay. *Africa Rising:* how 900 million african consumers offer more than you think. New Jersey: Pearson Education, 2011.

MANDELA, Nelson. *As palavras de Nelson Mandela.* Carnaxide: Objetiva, 2012.

MONTI, Mario (apres.). *The single market and tomorrow's Europe:* a progress report from the european commission. Londres: Office for Publications of the European Communities, Luxemburgo e Kegan Page Publishers, 1996.

MURRAY, Douglas. *A estranha morte da Europa.* Porto Salvo: Ed. Desassossego, 2018.

NAIDU, G.V.C.; CHEN, Mumin; NARAYANAN, Raviprasad. *India and China in the emerging dynamics of East Asia.* Nova Delhi: Springer India, 2015.

NILEKANI, Nandan; SHAH, Viral. *Rebooting India.* Londres: Allen Lane (Penguin Books), 2015.

OGDEN, Chris. *China and India.* Asia's emergent great powers. Cambridge (RU): Polity, 2017.

OLIVEIRA, Catarina Reis (coord.); GOMES, Natália. *Indicadores de integração de imigrantes: relatório estatístico anual* 2019, Lisboa: ACM, dez. 2019.

PAZ FERREIRA, Eduardo. *Valores e interesses.* Coimbra: Almedina, 2004.

PIÇARRA, Nuno. *Comentário* aos artigos 77º a 79º do TFUE (Tratado sobre o Funcionamento da União Europeia). *In*: PORTO, Manuel Lopes; ANASTÁCIO, Gonçalo (coord.). *Tratado de Lisboa:* Anotado e Comentado. Coimbra: Almedina, 2012.

PINTO, Maria João; PINHEIRO, Ana (coord.). *Fronteiras da Europa*. A Europa no mundo. Cooperação, desenvolvimento e migrações em debate. Lisboa: ACEP (Associação para a Cooperação Entre os Povos), 2007.

PORTO, Manuel Carlos Lopes. *Teoria da integração e políticas da União Europeia:* face aos desafios da globalização. 5. ed. Coimbra: Almedina, 2017.

PORTO, Manuel Carlos Lopes. O regresso do protecionismo: novos argumentos a seu favor?. *Boletim de Ciências Económicas*, v. LXII-A. Coimbra: Faculdade de Direito da Universidade de Coimbra, 2019, p. 21-44.

PORTO, Manuel Carlos Lopes. O Brexit face à Globalização. *In*: CORREIA, José de Matos; PINTO, Ricardo Leite. *Estudos em homenagem ao Professor António Martins da Cruz*. Lisboa: Universidade Lusíada, 2020, p. 649-670.

PORTO, Manuel Carlos Lopes; CALVETE, Victor. O Grupo Banco Mundial. *In*: CAMPOS, João Mota de (coord.). *Organizações internacionais. Teoria geral. Estudo monográfico das principais organizações internacionais de que Portugal é membro*. 6. ed. Coimbra: Almedina, 2020.

PUREZA, José Manuel. As migrações como ameaças. Neopopulismo e arquitetura global de contenção. *In*: SANTOS, Boaventura de Sousa *et al. O espectro dos populismos*. Ensaios políticos. Lisboa: Tinta da China, 2018, p. 153-70.

RAMPINI, Federico. *L'Imperio de Cindia*. Itália: Mondadore, 2005. (ed. portuguesa, com o título *China e Índia. As Duas Grandes Potências Emergentes*. Lisboa: Presença, 2007).

ROQUE, Fátima Moura (coord.). *O desenvolvimento do continente africano na era da mundialização*. Coimbra: Almedina, 2005.

ROQUE, Fátima Moura. *Uma década de África:* um continente e os seus desafios actuais e futuros. Lisboa: Texto Editores, 2019.

VALENTE, Ana Cláudia (coord.); ANTÓNIO, João H. C.; CORREIA, Tânia; COSTA, Leonor P. da. *Imigrantes desempregados em Portugal e os desafios das políticas ativas de emprego*. Lisboa: ACM, 2016.

VALENTE ROSA, Maria João; SEABRA, Hugo de; SANTOS, Tiago. *Contributos dos imigrantes na demografia portuguesa:* o papel das populações de nacionalidade estrangeira. Lisboa: Fundação Luso-Americana e Alto Comissariado para a Imigração e Minorias Étnicas, 2004.

VUNGE, Adebayo. *Pensar África*. Lisboa: Rosa de Porcelana, 2017.

ZAMITH, Catarina de Almeida. Temas e problemas da Europa contemporânea: considerações sobre o conceito de promoção do modo de vida europeu. *Temas de Integração*, n. 37-38, 2018-2019.

Informação bibliográfica deste texto, conforme a NBR 6023:2018 da Associação Brasileira de Normas Técnicas (ABNT):

PORTO, Manuel Lopes. Migrações e demografia: perspetivas de um mundo sem fronteiras. *In*: RIBEIRO, Paulo Dias de Moura; FROTA, Cristiane de Medeiros Brito Chaves (Coords.). *25 anos de diálogos jurídicos*: coletânea do Seminário de Verão de Coimbra. Belo Horizonte: Fórum, 2022. p. 101-113. ISBN 978-65-5518-331-3.

O REGRESSO DO PROTECIONISMO?

MANUEL CARLOS LOPES PORTO

1 Introdução

Trata-se de tema que voltou a ganhar atualidade recentemente, em particular em 2016 e 2017, com as campanhas eleitorais de Trump e Marine Le Pen, no primeiro caso também com medidas por ele tomadas como Presidente dos Estados Unidos, sendo as mais recentes já em 2018.[1]

Há assim uma boa razão para terem-se presentes os dois séculos anteriores, vendo em que medida a prática verificada e os contributos que foram sendo proporcionados pela ciência econômica foram justificando o protecionismo ou, pelo contrário, a abertura das economias.

Trata-se de temática com um interesse acrescido talvez com a não esperada atualidade que está a ter, procurando-se saber por que razão há ressurgimentos do protecionismo quando a experiência conhecida e os contributos que foram sendo dados pela ciência econômica foram apontando de um modo claro para as maiores vantagens do livre-cambismo.

---

[1] Os trabalhos acadêmicos que o autor deste texto tem elaborado ao longo da sua carreira tem ganhado, assim, atualidade.

2 O século XIX, com um livre-cambismo largamente prevalecente

Não recuando mais atrás, é de lembrar que o século XIX foi claramente um século de prevalência livre-cambista.

Assim aconteceu no plano dos fatos, em um século de prevalência inglesa em nível mundial, com a sua economia a beneficiar-se com a abertura do comércio mundial.

Compreende-se que os primeiros contributos da ciência econômica, como ciência própria (despida de considerações de outras naturezas), e, em grande medida, proporcionados por autores britânicos, foram de defesa da abertura dos mercados no plano interno e no plano externo. Assim aconteceu com os contributos de Adam Smith (1776), no final do século XVIII, e de David Ricardo (1812), autores da "escola clássica" inglesa.

Como é sabido, deve-se ao primeiro a formulação da teoria da vantagem absoluta e ao segundo a formulação da teoria da vantagem comparativa no comércio internacional. Sendo teorias que visavam mostrar como se verificaria a especialização, em que produtos cada um dos países teria vantagem absoluta ou comparativa, mostravam também que haveria um ganho geral com essas especializações: os países exportando o que fosse produzido a mais dos produtos em que tinham vantagem, e importando o que os outros fizessem em melhores condições.

Entretanto, não deixou de haver, no século XIX, a defesa e a prática de restrições com base em argumentos ainda com alguma atualidade e que vale a pena ter em conta: o argumento dos termos do comércio e o argumento das indústrias nascentes.

No primeiro caso, tratando-se de um país com peso no comércio mundial, uma redução da procura leva a uma redução do preço internacional, passando a valer mais os produtos exportados, melhorando-se, dessa forma, os termos do comércio desse país.

Trata-se de algo apenas ao alcance, pois, de países grandes ou de uma união aduaneira (como a União Europeia), mas a experiência mostra claramente que, na economia, o mal dos outros é o nosso mal, e o bem dos outros é o nosso bem, ficando-se designadamente prejudicado com medidas de represália ou com a diminuição de exportações advinda das reduções de rendimentos dos países para onde se poderia exportar em maior medida.

O caso do argumento das indústrias nascentes deve ser avaliado de maneira diferente, tendo justificação, embora com outras vias de intervenção, não com protecionismo.

Esse argumento foi formulado no século XIX, sendo curioso recordar que ele aconteceu nos Estados Unidos, na Alemanha e na França, procurando justificar uma política protecionista para a implantação da indústria siderúrgica, face à indústria siderúrgica já implantada na Inglaterra, o país então dominante. Compreende-se, pois, que os autores que então se distinguiram defendendo tal política tenham sido desses países, designadamente Hamilton (1791) e Carey (1837-40), nos Estados Unidos, e List (1841), na Alemanha.

3 O século XX: um século rico em experiências e no contributo da ciência econômica

3.1 As experiências verificadas

Pode-se dizer que o século XIX, com a prática livre-cambista referida há pouco, "terminou" em 1913-14, e não na passagem do ano de 1900 para 1901, quando nada mudou a tal propósito. Foi então, em 1913-14, que terminou a "Liberal World Order" de que fala Maddison (2006, p. 126-127).

A deflagração da Primeira Guerra Mundial constituiu o início de um período de limitações acentuadas ao comércio internacional, que viria a terminar só uns anos depois de concluída a Segunda Guerra, já no final da década de 1940, acrescendo às naturais limitações resultantes dos conflitos armados, com as dificuldades nos transportes e a destruição dos aparelhos produtivos, as limitações que se seguiram ao desencadear da grande depressão de 1929-32, quando alguns dos principais países procuraram sair da crise por meio de políticas de restrições de importações em relação aos demais, em uma estratégia mal sucedida que haveria de ser, aliás, uma das causas da deflagração do segundo conflito.

Do recuo verificado, em um período por ele designado como período de "Conflict and Autarky", é bem esclarecedor um quadro de Maddison (2006, *apud* PORTO, 2017, p. 31), mostrando que o crescimento médio anual das exportações mundiais, que havia sido de 3,4% entre 1870 (o ano mais recuado referido no quadro) e 1913 (o ano antes do começo da guerra), foi de 0,9% entre 1913 e 1950, com o crescimento médio do PIB a descer nesse período de 2,11 para 1,85% e do PIB por habitante de 1,30 para 0,91% (os decréscimos foram maiores na Europa Ocidental e na América Latina).

Foi em boa medida o reconhecimento dessa evolução, sem dúvida a par do reconhecimento da necessidade de se evitar um terceiro conflito armado com origem na Europa,[2] que levou à criação, nos espaços europeu e mundial, de organizações que vieram promover o afastamento de barreiras alfandegárias (casos da OECE na Europa, antecedendo a OCDE, e do GATT em nível mundial), permitir a multilateralização dos pagamentos (casos da União Europeia de Pagamentos e do Acordo Monetário Europeu, nesse espaço geográfico, e do Fundo Monetário Internacional) e conceder as ajudas financeiras que são indispensáveis para que haja produções e comércio (casos do Plano Marshall, na Europa, e do Banco Mundial).

Os resultados conseguidos neste período, de 1950 a 1973, designado por Maddison de "Golden Age",[3] são impressionantes, únicos ao longo do século, e ainda sem nada de próximo no primeiro quartel do século XXI, com as exportações mundiais a crescerem à média anual de 7,88% (as da Europa Ocidental, 8,38%, e as da América Latina, 9,97%), o PIB mundial a 4,8% (4,81% na Europa Ocidental e 5,33% na América Latina) e o PIB *per capita* mundial a 2,93% (4,08% na Europa Ocidental e 5,33% na América Latina).

Constituiu, por isso, em grande medida, uma surpresa e uma desilusão o abrandamento verificado a partir de 1973, na sequência da primeira crise do petróleo, quando se entra em um período com avanços e recuos, designado por Maddison como período de "Growth, Deceleration and Accelerated Inflation".

Tratou-se de um período de ressurgimento protecionista, com o "novo protecionismo", com consequências nos dados econômicos: o crescimento médio anual das exportações mundiais entre 1973 e 1998 (ainda assim elevado) a baixar para 5,05% (para 4,79% na Europa Ocidental e para 6,03% na América Latina), período em que o PIB mundial teve um crescimento médio anual de 3,01% (de 2,11% na Europa Ocidental e de 3,02% na América Latina), e, por seu turno, o PIB *per capita* um crescimento médio anual de 1,33% (tendo sido de 1,78% na Europa Ocidental e de 3,02% na América Latina).

---

[2] Nas palavras bem expressivas de Adriano Moreira (s.d.), "ambas as guerras, a de 1914-1918 e a de 1939-1945, foram qualificadas de mundiais, com o esquecimento comum de acrescentar que foram mundiais pelos efeitos, mas exclusivamente ocidentais pelas causas"; e são especialmente duras as palavras de Eduardo Lourenço (2001), com a afirmação de que "a utopia europeia em marcha foi, é, a resposta que se nos impôs às nações pilotos dessa mesma Europa para domesticar, e desta vez, de mútuo acordo, a sua intrínseca barbárie, a sua demoníaca inquietude que fez delas (e de nós) o Fausto da história mundial".

[3] Há por vezes quem distinga os anos sessenta, os "golden sixties", sublinhando os resultados nesta década, uma década também muito rica a outros propósitos, que vão dos contributos da ciência econômica nesta área a áreas, como o cinema, com o neorrealismo, ou a música, com canções que nunca deixarão de estar na memória de quem viveu esse período.

O maior êxito das políticas de abertura tem sido claramente confirmado em estudos de reputados cientistas e organizações (casos de organizações como a OCDE, o National Bureau of Economic Research, NBER, e o Banco Mundial: ver as referências em PORTO, 2017, p. 35).

Nas décadas mais recentes, quando se observam as taxas de crescimento dos dois países mais populosos do mundo, China e Índia, não se pode deixar de reconhecer que, a par de outras razões, específicas de cada um deles,[4] teve grande relevo, um relevo decisivo, a abertura das economias, no plano interno e no plano externo.

Tratando-se de países muito populosos, com populações bem mais do que o dobro das populações da União Europeia e quatro vezes maiores do que a população dos Estados Unidos da América, pode haver a ilusão de que se trata de mercados mais do que suficientes para "alimentar" e dinamizar as suas economias. Sendo assim, para que importar produtos que podem ser produzidos internamente com custos médios baixos, dando-se antes emprego a trabalhadores nacionais e não a de outros países?

Os êxitos atuais da China e da Índia ficam a dever-se em boa medida a dois políticos, Deng Xiao Ping e Manhoban Singh, respetivamente, que constataram que o caminho tinha de ser mudado, no sentido da abertura das economias. E os resultados estão bem à vista, com os países a recuperarem-se da queda verificada ao longo dos séculos XIX e XX.

Ainda em 1820, portanto há menos de duzentos anos, a China e a Índia tinham 42,1% do PIB mundial (a China 28,7% e a Índia 13,4%), quando, por exemplo, o que é hoje a França ou recentemente a União Soviética tinham 5,5%, o Reino Unido 5%, o Japão 3,1%, a Alemanha 2,4%, a Espanha 1,9% e os Estados Unidos da América 1,8%.

Em perto de dois séculos, foi enorme a queda verificada nesses países da Ásia, a terem 6% do PIB mundial (4% a China e 2% a Índia) em 2004, apesar de estarem já a "recuperar", quando a União Europeia tinha 34%, os Estados Unidos 28% e o Japão 12% desse valor.

Seguem-se, agora, anos de crescimento impressionante da China e da Índia, com previsões a apontarem para que tenham, em 2050, 45%

---

[4] Diante de uma literatura vastíssima, destacam-se nos anos mais recentes: sobre a China, Chow (2012), Dodson (2012), Cheung e Háan (2013) e Kroeber (2016); sobre a Índia, Dossani (2008), Chandler e Zainulbhai (2013), Gordon (2014), Nilekani e Shah (2015), Guillard (2016) e Jacobsen (2016); considerando os dois países (em alguma medida "juntando-os" no que já foi designado por "Cindia" ou "Chindia"), Rampini (2005-7), Engardio (2007), Smith (2008), Eichengreen, Gupta e Kumar (2010), Naidu, Chen e Narayanan (2015) e Ogden (2017).

do PIB mundial (28% a China e 17% a Índia), tendo, então, os Estados Unidos 26%, a União Europeia 15% e o Japão 4% de tal valor (PORTO, 2017, p. 528-529).

3.2 O contributo da ciência econômica

A este propósito assumiu um relevo especialmente importante o contributo da teoria das divergências domésticas, dando designadamente indicações que levaram a que o argumento das indústrias nascentes passasse a ser um argumento inquestionavelmente correto.

Em períodos anteriores, o livre-cambismo era associado ao liberalismo interno, na linha da escola clássica, e o protecionismo à intervenção também no plano interno.

O grande contributo da teoria das divergências domésticas distinguiu os dois planos (PORTO, 2017, p. 136-139), mais concretamente, ao evidenciar a necessidade de intervenção pública, mas não com protecionismo, penalizando os consumidores e os setores econômicos transformadores de produtos importáveis, antes com o afastamento de falhas do mercado (por exemplo, na formação profissional ou na investigação tecnológica) e a criação de economias externas indispensáveis (por exemplo, com a melhoria de acessibilidades).

Foi assim "completado" o argumento das indústrias nascentes, com o teste de Kemp (1964) a acrescer aos testes de Mill (1848) e Bastable (1921), mostrando como se deve intervir, no plano interno, em casos em que se constata que, passado algum tempo, as empresas apoiadas são capazes de competir, com um ganho ao longo dos anos maior do que o custo suportado no período de apoio.

Trata-se de intervenções que justificam atuações não só em nível nacional (por exemplo, do Estado, de regiões ou de outras autarquias e entidades), como também em alguns casos no nível de conjuntos de países, em espaços de integração, podendo um país não ter a dimensão suficiente para o volume dos investimentos a fazer ou a segurança de conseguir "internalizar" os gastos feitos. Um exemplo especialmente bem sucedido é o do projeto AIRBUS, da responsabilidade de empresas de cinco dos países mais poderosos da Europa, porém nenhuma delas quis assumir o encargo e o risco da iniciativa.

Trata-se de projeto que teve apoio orçamental da União Europeia, constituindo um exemplo claro em que a formação e a intervenção de um bloco regional não estão em contradição com a caminhada desejável para o comércio livre mundial. Pelo contrário, só com a repartição de encargos e de riscos a esse nível, tinha-se dimensão para levar a cabo com êxito a iniciativa de projetar e construir um avião de grande porte capaz de concorrer com a Boeing, que, assim, não ficou sozinha no mercado: o que constituiu por isso também um benefício enorme para as empresas transportadoras dos Estados Unidos, que, sem a iniciativa, focariam na dependência de uma só empresa vendedora de aviões de grande porte, na situação de monopólio (podendo haver consequentemente, como veio a acontecer, preços de deslocação mais baixos, com benefício para a atividade econômica e, em geral, para os cidadãos americanos).

E assim pôde acontecer na linha do que ensina a melhor teoria econômica, mais concretamente, a "teoria das divergências domésticas", com uma "indústria nascente" a aparecer e consolidar-se, não com medidas protecionistas, que levariam a aumentos de preços que sacrificariam os consumidores e a atividade econômica em geral. Atuou-se, como era de desejar, com a promoção do mercado, no caso fundamentalmente financiando-se a caríssima investigação tecnológica requerida para o sucesso do projeto; o que acabou por levar a reduções de custos e preços a todos os títulos desejáveis.

4 As "razões", designadamente políticas, conducentes ao protecionismo

Em face desse quadro, com consequências bem visíveis, é natural se perguntar por que razões tem havido protecionismo, com a defesa e as práticas tão recentes referidas no início deste texto.

Uma primeira razão para tal, sem dúvida mais justificada em décadas anteriores, está na facilidade da prática protecionista para se atingirem objetivos desejados. A mera determinação de se proibirem ou limitarem as importações de produtos importáveis, ou a elevação dos impostos alfandegários a aplicar, diminui ou impede mesmo a importação dos bens "promovidos", substituída pela produção deles no país. E assim acontece com um custo baixíssimo, com o cumprimento de tal determinação nas fronteiras dos países, fronteiras sempre num número reduzido, com o pessoal alfandegário que aí exerce funções a impedir ou a onerar os produtos. É esse o único "custo", ficando só por isso "protegida" e promovida a produção nacional.

É bem diferente o custo de uma intervenção correta, no plano interno, com a formação profissional (exigindo instalações e pessoal qualificado), o apoio tecnológico (exigindo laboratórios e centros com os requisitos materiais e humanos indispensáveis) ou ainda, por exemplo, a promoção de vendas em mercados externos (exigindo delegações no estrangeiro ou a participação em feiras). Tendo essas atividades custos elevados, há de se levar em conta os custos acrescidos de lançamento, liquidação e cobrança dos impostos necessários para se cobrirem tais despesas, caso não fossem suficientes as receitas anteriores, e, em qualquer caso, os custos para a atividade econômica e para os cidadãos (bem como eventualmente ainda o custo de deixarem de ser satisfeitas outras necessidades econômicas e sociais com o deslocamento de recursos orçamentais para a promoção dos setores a "proteger").

Para além dessas razões, em boa medida aceitáveis, as decisões são, em muitos casos, tomadas por forças políticas, organizadas, que prevalecem na defesa dos seus interesses, sobrepondo-se a conjuntos de cidadãos em muito maior número, mas não organizados. Assim acontece de um modo geral com os consumidores, em face dos setores de produção, em que, no que diz respeito à defesa do protecionismo, estão no mesmo "barco" os empresários e os trabalhadores.

Um caso especialmente significativo foi, ao longo de décadas (a situação está hoje muito melhorada), o da Política Agrícola Comum da União Europeia (em muito maior medida no tempo da CEE), com "preços de garantia" dos produtos das "organizações comuns de mercado" a onerar os cereais, a carne de vaca e os produtos lácteos, sobrepondo-se as organizações dos participantes na sua produção, sindicatos e associações empresariais ao interesse difuso de centenas de milhões de consumidores prejudicados, todavia não organizados.

5 Uma ingenuidade para os países agora mais ricos?

O contributo da teoria poderá, todavia, ser posto em causa, argumentando-se que não será possível concorrer com economias agora em expansão, como são os casos especialmente significativos de economias da Ásia, com salários mais baixos, sem um modelo político e social, como o modelo do ocidente. Será uma ingenuidade julgar-se que se poderá competir nessas circunstâncias.

Em face dessa dúvida, para além do que a experiência tem vindo a mostrar em relação à abertura das economias ao longo das décadas, será especialmente importante que se verifiquem situações de sucesso nos tempos que correm. E, a tal propósito, o êxito que continua a verificar-se na zona euro, com o contributo determinante de alguns dos países membros, assume especial significado.

Olhando para os números mais recentes, de 2017 (conhecidos já em 2018), vemos a zona euro, constituída por países vivendo em democracia política e com um modelo social marcante em nível mundial, tendo uma balança de pagamentos correntes com um superávit de 438,7 milhares de milhões de dólares, muito mais do que o dobro do da China, de 172,0 milhares de milhões, e tendo a Índia um déficit de 33,6 milhares de milhões.[5]

6 A posição da Comissão Europeia

Mesmo em períodos em que poderia haver dúvidas sobre a posição a tomar, em face dos crescimentos impressionantes de algumas economias emergentes,[6] a posição da União Europeia, designadamente a posição da Comissão, foi sempre e continua a ser claramente uma posição de abertura, não de protecionismo em face do resto do mundo.

Assim aconteceu, já recentemente, com a "Estratégia Europa 20-20" (COMISSÃO EUROPEIA, 2010), em que, reconhecendo-se que "o mundo está a mudar", sublinha-se que se tornaram "mais prementes" três "desafios de longo prazo", sendo um deles o desafio da globalização, a par dos desafios da pressão sobre os recursos e do envelhecimento da população (PORTO, 2012).

Trata-se de desafios a que importa dar resposta não com medidas restricionistas, mas sim com base em "três prioridades que se reforçam mutuamente": 1) crescimento inteligente; 2) crescimento sustentável e 3) crescimento inclusivo.

De um modo particular, em relação à primeira prioridade, além de se referir a não podermos mais estar à espera de outros motivos de vantagem, da localização geográfica à dotação de capital (para não falar do custo da mão de obra), é bem sublinhado que se trata de "desenvolver uma economia baseada no conhecimento e na inovação".

---

[5] Assim acontece em grande medida devido aos contributos dos superávits da Alemanha e da Holanda, de 291,4 e 80,7 milhares de milhões de dólares, respectivamente. É curioso comparar os resultados com os déficits dos Estados Unidos da América e do Reino Unidos (com as suas moedas próprias e a língua mais importante do mundo), de 452,5 e de 118,1 milhares de milhões de dólares, respetivamente. É, pois, especialmente significativo o bom exemplo que a zona euro está a dar ao mundo, apesar de se falar por vezes (já não tanto nos dias que agora correm) em "crise do euro".

[6] Com os casos especialmente significativos, já em alguma medida referidos no texto, da China e da Índia, os dois países de longe mais populosos do mundo, a terem ao longo das últimas décadas, em alguns anos, crescimentos de dois dígitos; com a *Economist* a prever que, em 2018, a China cresça 6,8%, e a Índia, mesmo em maior medida, 7,8% (o maior ou um dos maiores crescimentos do mundo).

Depois, além de se referir à necessidade de se reforçar "um mercado único para o século XXI" (de que terceiros países também tiram naturalmente proveito), é bem significativo o número que se segue, com o título "Mobilizar os nossos instrumentos de política externa".

Afastando-se claramente a via protecionista, em face dos novos desafios, o começo do número 3.3 não poderia ser mais expressivo, destacando-se que "o crescimento global abrirá novas oportunidades para as empresas exportadoras e um acesso concorrencial às importações essenciais".[7]

Sublinhando um aspecto particular, quando muitas vezes se vê o crescimento das economias emergentes basicamente como uma fonte de concorrência para as nossas empresas, tirando-nos oportunidades e empregos, o COM (2010) 2020 realça que essas economias, "cujas classes médias se estão a desenvolver e a importar bens e serviços em que a Europa dispõe de uma vantagem comparativa",

> serão a fonte de uma parte do crescimento que a Europa precisa gerar na próxima década. Enquanto maior bloco comercial do mundo, a prosperidade da UE depende da sua abertura ao mundo e da sua capacidade para acompanhar de perto a evolução noutras economias desenvolvidas ou emergentes no sentido de antecipar e adaptar-se às futuras tendências.

Não se fala, pois, de forma alguma, em fugir dos mercados internacionais, mas sim em participar deles;[8] naturalmente com a exigência de que se trate de regras corretas.

Trata-se de filosofia de atuação que foi reafirmada pela Comissão muito recentemente, em 10 de maio de 2017, através do COM (2017) 240, "documento de reflexão" com o título, em português, de *Controlar a globalização*, sendo o título do documento em inglês *Harnessing globalization*, com a palavra "harness" a ter nos dicionários a tradução portuguesa de

---

[7] Já antes, depois de se recordar que "a UE prosperou graças ao comércio, exportando para todo o mundo e importando tanto matérias-primas como produtos acabados", se havia sublinhado, na linha mais correta, que "confrontados com uma intensa pressão sobre os mercados de exportação e sobre um número crescente de matérias-primas, temos de melhorar a nossa competitividade em relação aos nossos principais parceiros comerciais através do aumento da produtividade".

[8] Com uma perspectiva crítica acerca da globalização, a par naturalmente de outros autores, tem-se distinguido o Prêmio Nobel da Economia Joseph Stiglitz, num livro com o título expressivo de *Globalization and its Discontents* (2002), sendo ainda mais expressivo o título da edição portuguesa, *Globalização. A Grande Desilusão* (2004). Mas tem uma perspectiva já mais favorável num livro que se seguiu, com o título também significativo, a tal propósito, de *Making Globalization Work* (2008).

"aproveitar", "explorar" e "rentabilizar" ("dominar", num dos casos que vimos), palavras que exprimem melhor a mensagem transmitida.

Depois de se fazer o "ponto da situação sobre a globalização e os seus efeitos", sublinha-se, em títulos que se seguem, que se trata de um "fator positivo para a mudança", "mas também suscita alguns desafios".

Considerando perspectivas futuras para a globalização, designadamente que "será muito diferente em 2025", sublinha-se, mais uma vez, nesse documento, que "será preciso resistir às tentações de isolamento ou de inação".

Continuando a ser, pois, bem clara a defesa da abertura das economias, a necessidade de uma intervenção correta aparece mesmo como condição para o aproveitamento pleno das virtualidades da abertura.

E havendo aqui uma responsabilidade e uma capacidade de intervenção muito grande da União Europeia, como maior espaço econômico e comercial do mundo, compreende-se bem que o documento em análise se debruce no número 3 sobre a "Resposta Externa da Europa", visando a uma "cooperação internacional para moldar a globalização, diplomacia económica e instrumentos para assegurar condições de concorrência equitativas".

Sublinham-se aqui exigências e responsabilidades várias, designadamente no plano ambiental e no plano laboral, com respeito pelas regras estabelecidas, destacando-se, numa frase bem significativa, que "apesar de defender a abertura e a cooperação, UE não pode ser ingénua na sua abordagem da globalização".

Entretanto, quando um espaço, como o europeu, exige o respeito de regras básicas, no plano ambiental ou, ainda, por exemplo, no plano social, não esta só a defender-se, está também a defender as populações de países que são talvez incentivados por isso a passar a ter melhor qualidade de vida e padrões sociais mais elevados.

7 Conclusões

Os séculos anteriores mostraram claramente as vantagens da abertura das economias em relação ao protecionismo: assim tendo acontecido no plano dos fatos, com os resultados muito mais favoráveis, de todos os pontos de vista, nas situações de abertura, e a ciência econômica a justificar que assim deva acontecer.

A prática e a teoria vieram, porém, mostrar que não se pode prescindir de intervenção pública, tal como julgavam os autores clássicos, que aliavam a defesa do livre-cambismo ao liberalismo interno, com a "mão invisível" a resolver da melhor forma todos os problemas.

É hoje inequívoco o reconhecimento da necessidade da intervenção, em diferentes níveis espaciais, consoante as circunstâncias, afastando imperfeições do mercado e criando economias externas indispensáveis num processo de desenvolvimento.

E é nesse quadro que se evidencia a vantagem ou mesmo a necessidade de se formarem blocos regionais, podendo dizer-se que a tal propósito será paradigmático o caso da União Europeia: no nosso continente, só aqui havendo a escala adequada para intervenções de grande relevo. E sendo intervenções que vão diretamente aos problemas a resolver, desde o apoio à implantação de infraestruturas, à formação profissional ou à investigação científica e tecnológica, não têm os efeitos do protecionismo, com agravamentos de preços penalizadores do consumo e da atividade produtiva utilizadora das matérias-primas e dos bens intermediários "protegidos".

A criação de "mercados únicos" e de espaços alargados de integração monetária, tal como acontece na Europa, além de beneficiar naturalmente os consumidores e toda a atividade econômica dessas áreas, beneficia, da mesma forma, os cidadãos das demais áreas do mundo, sem paragens nas fronteiras quando aqui circulam e tendo os seus empresários, que para aqui exportam ou têm aqui atividade produtiva, igual vantagem em haver normas e moedas que não são diferentes de país para país.

É, pois, desejável para os próprios cidadãos e para os demais cidadãos do mundo que se vão formando e aprofundando outros espaços de integração. Importa, todavia, que, em todos os casos (também nos países de grande dimensão), trate-se de espaços abertos, em um processo de globalização que, nas últimas décadas, tem vindo a libertar da miséria dezenas de milhões de pessoas.

Não é, pois, de desejar nem deveria ser de esperar que regressasse o protecionismo; com os dados mais recentes, de crescimento e de diminuição do desemprego a contribuir para que devessem afastar-se os receios que se sentiram nos últimos anos, designadamente a seguir a 2008 (receios, todavia, verificados com as medidas agora tomadas pelo Presidente Trump).

Com a consciência de que continua a haver muitos problemas para resolver, exigindo intervenções solidárias, é hoje bem claro que o caminho a seguir tem de ser um caminho de abertura e aproximação entre os povos do mundo.

Referências

BASTABLE, Charles F. *The Commerce of Nations*. 10. ed. Londres: Macmillan, 1921.

CAREY, Henry Charles. *Principles of Political Economy*. Filadélfia, 1837.

CHANDLER, Clay; ZAINULBHAI, Adil (ed.). *Reimagening India*. Unlocking the Potential of Asia's Next Superpower. Nova Iorque: Mckinsey & Company, 2013.

CHEUNG, Yin-Wong; HAAN, Jacob de (ed.). *The Evolving Role of China in the Global Economy*. The MIT Press, Cambridge (Mass.) e Londres, 2013.

CHOW, Gregory C. *China as the Leader of the World Economy*. Singapura: World Scientific Publishing Company, 2012.

COMISSÃO EUROPEIA. *Estratégia para um crescimento inteligente, sustentável e inclusivo*. Bruxelas, 3 mar. 2010.

COMISSÃO EUROPEIA. *Documento de reflexão controlar a globalização*. Bruxelas, 10 maio 2017.

DODSON, Bill. *China Fast Forward*. The Technologies, Green Industries and Innovation Driving the Mainland's Future. Singapura: John Wiley & Sons, 2012.

DOSSANI, Rafiq. *India Arriving:* How this Economic Powerhouse is Redifining Global Business. Nova Iorque: Amacom, 2008.

EICHENGREEN, Barry; GUPTA, Poonam; KUMAR, Rajiv (ed.). *Emerging Giants:* China and Indi in the World Economy. Oxford: Oxford University Press, 2010.

ENGARDIO, Pete (ed.). *Chindia:* How China and India are Revolutionizing Global Business. Nova Iorque: McGraw-Hill, 2007.

GUILLARD, Olivier. *Géopolitique de l'Inde:* Le rêve brisé de l'unité. Paris: PUF 2016.

GORDON, Sandy. *India's Rise as an Asian Power:* Nation, Neighborhood, and Region. Washington, DC: Georgetown University Press, 2014.

HAMILTON, Alexander. *Report on Manufactures*. Communicated to the House of Representatives, 1791.

JACOBSEN, Knut A. (ed.). *Routledge Handbook of Contemporary India*. Abington e Nova Iorque: Routledge, 2016.

KEMP, Murray C. *The Pure Theory of International Trade*. Englewood Cliffs: Prentice Hall, 1964.

KROEBER, Arthur R. *China's Economy*. What everyone needs to know. Oxford: Oxford University Press, 2016.

LIST, Frederic. *Système National d'Économie Politique*, 1841 (trad. francesa, Paris, 1951).

LOURENÇO, Eduardo. *A Europa desencantada:* para uma metodologia europeia. Lisboa: Gradiva, 2001.

MADDISON, Angus. *The World Economy*. A Millenial Perspective. Paris: OECD, 2001.

MADDISON, Angus. *The World Economy*. Historical Statistics. Paris: OECD, 2003.

MILL, John Stuart. *Principles of Political Economy*. Londres: Longmans Green and Co, 1929.

MOREIRA, Adriano. *A lei da complexidade crescente na vida internacional.* s.d.

NAIDU, G.V.C.; CHEN, Mumin; NARAYANAN, Raviprasad. *India and China in the Emerging Dynamics of East Asia.* Nova Delhi: Springer India, 2015.

NILEKANI, Nandan; SHAH, Viral. *Rebooting India.* Londres: Allen Lane, 2015.

OGDEN, Chris. *China and India.* Asia's Emergent Great Powers. Cambridge: Polity Press, 2017.

PORTO, Manuel Carlos Lopes. *A estratégia 2020:* visando um crescimento inteligente, sustentável e inclusivo: homenagem ao Prof. Doutor José Joaquim Gomes Canotilho, v. IV. Coimbra: Coimbra Editora, 2012, p. 549-572.

PORTO, Manuel Carlos Lopes. *Teoria da integração e políticas da União Europeia:* face aos desafios da globalização. 5. ed. Coimbra: Almedina, 2017.

RAMPINI, Federico. *China e Índia:* as duas grandes potências emergentes. Lisboa: Presença, 2007.

RICARDO, David. *Princípios de economia política e tributação.* Tradução: Lisboa: Fundação Calouste Gulbenkian, 1965. Título original: The Principles of Political Economy and Taxation, 1817.

SMITH, Adam. *An Inquiry into the Nature and Causes of Wealth of Nations.* Londres: T. Nelson and Sons, 1901.

SMITH, David. *The Dragon and the Elephant:* China, India and the New World Order. Londres: Profile Books, 2008.

STIGLITZ, Joseph E. *Globalização:* a grande desilusão. Lisboa: Terramar, 2004. Título original: *Globalization and its Discontents.* Nova Iorque: W. W. Norton & Company, 2002 .

STIGLITZ, Joseph E. *Making Globalization Work.* Londres: Penguin, 2007.

Informação bibliográfica deste texto, conforme a NBR 6023:2018 da Associação Brasileira de Normas Técnicas (ABNT):

PORTO, Manuel Carlos Lopes. O regresso do protecionismo?. *In*: RIBEIRO, Paulo Dias de Moura; FROTA, Cristiane de Medeiros Brito Chaves (coord.). *25 anos de diálogos jurídicos*: coletânea do Seminário de Verão de Coimbra. Belo Horizonte: Fórum, 2022. p. 115-128. ISBN 978-65-5518-331-3.

DESAFIOS DE EFETIVIDADE DA JURISDIÇÃO

MARCELO NAVARRO

O tema deste artigo serão os cinco desafios fundamentais da jurisdição, a saber: (1) resolver todas as demandas; (2) resolver essas demandas para todos; (3) resolver com justiça; (4) resolver em tempo razoável e (5) resolver com eficácia.

O primeiro desafio é o de resolver tudo. Nossa jurisdição vive sob a égide da proibição do *non liquet*. O Judiciário sempre foi enfrentado por doutrinas que pregavam a inevitabilidade, inafastabilidade, indeclinabilidade da jurisdição, mas há hoje, pelo menos no Brasil, um problema muito sério: a inexistência de norma pela resistência ou dificuldade do Legislativo em normatizar determinado assunto.

Como exemplo, pode-se citar o caso do casamento entre pessoas do mesmo sexo. Isso se tornou uma verdadeira demanda social, e o Supremo Tribunal Federal teve de resolvê-la. Então, tem-se uma crítica ao chamado ativismo judicial: "Ah, mas o Supremo está legislando". Porém, a sociedade continua trazendo ao Supremo questões que não estão resolvidas na legislação, como o caso dos abortos dos encefálicos e tantos outros.

Outra questão que se estabelece nesse desafio são as matérias técnicas e da ultraespecialização. Pontes de Miranda, um grande jurista alagoano, dizia que "Quem só direito sabe, nem direito sabe" e, hoje, mais do que nunca, os juízes vivem com essa angústia, pois as decisões mais difíceis não são de temas jurídicos; são de temas técnicos, por mais que se utilizem técnicas, como audiências públicas etc. Já houve caso referente à compra e venda de energia em leilões em que o Ministério Público queria mostrar que a companhia energética havia aumentado a conta de luz um pouco acima da inflação. Isso acabou gerando um trabalho enorme, pois demandava do juiz um conhecimento sobre conceito de energia nova e energia velha. Energia nova é energia de uma termoelétrica que foi construída há pouco e ainda está se pagando; energia velha é de uma hidrelétrica construída há muito tempo, já está paga. Há épocas em que a energia está mais cara porque os reservatórios estão secos e, em outras, eles estão cheios e a energia fica mais barata.

Novidades sociais, comportamentais e tecnologias disruptivas surgem e a jurisdição tem que dar conta de resolver. Quando a lei foi feita ou quando a jurisdição se instalou, não havia, por exemplo, a questão da ideologia de gênero, internet, não *Blockchain* etc. Então, é necessário que tudo se resolva para todos, o que é um grande desafio.

A pergunta com relação à acessibilidade do Judiciário é: *curia pauperibus causa est?* O tribunal está fechado para os pobres? Ao mesmo tempo, há uma questão de custos e de estrutura da justiça. Sempre se querem mais vagas judiciárias, mais tribunais, tribunais com mais cadeiras, mais assessores, mais servidores e chega um momento que se pergunta: dar-se-á sempre mais do mesmo para acompanhar a situação existente ou vamos repensar esse governo? Litigar deve ser grátis para quem pode pagar?

Litigar no Brasil é uma atividade relativamente barata, comparada com a de muitos países. Há discussão, por exemplo, sobre os juizados especiais, se o acesso à primeira instância deve ser inteiramente grátis, inclusive para empresas. Sabe-se que, muitas vezes, a empresa resiste a resolver um problema jurídico, pois ela sabe que não tem razão e vai perder e, enquanto aquilo durar na justiça, ela está aplicando o dinheiro de outras maneiras e ganhando com o Judiciário. Isso é muito sério.

Chegou-se ao ponto de criar-se o processo coletivo, e hoje existe a pluralidade desses processos. Processos coletivos deveriam ser a solução para problemas de massa, porém há vários deles sobre uma mesma questão. Isso são paradoxos no Brasil, porque os números que existem no país não são vistos em parte nenhuma. Há quase 110 milhões de processos; é um processo para cada dois brasileiros, o que é absurdo. Reforça-se, então, o grande desafio dessa situação.

Talvez o maior de todos os desafios seja o de resolver com justiça. Saiu-se de uma legalidade legalista, que se preocupava com decreto, com a portaria, com a ordem de serviço, e entrou-se para uma legalidade constitucional, alguns dos princípios emanados da Carta maior. Isso faz com que muitos juízes achem que podem aplicar de forma vaga princípios para resolver casos. O princípio da dignidade da pessoa humana, por exemplo, é usado para resolver qualquer tipo de situação, além de ser capaz de dar suporte ao fundamento para decisões inteiramente opostas. Existe, entretanto, uma dificuldade de fazer a ponderação, a aplicação da regra da razoabilidade ou da proporcionalidade entre os princípios.

Alguns autores sustentam que é muito mais grave violar um princípio do que uma regra; outros enfatizam o contrário: "não, a regra é específica, tem que ser aplicada". Teme-se que alguns juízes estejam negligenciando o parâmetro legal e, fora da lei, não há salvação. Existe uma problemática muito séria da colonização do direito pela moral. O juiz, em vez de aplicar a lei, encontra uma maneira de fundamentar que ela não é boa para aquele caso, porque não atende aquilo sobre o qual ele pensa, que ele quer, que ele deseja ou a visão moral que ele tem do mundo. Esse é um problema muito sério hoje no Brasil.

A busca de isonomia, previsibilidade, segurança é difícil e apresenta muitos percalços. No momento, os tribunais superiores do Brasil estão tentando criar um sistema de precedentes a brasileiros. Na época dos governos militares, o grande advogado Sobral Pinto, diante de uma arbitrariedade qualquer do governo, disse: "Não, nós estamos tentando construir uma democracia brasileira". E rebate-se: "meu senhor, democracia brasileira é invenção da sua cabeça". É exatamente com essa carga de ironia que se deve construir um sistema de precedentes à brasileira, que não é, não pode e nem deve ser igual ao sistema de precedentes da Inglaterra ou dos Estados Unidos ou de outros países do *common law*, em geral. É necessário que se crie uma cultura própria, o que é muito difícil.

E, finalmente, o desafio de resolver celeremente. Uma questão prévia do tempo, no sentido de *timing* da justiça, não é o mesmo de outras realidades. O tempo da justiça, por exemplo, não é o mesmo tempo da imprensa. Saiu uma notícia de crimes contra alguém e a imprensa quer que amanhã esse sujeito seja julgado, preso de preferência. Porém a realidade não é assim. Metaforicamente, a realidade da justiça é como a *Montanha mágica*, de Thomas Mann, que é filho de uma brasileira, Júlia Silva Mann, e irmão de Heinrich Mann. Esse livro é fantástico, pois o autor discute muitas questões sobre o tempo, até porque o personagem principal, Castorp, chega no alto da montanha para uma clínica de recuperação, onde deveria passar três meses, e acaba ficando por sete anos. Há um diálogo bastante interessante entre ele e um interno quando ambos são submetidos a um procedimento inconveniente de colocar um termômetro debaixo da língua. O interno diz: "olha, isso aqui é muito chato, a gente fica incomodado, a gente tem meses e meses parado sem fazer nada, a gente esbanja tempo; mas quando a gente tem que passar alguns minutos com esse termômetro debaixo da língua, aí a gente sabe propriamente o valor do minuto ou dos segundos". O outro rebate: "não, você disse propriamente que o tempo não tem uma natureza própria. Se ele lhe parece longo é porque é longo; se ele lhe parece curto é porque é curto". Essa ideia da relatividade do tempo é muito séria porque o autor do processo quer que ele termine logo, mas, muitas vezes, esse não é o desejo do réu, não porque ele queira protelar, mas porque ele quer que seja exercido o devido processo legal.

Então, há muitos "tempos mortos" entre uma atividade e outra em um processo. O juiz não está vendo aquele processo todo tempo, porque ele não tem apenas um processo.

Há quem pense que técnicas e tecnologias fazem ganhar tempo. É bom sair, viajar e ter tudo em um *tablet* ou no celular, mas isso também cria uma escravidão. Muitas vezes, porém, essas tecnologias não fazem ganhar tempo. Antigamente, por exemplo, em uma petição, o sujeito citava um trecho pequeno que era o que interessava. Hoje, aperta-se *control+c control+v* e são citadas dez páginas. O advogado, para convencer o juiz, inseria três ementas de decisões, mas agora, com o *control+c control+v*, ele coloca 50. Isso significa ganhar tempo?

O papel do juiz laborioso e diligente, o juiz trabalhador está sendo esquecido, pois se está pensando muito na tecnologia e esquecendo-se do homem.

A execução continua sendo a questão mais terrível do processo. Na esfera civil, há questão de disparidades econômicas e sociais entre as partes. Na penal, essa briga se instala entre o punitivismo feroz de um lado e, de outro, um garantismo que, às vezes, esquece-se de que tem que garantir tudo de um processo, não só um dos lados.

É preciso usar as técnicas e tecnologias em prol da eficácia ou efetividade, e faz-se fundamental ter o sofisma do famoso sofista Protágoras de Abdera como guia: "o homem é a medida de todas as coisas".

Vive-se uma era de perplexidades. Então, além de todos esses desafios, a justiça tem um desafio extra da comunicação; ela tem que conseguir trazer para as pessoas a realidade do que está acontecendo, o que, muitas vezes, não é tarefa fácil. Percebe-se que o Judiciário está perdendo a guerra da comunicação.

Esses desafios não são distantes; eles se entrelaçam e não há resposta única. A mudança do paradigma adversarial para um de composição, de transação, de justiça fraterna, de justiça alternativa – tão a gosto de Reynaldo Fonseca – é uma das poucas saídas que se pode vislumbrar com segurança.

Encerra-se este trabalho com um poema não de língua portuguesa, mas de língua ibérica, do poeta espanhol Antonio Machado: "caminante, no hay camino, se hace al camino al andar".

Informação bibliográfica deste texto, conforme a NBR 6023:2018 da Associação Brasileira de Normas Técnicas (ABNT):

NAVARRO, Marcelo. Desafios de efetividade da jurisdição. *In*: RIBEIRO, Paulo Dias de Moura; FROTA, Cristiane de Medeiros Brito Chaves (Coords.). *25 anos de diálogos jurídicos*: coletânea do Seminário de Verão de Coimbra. Belo Horizonte: Fórum, 2022. p. 129-133. ISBN 978-65-5518-331-3.

A ARBITRAGEM NA UNIÃO EUROPEIA, NOS ESTADOS UNIDOS DA AMÉRICA E NO MERCOSUL

MARCO AURÉLIO GASTALDI BUZZI

1 Introdução

Nos países ocidentais, prevalece a opção institucional que atribui preponderantemente ao Poder Judiciário a função de solucionar os conflitos de interesses advindos do convívio social, os quais, todavia, atualmente se constata, restaram judicializados, de tal forma e monta, a ponto de dificultar, quase à exaustão, os sistemas nos quais a prestação jurisdicional é centralizada.

Em razão do quase esgotamento do atual sistema de prestação jurisdicional, ante o crescimento do volume e da dinâmica das relações sociais, busca-se, por todos os quadrantes do planeta, desjurisdicionalizar a resolução de conflitos, concebendo-se ou restabelecendo-se métodos de pacificação alternativos aos tradicionais, tais como a arbitragem, a mediação, a conciliação, a negociação, entre outros.

Consoante o título designado para esta brevíssima e panorâmica fala, sem a pretensão de esgotar o tema, este discurso pretende tratar de aspectos destacados da arbitragem, preponderantemente, em sua modalidade interna e voluntária, no âmbito dos países europeus – integrantes da comunidade europeia – e americanos, precisamente, os Estados Unidos da América do Norte e as nações componentes do Mercosul.

2 Antecedentes históricos

2.1 Fase embrionária

Vale alertar que não é unânime, entre os doutrinadores, designar como sendo propriamente a origem da arbitragem iniciativas registradas episodicamente, pinçadas ao longo do caminhar da evolução da sociedade, direcionadas à consecução de acordos entre litigantes, porque as práticas rudimentares utilizadas nos primórdios da humanidade para solução de conflitos apenas retratam vagamente aspectos os quais atualmente pode-se dizer que se assemelham à arbitragem.

Sob esse argumento, na antiga Babilônia, exemplificando, o Código de Hamurabi descreve tanto a figura dos *anciões* como a do *juiz* atuando na solução de controvérsias, e nos adverte Martin Della Valle[1] que "o próprio Hamurabi é descrito como o árbitro perfeito, que designa pastos e água para Lagash e Girsu", antigas e principais cidades do império babilônico.

Já a pesquisa realizada pelo jurista americano Martin Domke identifica, no antigo Egito, práticas originárias de arbitragem, ao descrever que o chefe da cidade de Nekhed, aproximadamente no ano de 2.700 antes de Cristo, criou um fundo para as oferendas fúnebres após sua morte, o qual seria administrado por sacerdotes, e as disputas entre eles e os leigos seriam resolvidas pela jurisdição normal. Porém, caso houvesse querelas entre os sacerdotes, elas seriam dirimidas pelos demais administradores do fundo, que decidiriam como árbitros[2] (*apud* DELLA VALLE, 2012, p. 23).

Carreira Alvim[3] estima que a arbitragem, tal qual concebemos, teria surgido como prática adversarial de solução de controvérsia na Grécia Clássica (século VI a IV a. C.). Registra-se que o tratado firmado entre Esparta e Atenas em 445 a. C. já continha cláusula compromissória, evidenciando a utilização desse instituto pelos helênicos e, também, a

---

[1] DELLA VALLE, Martin. *Arbitragem e equidade*: uma abordagem internacional. São Paulo: Atlas, 2012, p. 21.

[2] DELLA VALLE, Martin. *Arbitragem e equidade*: uma abordagem internacional. São Paulo: Atlas, 2012, p. 23.

[3] ALVIM, Carreira. *Direito Arbitral*. Rio de Janeiro: Forense, 2004.

sua eficácia como meio de solução pacífica dos conflitos de interesse.[4] Sobre o tema, o saudoso Ministro do Superior Tribunal de Justiça do Brasil Sálvio de Figueiredo Teixeira,[5] em artigo doutrinário, evidencia que, no sistema romano, as questões cíveis eram primeiramente apresentadas diante do magistrado (*praetor*) no Tribunal, para depois sê-lo perante um árbitro particular (*arbiter*) escolhido pelas partes para julgar o processo. Trata-se da *ordo judiciorum privatorum* ou ordem dos processos civis. Esse procedimento, por ser muito rápido, perdurou por muito tempo, até o período clássico.

Na Idade Média, ao longo de todo o período feudal, era comum aos soberanos, os senhores da terra, o encargo de árbitro de seus vassalos (ROSA CACHAPUZ, 2013, p. 3).

2.2 Aporte contemporâneo

Como informa Rozane da Rosa Cachapuz,[6] constitui uma fase de desenvolvimento da arbitragem o impulso e o incremento das relações comerciais internacionais após a Segunda Grande Guerra Mundial, surgindo mais intensa a influência da empresarialidade na Administração Pública, daí por que, na reconstrução dos estados nacionais, as ideias de descentralização e de flexibilização administrativa ganharam força e espaço em todos os governos. Na atualidade, o processo arbitral desempenha papel de maior relevância na conjuntura econômica globalizada, ante a expansão dos grandes conglomerados empresariais, tendo sido, metaforicamente, transformado, por assim dizer, em uma jurisdição de direito comum nas relações econômicas internacionais e privadas.

Concorreram para o aperfeiçoamento do instituto a necessidade de as empresas multinacionais contarem com maiores garantias e segurança na solução de litígios eventualmente existentes e, bem assim, o julgamento com celeridade dessas controvérsias por um foro imparcial, evitando-se os tribunais e os complexos procedimentos judiciais locais.

---

[4] MARTINS, Pedro A. Batista. Arbitragem através dos tempos. Obstáculos e preconceitos à sua implementação no Brasil. *In:* GARCEZ, José Maria Rossani. *A arbitragem na era da globalização.* Rio de Janeiro: Forense, 1999, p. 36.

[5] TEIXEIRA, Sálvio de Figueiredo. Arbitragem no Sistema Jurídico Brasileiro. *In:* GARCEZ, José Maria Rossani. *A arbitragem na era da globalização.* Rio de Janeiro: Forense, 1999.

[6] ROSA CACHAPUZ, Rosane. *Arbitragem internacional:* sistema de solução de conflitos no Brasil e na União Europeia. Disponível em: http://www.egov.ufsc.br/portal/sites/default/files/anexos/32726-40316-1-PB.pdf. Acesso em: 13 jun. 2013.

Em apertada síntese, são esses atualmente os vetores do resgate histórico e do aprimoramento do sistema arbitral na resolução das querelas.

3 Aspectos gerais e comuns da arbitragem

A arbitragem, portanto, como nos advertem os professores João Pedroso, Catarina Trincão e João Paulo Dias,[7] da Universidade de Coimbra, não pode ser olhada como um fenômeno recente. Praticada desde os tempos antigos, passou a ter uso mais regular na área comercial a partir do século XVIII.

Portanto, atualmente presencia-se a revitalização de métodos de resolução de conflitos, alternativos aos tradicionais, destacadamente da arbitragem, a partir de um autêntico resgate histórico, mediante a ratificação de tratados e a inserção do instituto na maioria dos sistemas jurídicos nacionais, promovendo-se o seu aprimoramento de sorte a atender àqueles que procuram resolver de modo rápido e eficiente as contendas nas quais estejam envolvidos.

O procedimento arbitral, como leciona o Professor António Pedro Pinto Monteiro, da Universidade de Coimbra, na sua obra *Da ordem pública no processo arbitral,*[8] possui natureza contratual privada e é geralmente definido como modo de resolução jurisdicional de controvérsias em que, com base na vontade das partes, a decisão é confiada a terceiro.

Sustenta Pinto Monteiro (2013, p. 3) que a arbitragem é *contratual* na sua origem, *privada* na sua natureza – pois o tribunal arbitral é criado e constituído por particulares e desprovido de poderes de autoridade –, *jurisdicional* na sua função, na medida em que o árbitro exerce a função jurisdicional, julgando litígios – o que aproxima a arbitragem do padrão judicial tradicional – e, por fim, a arbitragem é *pública* em seu resultado, sendo esta, aliás, a grande diferença entre a arbitragem e os outros meios de resolução alternativa de litígios, em razão da equiparação pública da decisão arbitral como título executivo judicial, fenômeno, diga-se de passagem, verificado tanto no ordenamento português quanto no brasileiro por expressa manifestação legislativa.

---

[7] PEDROSO, João; TRINCÃO, Catarina; DIAS, João Paulo. *Percursos da informalização e desjudicialização*: por caminhos da reforma da administração da justiça. Observatório Permanente da Justiça Portuguesa. Centro de Estudos Sociais. Faculdade de Economia, Universidade de Coimbra, Coimbra, nov. 2001. Disponível em: http://opj.ces.uc.pt/pdf/6. pdf. Acesso em: 13 jun. 2013.

[8] Disponível em: www.fd.unl.pt/docentes_docs/ma/MFG_MA_16975.doc. Acesso em: 13 jun. 2013.

A arbitragem, conforme Carlos Alberto Carmona, pode ser definida como a forma de solução de conflitos por meio da atuação de um terceiro (alheio e imparcial), o árbitro, ao qual são conferidos poderes advindos de uma convenção privada, para que, se for o caso, decida o conflito, sem intervenção estatal, com eficácia de decisão judicial.

Nesse sentido, é a lição do professor da Faculdade de Direito de Lisboa, Luís de Lima Pinheiro,[9] ao definir a arbitragem como modo de resolução de controvérsias em que, com base na vontade das partes, a decisão é confiada, por convenção contratual, a terceiro.

Na maioria dos ordenamentos jurídicos vigentes, existem duas espécies de convenção de arbitragem: a *cláusula compromissória* e o *compromisso arbitral*, ambos, portanto, poderão iniciar e desencadear o processo arbitral, pois tais ajustes, voluntariamente firmados pelas partes, convencionam submeter a um juízo arbitral eventuais divergências relativas ao cumprimento do contrato celebrado.

A cláusula compromissória, também chamada *pactum de compromittendo*, é acordada entre as partes anteriormente à existência de uma controvérsia, e o compromisso arbitral se destina à solução de uma divergência já existente.[10] Antecipando-se ao estudo das legislações nacionais sobre a arbitragem, exposto nos próximos tópicos, pode-se afirmar que tal diferenciação também é verificada, atualmente, em Portugal, na França, na Itália, na Alemanha, na Bélgica e na Holanda.[11]

O compromisso arbitral somente é formalizado entre as partes após o ajuizamento da demanda. No processo civil brasileiro (art. 267, inc. VII, do Código de Processo Civil brasileiro), deve ser juntado aos autos da ação judicial para que esta possa ser extinta pelo magistrado, sem o julgamento do mérito da causa.

A prejudicialidade do processo judicial se justifica na medida em que o compromisso arbitral manifesta claramente a vontade inequívoca das partes de renunciarem à tutela da prestação jurisdicional estatal.

A arbitragem funda-se, essencialmente, no princípio da autonomia da vontade dos particulares e, de acordo com esse corolário, o homem, por ser livre naturalmente, obriga-se apenas à sua própria vontade, força motriz geradora do conteúdo e dos efeitos do contrato.

---

[9] PINHEIRO, Luís de Lima. *Arbitragem transnacional*: a determinação do Estatuto da Arbitragem. Coimbra: Editora Almedina, 2005, p. 26.

[10] BRASIL: STJ, Corte Especial, SEC 1210/GB, Rel. Ministro FERNANDO GONÇALVES, julgado em 20.06.2007, DJ 06.08.2007.

[11] BAPTISTA, Luiz Olavo. *Arbitragem comercial e internacional*. São Paulo: *Lex Magister*, 2011, p. 94.

Destacam-se, do princípio da autonomia da vontade, a liberdade do particular de contratar, a geração dos efeitos ou consequências do ato pactuado e a faculdade de os celebrantes determinarem as cláusulas do ajuste, entre elas a forma pela qual dirimirão suas divergências: a convenção arbitral.

Esse sistema, indubitavelmente, traz inúmeras vantagens à solução de litígios comparativamente aos tribunais judiciais, especialmente em função da prevalência da autonomia da vontade das partes, da celeridade, do menor custo e da possibilidade de ser mantido o sigilo da questão em debate – aspecto de essencial interesse e importância em matérias empresariais.

A adoção do sistema arbitral de solução de conflitos traz benefícios irrefutáveis às sociedades e aos indivíduos porque é fator de estímulo ao desenvolvimento social e econômico.

Nota-se que, em alguns países, apenas tardiamente a arbitragem foi objeto de normatização, o que reflete a cultura da judicialização de conflitos e, atualmente, passou a indicar a perda de vultosos investimentos de grupos empresariais internacionais, devido à complexidade procedimental dos recursos judiciais, o que faz crer a eternização de eventuais pendências aforadas ante as instâncias do Poder Judiciário, gerando insegurança jurídica nas relações contratuais, exemplo inverso das relações contratuais e econômicas desenvolvidas, por exemplo, nos Estados Unidos da América do Norte, onde a cultura das vias arbitrais na resolução de contendas advém da adoção das práticas vetorizadas pelo sistema da *common law*, em experiência de mais de oito décadas.

Ressentiam-se as nações ocidentais, no âmbito do comércio internacional, com a existência de uma legislação sobre arbitragem adequada à dinâmica das relações empresariais, notadamente em face da rápida regionalização e globalização da economia.

Nas últimas décadas, ocorreram substanciais modificações nas legislações internas de vários países, com o propósito de adaptação ou introdução do instituto da arbitragem, de modo a buscar a uniformização e a equiparação ao contexto dessa legislação específica, já prevista nos países desenvolvidos, levando em consideração as diretrizes contidas na Convenção de Nova Iorque, datada de 10 de junho de 1958 e celebrada no âmbito das Nações Unidas, somente ratificada pelo governo brasileiro, no ano de 2002, por meio do Decreto Legislativo nº 4.311, de 24 de julho.

Apenas à guisa de exemplificação, a Lei nº 9.307, de 23 de setembro de 1996, introduziu, no ordenamento brasileiro, substanciais modificações no delineamento jurídico do instituto, tal como anteriormente previsto no Código Civil, de 1916, e no Código de Processo Civil, de 1973. Tal diploma legal buscou inspiração na moderna regulamentação da arbitragem, seguindo os parâmetros adotados pela comunidade internacional, o que também privilegia o ânimo de uniformização, em todo o mundo, dos respectivos procedimentos.

A ratificação aumentou a segurança jurídica de partes estrangeiras de participarem de procedimentos arbitrais com partes brasileiras, colocando, ainda, à disposição do Brasil, como bem observou José Maria Rossani Garcez,[12] "uma via de mão dupla para obter, entre os Estados signatários, execução das sentenças arbitrais proferidas em seus territórios". A homologação da sentença arbitral estrangeira pelo sistema brasileiro será feita perante o Superior Tribunal de Justiça (art. 105, inc. I, alínea "i", da Constituição Federal de 1988).

Por fim, entre os mais destacados desafios hoje encontrados pela arbitragem, sobressai a sensível falta de coercitividade desse juízo para a execução de seus laudos ou sentenças e para a efetivação de medidas acautelatórias adotas para a preservação do mérito da controvérsia, mormente nos países adeptos do sistema jurídico do *civil law*, cujas decretação e efetivação ainda dependem da ajuda do Poder Judiciário.

4 Visão panorâmica da arbitragem na comunidade europeia

Como é de sabença geral, a União Europeia (UE) foi criada pelo Tratado de Roma, assinado em 25 de março de 1957, tendo sido formalmente estabelecida com o Tratado de Maastricht, que entrou em vigor em 1º de novembro de 1993. Posteriormente, em 2007, o Tratado de Lisboa renovou os pilares e as premissas em que se encontra solidificado o bloco comunitário europeu.

A arbitragem na Europa, no período do pós-guerra, foi inicialmente regulada pela Convenção Europeia sobre Arbitragem Comercial Internacional, elaborada em 21 de abril de 1961, também conhecida como *Convenção de Genebra*, possuindo disposição específica sobre a lei aplicada ao mérito da controvérsia (artigo VII), distinguindo-se, nesse ponto, da *Convenção de Nova Iorque*.

Em 1966, foi elaborada pelo Conselho Europeu uma Lei Uniforme sobre a Arbitragem: a *Convenção de Estrasburgo*. Previu a referida

---

[12]   GARCEZ, José Maria Rossani. *Reflexões sobre arbitragem*. São Paulo: Ltr, 2002, p. 453.

legislação comunitária que o tribunal arbitral, salvo disposição em contrário, decidiria a questão posta de acordo com o direito.[13] Essa convenção, entretanto, somente foi assinada por dois países e ratificada apenas pela Bélgica.

A Comissão das Nações Unidas para o Desenvolvimento do Direito Comercial Internacional (*United Nations Commission on International Trade Law* – UNCITRAL), desenvolveu em 1985 uma Lei Modelo de Arbitragem,[14] no intuito de harmonizar as legislações dos vários países do mundo, tendo sido acolhida por muitas nações.

Com o advento da UE, o Conselho da Comunidade Europeia publicou a sua primeira recomendação em 30 de março de 1998 (Recomendação 98/257/CE), para garantir que a arbitragem, como mecanismo alternativo de resolução de conflitos (ADR – *alternative dispute resolution*) oferecesse às partes envolvidas um número mínimo de garantias e facilitasse o acesso dos consumidores aos processos de resolução extrajudiciais dos conflitos, devido aos elevados custos da assistência jurídica, à demora e à complexidade dos processos judiciais, em especial em caso de conflitos transfronteiriços.

A arbitragem, como hoje a conhecemos, remonta sua origem há muitos séculos no âmbito europeu. No Reino Unido, berço do *common law*, foi regulada pela primeira vez em 1698, por meio do *Arbitration Act*, embora tenha sido utilizada nas relações comerciais empreendidas ainda na Idade Média pelo império britânico, sob a denominação de *voluntary submission out of the court*.[15]

Atualmente, é regulada pelo *Arbitration Act*, de 1996, e a experiência com a arbitragem na solução de conflitos de consumo é bem sucedida. Por lá vicejam as *County Courts* (tribunais regionais) destinadas à resolução de pequenos conflitos, inclusive consumeristas, e que, apesar de órgãos judiciais, valem-se também de árbitros. Verifica-se, portanto, que a prática arbitral foi incorporada efetivamente à atividade estatal, resultado da vasta experiência bretã no comércio internacional e, também, pela pluralidade de nações que a compõe.

Carlos Alberto Carmona noticia, inclusive, que cerca de 60% dos casos são resolvidos pelos árbitros em aproximadamente trinta

---

[13] Disponível em: http://conventions.coe.int/treaty/en/Treaties/Html/056.htm. Acesso em: 16 jun. 2013.

[14] Disponível em: http://www.uncitral.org/uncitral/en/uncitral_texts/arbitration/1985Model_ arbitration.html. Acesso em: 13 jun. 2013.

[15] FIGUEIRA JÚNIOR, Joel Dias. *Arbitragem, jurisdição e execução*. São Paulo: Revista dos Tribunais, 1999, p. 74.

minutos.[16] Existe também a arbitragem independente da estatal, administrada e praticada pela Chartered Institute of Arbitrations.

Foi suprimida, a exemplo da Espanha, a distinção entre cláusula compromissória e compromisso arbitral. O legislador inglês consagrou o acordo arbitral (*arbitration agreement*) e definiu-o como sendo aquele destinado a submeter à arbitragem disputas *presentes* e *futuras* (art. 6 da Lei inglesa). A disposição entre os particulares do acordo arbitral impedirá que qualquer das partes apresente a controvérsia ao Estado-Juiz (art. 9 do *Arbitration Act*). Cumpre referir, por fim, que, sendo necessário o cumprimento forçado da execução da sentença ou da tutela cautelar proferida pelo árbitro, será preciso a interferência do Poder Judiciário.[17]

Em Portugal, admite-se a arbitragem, nos litígios de consumo, sob o entendimento de que o acesso à justiça arbitral é fundamental tanto para os consumidores quanto para os empresários. Em 1997, a Lei Constitucional nº 01, de 20 de setembro, alterou a Constituição portuguesa, autorizando a instituição de Tribunal Arbitral.

Realizou-se, na cidade do Porto, no ano de 2003, o I Ciclo de Conferências da Associação Portuguesa de Direito do Consumo, presidida pelo Professor Mário Frota, da Universidade do Porto, sob o tema *Da arbitragem nos litígios de consumo*. Desse simpósio, sobressaiu o entendimento de que o acesso à justiça é fundamental tanto para os consumidores quanto para os empresários.[18]

Atualmente, o processo arbitral encontra-se regulado pela Lei de Arbitragem Voluntária – (LAV) (Lei nº 63/2011, de 14 de dezembro), tendo sido baseada no anteprojeto apresentado pela Associação Portuguesa de Arbitragem (APA), como destaca o professor José Miguel Júdice na obra coletiva *Lei da arbitragem voluntária – anotada*.[19]

Cumpre dizer, aliás, que a República Portuguesa tem efetivamente adotado a desjudicialização e a informalização dos meios de resolução de litígios, pois não somente atualizou a sua legislação arbitral, como também, recentemente, promulgou a Lei nº 29, de 19 de abril de 2013, disciplinando a mediação pública, civil e comercial (notícia veiculada

---

[16] CARMONA, Carlos Alberto. *Arbitragem e juizados especiais:* uma miragem?: aspectos fundamentais da Lei de Arbitragem. Rio de Janeiro: Forense, 1999, p. 54.

[17] SANTOS, Ricardo Soares Stersi dos. *O poder cautelar do árbitro na ordem jurídica brasileira.* 2004. Tese (Doutorado) – Universidade Federal de Santa Catarina, Centro de Ciências Jurídicas. Programa de Pós-Graduação em Direito, Santa Catarina, 2004.

[18] SZKLAROWSKY, Leon Frejda. Uma nova visão da arbitragem. *Jus Navigandi*, Teresina, ano 9, n. 387, 29 jul. 2004. Disponível em: http://jus.com.br/revista/texto/5468. Acesso em: 12 jun. 2013.

[19] JÚDICE, José Miguel. *Lei da Arbitragem Voluntária:* Anotada. Coimbra: Almedina, 2012.

no *site* da APA[20]), que dá cumprimento às obrigações assumidas por Portugal em virtude da Diretiva 2008/52/CE do Parlamento Europeu e do Conselho, de 21 de maio de 2008.

No ordenamento jurídico português, admite-se, como no brasileiro, que a convenção de arbitragem seja celebrada na forma de *cláusula compromissória* ou de *compromisso arbitral* (art. 1º, da LAV). Poderão as partes designar o árbitro ou o tribunal arbitral, sendo-lhes, ainda, permitido fixar o modo pelo qual serão escolhidos (art. 10 da LAV). É possível a decretação de providências cautelares pelo juízo arbitral (art. 20 da LAV), todavia, a execução coercitiva somente poderá ser realizada ou efetivada pelos tribunais jurisdicionais (art. 27 do LAV).

Permite-se, também, desde que acordado entre as partes, o julgamento por equidade.

A execução da decisão arbitral será feita pelo Poder Judiciário, à luz do rito executivo previsto no Código de Processo Civil português, devendo a parte que a requerer fornecer o original ou a cópia certificada dela (art. 47 da LAV). Verifica-se, portanto, que, tanto no sistema jurídico brasileiro quanto no português, o juízo arbitral, por carecer do poder de coerção, na hipótese de não cumprimento voluntário, depende da ajuda e interferência do Poder Judiciário.

Na Espanha, a *Ley de Arbitraje* (Lei nº 36, de 05 de dezembro de 1998) reestruturou substancialmente o processo arbitral, anteriormente concebido pela legislação promulgada no ano de 1953. Especifica a lei espanhola, contudo, que determinadas matérias não poderão ser dirimidas no âmbito da arbitragem, dentre elas: a) as questões resolvidas por decisão judicial definitiva; b) os direitos indisponíveis; c) as demandas ressalvadas por lei em que o Ministério Público deva intervir na representação e defesa daqueles que não podem atuar por si mesmos, por carência de capacidade de exercício ou representação; e d) as arbitragens laborais regidas por leis próprias.

Para as questões decorrentes do Direito do Trabalho, o sistema jurídico espanhol possui leis específicas sobre a arbitragem: o Real Decreto-Lei nº 17, de 04 de março de 1977; o Real Decreto-Lei nº 2.756, de 23 de novembro de 1979; a Lei nº 50, de 30 de dezembro de 1984, e o Real Decreto-Lei nº 530, de 08 de abril de 1985 (FIGUEIRA JÚNIOR, 1999, p. 50).

---

[20] Disponível em: http://arbitragem.pt/noticias/mediacao-lei-29-2013.pdf. Acesso em: 12 jun. 2013.

A lei de arbitragem espanhola eliminou a distinção entre cláusula compromissória e compromisso arbitral, instituindo o *convênio arbitral*, com idêntica finalidade, e os árbitros poderão decidir por equidade, salvo se as partes optarem expressamente pela arbitragem de direito (ARRUDA ALVIM, 2004, p. 13).

Na Itália, o Decreto Legislativo nº 40, de 02 de fevereiro de 2006, regula o processo arbitral, admitindo, como anteriormente dito, a estipulação da *cláusula compromissória* e do *compromisso arbitral*: os árbitros deverão decidir segundo as normas de direito, salvo se as partes os autorizarem a sentenciar de acordo com a equidade; a competência da corte arbitral não é excluída pela conexão entre a controvérsia submetida a seu julgamento e uma causa pendente em juízo; foi eliminada a necessidade de homologação da sentença arbitral pelo juiz togado; a execução do laudo arbitral deverá ser realizada pelo Poder Judiciário, mediante o seu depósito, em juízo, juntamente com o ato da convenção arbitral; o árbitro não está autorizado a decretar medidas cautelares.

A lei de arbitragem italiana foi submetida ao exame da Corte Constitucional, tendo sido declarada ilegítima a imposição da arbitragem obrigatória. E, fugindo do tema, vale lembrar que a lei de mediação italiana foi, em outubro de 2012, considerada inconstitucional pela Corte Costituzionale della Repubblica Italiana. Todavia, no dia 15 de junho de 2013, o Poder Executivo italiano, por decreto, promulgou a regra da mediação compulsória como requisito para recorrer à Justiça Cível.[21]

Na França, modelo adotado pela República Brasileira, também é previsto o ajustamento de *cláusula compromissória* e *compromisso arbitral*: o procedimento arbitral é estabelecido pelos árbitros que não precisam seguir as regras estabelecidas para os tribunais jurisdicionais, salvo se as partes tiverem decidido de outra forma na convenção de arbitragem; o litígio deve ser resolvido de acordo com as normas de direito e a decisão motivada; a sentença arbitral tem, desde a sua prolação, autoridade de coisa julgada, porém, não é suscetível de execução forçada senão em virtude de *exequatur* (ordem de execução), emanado por tribunal jurisdicional; a sentença arbitral não é suscetível de recurso de cassação, podendo, entretanto, ser objeto de impugnação por vício na arbitragem, entre outros aspectos (ARRUDA ALVIM, *op. cit.*, 2004, p. 13).

Na Alemanha, o sistema arbitral é regulado pelo Código de Processo Civil (arts. 1.025 a 1.066, ZPO – *Zivilprozessordnung*), o qual poderá

---

[21] Disponível em: http://www.conjur.com.br/2013-jun-18/direito-europa-mediacao-civel-volta-obrigatoria-italia. Acesso em: 28 jun. 2013.

ser definido pelas partes – seja na cláusula compromissória, seja no compromisso arbitral – ou, na omissão ou inexistência de acordo entre os particulares, ser livremente determinado pelos árbitros. Havendo necessidade de práticas coercitivas de determinados atos, a execução será requerida ao Estado-juiz (art. 1.041 do ZPO).

A arbitragem, pelos germânicos, é frequentemente utilizada nas lides comerciais e, se os envolvidos chegarem ao acordo de submeter uma divergência existente à decisão de um tribunal arbitral, que não faz parte da jurisdição estatal, o litígio será retirado da competência dos tribunais estatais.

5 Visão panorâmica da arbitragem nos Estados Unidos da América

O instituto jurídico da arbitragem nos Estados Unidos da América é fundamentalmente regulado pela *Uniform Arbitration Act* (UAA) (Ato Uniforme de Arbitragem), promulgada em 12 de fevereiro de 1925, servindo como orientação e principal norte à legislação federal conhecida oficialmente como *U.S. Arbitration Act* (USAA) ou, notoriamente, *Federal Arbitration Act* (FAA).[22] Posteriormente, foram incorporadas, em 31 de julho de 1970, no texto da referida legislação federal, as disposições da Convenção de Nova Iorque, promulgada em 1958 pela ONU, no tocante ao reconhecimento e à execução de sentença arbitral estrangeira.

Em termos gerais, a referida legislação tem por escopo validar os acordos de arbitragem e fornecer as salvaguardas necessárias à sua consecução, mormente quando for indispensável a assistência judicial. A *Supreme Court* americana dá efetivo suporte ao uso desse sistema, tanto é que, no ano de 1996, no julgamento do *leading case Doctor's Associates versus Cassarotto*, definiu que as leis limitadoras do cumprimento de cláusulas arbitrais são consideradas inválidas.[23]

A executividade da sentença arbitral e o cumprimento das medidas cautelares decretadas pelo árbitro também dependem da atuação do Poder Judiciário, detentor exclusivo dos atos de império.

Destaca-se, hoje, na cultura norte-americana, a ampliação de seu uso, cada vez mais presente em todas as áreas do direito privado

---

[22] FIGUEIRA JÚNIOR, Joel Dias. *Arbitragem, jurisdição e execução.* São Paulo: Revista dos Tribunais, 1999, p. 85.

[23] Disponível em: http://www.law.cornell.edu/supct/html/95-559.ZO.html. Acesso em: 13 jun. 2013.

e, também, em parte do direito público, assim considerada a distinção feita pelos países de tradição romano-germânica.

Exemplo disso é o relato de aplicação da arbitragem no direito de família norte-americano nas causas em que não envolvam os filhos menores do casal, tais como a divisão de propriedade comum dos cônjuges e a fixação de alimentos a um deles.[24] É empregada, ainda, tanto nas grandes quanto nas pequenas relações de consumo.[25]

Sua incidência se irradia também no âmbito do direito do trabalho norte-americano, pois, ante a inexistência de justiça especializada, a arbitragem é o método mais usado nas disputas coletivas entre empregadores e empregados.

A amplitude da utilização do sistema arbitral é, sem dúvida, o maior diferencial da cultura norte-americana sobre as demais, mormente quanto às nações adotantes do sistema romano-germânico, para as quais somente são arbitráveis os direitos patrimoniais disponíveis.

6 Visão panorâmica da arbitragem no Mercosul

O Mercado Comum do Sul (Mercosul) foi criado em 26 de março de 1991 pelo Tratado de Assunção, contando com a adesão inicial da Argentina, do Brasil, do Paraguai e do Uruguai, com o objetivo de adotar uma política comercial comum, por meio da livre circulação de bens, serviços e fatores produtivos. A Venezuela somente passou a integrar o bloco econômico em 2012.

O Tratado de Ouro Preto, de 16 de dezembro de 1994, estabeleceu a estrutura institucional do Mercosul, dando-lhe personalidade jurídica de direito internacional, o que tornou possível sua relação com outros países, organismos internacionais e blocos econômicos. O sistema arbitral, como forma de resolução de conflitos entre as nações componentes do Mercosul, foi adotado pelo Tratado de Brasília, assinado em 17 de dezembro de 1991, tendo sido complementado pelo Tratado de Buenos Aires, de 1998, que criou um estatuto comum de arbitragem, tendo sido promulgado no Brasil por meio do Decreto nº 4.419, de 04 de junho de 2003.

---

[24] COSTA, Carlos Jorge Sampaio. A arbitragem nos Estados Unidos da América. *In*: PANTOJA. Teresa Cristina. *Prática em arbitragem*. Rio de Janeiro: Forense Universitária, 2008, p. 113.

[25] FIGUEIRA JÚNIOR, Joel Dias. *Arbitragem*: jurisdição e execução (análise crítica da Lei 9.307, de 23.09.1996). São Paulo: Revista dos Tribunais, 1999, p. 86.

Esses acordos têm por escopo a regulação da arbitragem como forma de solução de conflitos surgidos de contratos comerciais internacionais, firmados entre empresários, sejam eles pessoas físicas ou jurídicas, sediados nos países integrantes do Mercosul.

Conforme o ajustado, a decisão arbitral pode ser lastreada na equidade ou no direito, aplicando-se este último na ausência de estipulações e nas medidas cautelares decretadas pelo tribunal arbitral ou judicial. O requerimento da tutela de urgência dirigida por qualquer das partes a uma autoridade judicial não se considerará incompatível com a convenção arbitral, nem implicará renúncia à arbitragem (art. 19).

Para a execução do laudo ou sentença arbitral estrangeira aplicar-se-ão, no que forem pertinentes, as disposições da Convenção Interamericana sobre Arbitragem Comercial Internacional do Panamá de 1975 (promulgada, no Brasil, pelo Decreto nº 1.902/1996); o Protocolo de Cooperação e Assistência Jurisdicional em Matéria Civil, Comercial, Trabalhista e Administrativa do Mercosul (promulgado, no Brasil, pelo Decreto nº 2.067/1996), e a Convenção Interamericana sobre a Eficácia Extraterritorial das Sentenças e Laudos Arbitrais Estrangeiros de Montevidéu, de 08.05.1979 (promulgada, no Brasil, pelo Decreto nº 2.411/1997).

Recentemente, em 2004, entrou em vigor o Protocolo de Olivos, assinado em 12 de fevereiro de 2002, cuja principal importância foi a instituição do Tribunal Arbitral Permanente de Revisão do Mercosul (TPR), afastando uma das principais fontes de insegurança jurídica desse bloco regional ao funcionar como órgão revisional das sentenças ou laudos arbitrais proferidos pelos tribunais *ad hoc*.

Efetivamente, percebe-se, ainda, a recalcitrância de alguns países signatários, preponderantemente a Argentina, em cumprir os laudos arbitrais revistos ou proferidos pelo TPR, recorrendo o país platino corriqueiramente ao Tribunal Internacional de Haia.[26]

7 Aspectos destacados do processo de arbitragem nos sistemas jurídicos examinados

7.1 A necessidade de intervenção do Poder Judiciário nas execuções forçadas das sentenças arbitrais

A arbitragem, como visto anteriormente, embora se assemelhe à função jurisdicional, não é atividade exercida pelo ente político estatal,

---

[26] Disponível em: http://pt.wikipedia.org/wiki/Casos_dos_Tribunais_do_Mercosul. Acesso em: 14 jun. 2013.

detentor exclusivo do poder de império, mas privada e, por essa razão, os árbitros e tribunais arbitrais carecem de coercibilidade, ou seja, do poder de efetivarem os seus atos decisórios – a execução das sentenças arbitrais no âmbito dos países adeptos do *civil law* está a cargo único do Poder Judiciário – e, também, de resguardarem coercivamente, com medidas cautelares ou urgentes, a preservação do objeto da causa litigiosa, dependendo, mais uma vez, da interferência do Poder Judiciário.

O procedimento arbitral, por ser fruto da autonomia da vontade das partes contratantes, repousa no princípio da boa-fé dos particulares, ou seja, no compromisso apalavrado e cavalheiresco anteriormente assumido e na esperança da execução espontânea de seus julgados, cuja inobservância somente poderá ser penalizada patrimonialmente pelo árbitro mediante a imposição de multa, a ser, conjuntamente com a sentença arbitral, executada em juízo.

A ideia, em Portugal, de se atribuírem aos Tribunais Arbitrais competência e força coercitiva para executarem as suas decisões foi defendida pelo I Ciclo de Conferências, realizado pela Associação Portuguesa de Direito de Consumo, sob o tema "Da Arbitragem nos Litígios de Consumo", cujo pensamento se apoiou no art. 14 da Lei Portuguesa do Consumidor nº 24, de 31 de julho de 1996.

O máximo que se permitiu, tanto no sistema português quanto no brasileiro, ambos baseados na Lei-Modelo da United Nations Comission on Internaticional Trade Law (Uncitral), foi alavancar a sentença arbitral como título executivo judicial, retirando a necessidade de ser previamente homologado por um juiz togado.

A falta de coercibilidade da execução da sentença arbitral não é, ao sentir de alguns doutrinadores,[27] uma deficiência da arbitragem; é, antes de tudo, uma escolha universal, pois entendem que não se pode transformá-la em uma nova justiça estatal. Portanto, mesmo que respeitados os pontos de vista divergentes, o fato é que prepondera, nos sistemas jurídicos em geral, a não coercibilidade das decisões arbitrais.

Vários são os motivos justificadores dessa tomada de posição pelos sistemas jurídicos nacionais.

Primeiramente, tem-se o pleno entendimento de que a prevalência da autonomia da vontade das partes proporciona àqueles que adotarem a arbitragem uma celeridade não vivenciada no processo jurisdicional do Estado. Os litigantes sabem disso. Evita-se o longo procedimento judicial, sobretudo o rigor aos requisitos da ampla defesa e pleno contraditório, das garantias constitucionais do processo, os inúmeros

---

[27] CAHALI, Francisco José. *Curso de arbitragem*. São Paulo: Revista dos Tribunais, 2011.

recursos e instâncias decisórias, adotando-se rito procedimental que, por ter sido acordado entre as partes, torna-se mais simples e apto para alcançar, com maior velocidade, a solução da controvérsia.

Recentemente, a comissão brasileira constituída para atualizar a legislação pátria sobre a arbitragem, seguindo as ideias consagradas e praticadas, exemplificadamente, pelos Estados Unidos da América, pelo Reino Unido e por Portugal, deliberou que o projeto de lei a ser apresentado deve determiná-la no direito do consumidor, de forma que o procedimento arbitral somente tenha início por vontade única e exclusiva do consumidor ou com a expressa anuência dele, respeitando-se, portanto, o corolário da autonomia da vontade inclusive nos contratos de adesão.

Prepondera, portanto, a noção segundo a qual, caso os atos decisórios da arbitragem fossem dotados de coercibilidade, ela estaria fadada à perda de uma das suas principais características: a voluntariedade, o que desconstituiria a sua própria legitimidade, em face da ausência do menor consenso de vontades entre as partes, derruindo, por conseguinte, a sua premissa de constituição.

A opção pelo atual modelo de arbitragem resulta do consenso legislativo das respectivas nações, e a sua transformação em uma nova justiça estatal também haverá de resultar, se for o caso, de um prudente período de maturação, incumbindo aos estudiosos e aos operadores de direito zelarem para que não ocorra o esvaziamento desse método alternativo que é à jurisdição.

A arbitragem deve sempre se pautar na aceitação espontânea das partes que a utilizaram. Existindo a resistência ou o inconformismo ao que foi decidido, sendo necessário à sua efetivação o uso da força, deve o litígio ser transportado para a justiça estatal, observando-se o contraditório, pois se ausentou o consenso entre os litigantes, restaurando a primazia da autonomia da vontade.

Acerca desse aspecto, alusivo à aproximação da arbitragem à jurisdição, entre os próprios entendidos colhem-se opiniões conflitantes. Para aqueles cuja aproximação se afigura equivocada, ao se atribuir coercibilidade aos atos decisórios dos árbitros, não se deve desprezar que essa circunstância transformaria esse instrumento alternativo de solução de conflitos em mais um órgão jurisdicional.

A equiparação da sentença arbitral à decisão judicial, como título executivo, nos sistemas todos, é o bastante para a efetivação da vontade do árbitro ou do tribunal arbitral, uma vez que toda a fase cognitiva da lide foi suplantada, não estando mais apta ao exame judicial que deverá tão somente se preocupar em respeitar as garantias do executado ao efetivá-la.

Com efeito, como bem rememora a Professora Paula Costa e Silva, da Universidade de Lisboa, em sua obra *A execução em Portugal de decisões arbitrais nacionais e estrangeiras:*[28]

> A realização de actos de execução implica a intromissão em direitos fundamentais do executado através da prática de actos de autoridade, pelo que, na expressão de Rosemberg, Gaul e Schilken, constitui a forma mais intensa de realização de justiça. Detendo o Estado o monopólio do uso da força de modo legítimo, qualquer actividade que implique o seu uso só pode ser exercida ou pelo Estado ou por alguém, mesmo que sujeito privado, por sua delegação. Esta delegação não existe no caso dos tribunais arbitrais pelo que não pode admitir-se que pratiquem actos de coerção, seja em tutela cautelar, seja em tutela definitiva.

Por fim, cumpre asseverar que a atribuição do poder de coerção ao juízo arbitral é, segundo os seus defensores, o elemento faltante para alçar a arbitragem à categoria de jurisdição, pois, se a sua sentença produz coisa julgada material e possui natureza de título executivo judicial, não haveria sentido em desprover o árbitro, que exerceu toda função cognitiva da lide, de poderes para forçadamente efetivá-la, mormente se ele está revestido, por delegação estatal, do poder decisório inerente à atividade jurisdicional.

Essa reinvindicação, se legítima ou não, justifica-se no fato de as duas facetas da jurisdição – a de julgar e a de executar o julgamento – são exercidas no procedimento arbitral por juízos ideologicamente diferentes (árbitro e juiz de direito, respectivamente).

7.2 As medidas cautelares no sistema arbitral

Tanto no processo civil como na arbitragem, podem ocorrer eventos urgentes ou de natureza cautelar no curso do procedimento arbitral.

Como leciona o autor português Manuel Pereira Barrocas,[29] esse poder nasceu quando a arbitragem já tinha certa aceitação internacional, cuja principal fonte impulsionadora da competência para decretar tais medidas foi a Lei-Modelo da Uncitral, hodiernamente seguida por inúmeras, entre elas: a alemã, a portuguesa, a espanhola, a belga e a inglesa.

---

[28] Disponível em: http://www.oa.pt/Conteudos/Artigos/detalhe_artigo.aspx?idc=31559&idsc=64444&ida=64475. Acesso em 13 jun. 2013.

[29] BARROCAS, Manuel Pereira. *Manual de arbitragem*. Coimbra: Almedina, 2010, p. 661.

Por vezes, a celeridade inerente ao processo arbitral não é suficiente para tutelar adequadamente o direito material pleiteado pela parte, o que torna necessária a concessão de medidas de urgência pelo árbitro. O objetivo de tais medidas é impedir a ocorrência de dano ou prejuízo irreparável a quem pleiteia o direito, em virtude da demora na composição da lide.

A medida cautelar, inclusive, poderá ser decretada pelo juiz togado, anteriormente à constituição do tribunal arbitral ou nomeação do árbitro, sem que seja interpretado como uma renúncia da parte requerente à convenção de arbitragem, segundo o magistério do Professor José Miguel Júdice,[30] da Universidade de Nova Lisboa.

Adverte, ainda, Manuel Pereira Barrocas[31] que "após a decisão do Tribunal Europeu de Justiça, proferida no caso Van Uden, ficou claro que, nos países da União Europeia, os tribunais judiciais podem fazê-lo. E isso é particularmente importante nos países comunitários em que não exista lei expressa para permitir essa possibilidade".

O árbitro, todavia, não possui poder de coerção, razão pela qual se a medida cautelar por ele decretada necessitar de ser imposta a um dos litigantes, deverá o juízo arbitral pedir auxílio ao Poder Judiciário.

A opção legislativa foi no sentido de se atribuir ao Estado-juiz um caráter fiscalizador da jurisdição consensual delegada aos particulares (teoria da fiscalização[32]).

A atuação judicial, em tais casos, segundo a balizada doutrina, possui natureza controladora do sistema arbitral. Novamente, o Estado-juiz atua como guardião das garantias individuais constitucionais, bem como da higidez do procedimento arbitral, ao verificar a legalidade e a observância do estabelecido na convenção de arbitragem.

O procedimento ora aludido não cogita de deficiência da arbitragem, pois todas as legislações nacionais que deferem ao árbitro poder cautelar sujeitam a sua legalidade ao crivo do órgão estatal detentor da jurisdição, como fiscal da lei, que, pela mesma convenção social, delegou-a ao juiz privado.

---

[30] JÚDICE, José Miguel. *As providências cautelares e a arbitragem*: em que estamos?. Disponível em: http://www.josemigueljudice-arbitration.com/xms/files/03_ARTIGOS_CONFERENCIAS_JMJ/01_Artigos_JMJ/As_Providencias_Cautelares_e_a_Arbitragem_Em_que_estamos.pdf. Acesso em: 13 jun. 2013.

[31] BARROCAS, Manuel Pereira. *Manual de arbitragem*. Coimbra: Almedina, 2010, p. 8.

[32] VILELA, Marcelo Dias Gonçalves (Membro do Comitê Brasileiro de Arbitragem). Disponível em: http://www.portugalmurad.com.br/artigos/reflexoes-sobre-a-tutela-cautelar-na-arbitragem/. Acesso em: 26 jun. 2103.

O juiz togado não tem competência para modificar a medida cautelar proferida pelo árbitro, porém, exercendo o seu poder de controle, pode deixar de determinar o seu cumprimento se entender que é ilegal ou inconstitucional, casos em que deverá fundamentar a sua decisão.

No ordenamento jurídico brasileiro, por disposição legal expressa, a partir do deferimento da medida cautelar pelo árbitro, este se dirigirá ao juiz estatal para que a execute (mediante seu poder de *coertio* e *executio*), caso a parte resista em cumpri-la espontaneamente. Essa solicitação será feita mediante um simples ofício, acompanhado da cópia da convenção de arbitragem e do adendo explicativo da questão litigiosa.

O referido ofício deverá ser distribuído na comarca de instituição da convenção a um dos juízes que seria competente para julgar a demanda, respeitada a lei de organização judiciária, caso ela não fosse levada à jurisdição arbitral.

Por tal motivo, entende-se que essa parceria entre o poder jurisdicional estatal e a arbitragem assim deve continuar, sobretudo para preservar o sistema arbitral e sua higidez.

Todavia, há que se atentar a outras limitações em relação ao poder judicial: a inexistência e/ou ineficácia de medidas que possam alcançar terceiros, bem como a impossibilidade de se concederem medidas entre as partes sem a observância do contraditório prévio previsto na convenção de arbitragem.

Talvez esses dois fatores sejam determinantes na falta de interesse, em alguns Estados, concernente à adoção das medidas cautelares no âmbito arbitral.

Questão que merece destaque, segundo adverte Manuel Pereira Barrocas,[33] situa-se na antecipação de tutela, sobretudo nos casos de apreensão de bens patrimoniais.

O arresto patrimonial, pelo juízo arbitral, como forma de assegurar o seu provimento final, todavia, é limitado (no caso português, em razão de a matéria não ter sido clarificada na LAV) ou até mesmo proibido em certas nações, como é o caso da Holanda, da Itália e da França (de acordo com a nova lei francesa de arbitragem, o árbitro não pode decretar as nominadas *"saisies conservatoires"*).[34]

---

[33] BARROCAS, Manuel Pereira. *Algumas notas sobre medidas cautelares no direito comparado da arbitragem*. Disponível em: http://arbitragem.pt/estudos/as-medidas-cautelares-na-arbitragem-manuel-pereira-barrocas.pdf. Acesso em: 13 jun. 2013.

[34] BARROCAS, Manuel Pereira. *Algumas notas sobre medidas cautelares no direito comparado da arbitragem*. Disponível em: http://arbitragem.pt/estudos/as-medidas-cautelares-na-arbitragem-manuel-pereira-barrocas.pdf. Acesso em: 13 jun. 2013.

No Brasil, admite-se, a teor do disposto no art. 273 do Código de Processo Civil, que a medida de urgência necessária à garantia da preservação do resultado do litígio seja proferida pelo juiz togado, ainda que implique antecipação de juízo de valor e mérito da controvérsia.

Tal situação já foi o objeto de apreciação pelo Superior Tribunal de Justiça brasileiro, tendo sido asseverado que "na pendência da constituição do Tribunal Arbitral, admite-se que a parte se socorra do Poder Judiciário, por intermédio de medida de natureza cautelar, para assegurar o resultado útil da arbitragem". E

> superadas as circunstâncias temporárias que justificavam a intervenção contingencial do Poder Judiciário e considerando que a celebração do compromisso arbitral implica, como regra, a derrogação da jurisdição estatal, os autos devem ser prontamente encaminhados ao juízo arbitral, para que este assuma o processamento da ação e, se for o caso, reaprecie a tutela conferida, mantendo, alterando ou revogando a respectiva decisão (AgRg na MC nº 19.226/MS, Rel. Ministro MASSAMI UYEDA, Rel. p/ Acórdão Ministra NANCY ANDRIGHI, TERCEIRA TURMA, julgado em 21.06.2012, *DJe* 29.06.2012).

7.3 A confidencialidade das decisões arbitrais e o intuito de se formar uma doutrina uniforme

Por fim, um novo desafio surge, na atualidade, em razão da rapidez de veiculação e de acesso às informações vivenciadas na presente e moderna era virtual.

À medida que a arbitragem avança como meio eficiente de resolução de conflitos, chega-se a um paradoxo que em breve há de eclodir. O sigilo em relação à matéria que foi controversa é o grande atrativo do sistema arbitral, característica que o distingue da jurisdição estatal, podendo-se designá-lo também como princípio da confidencialidade, ensejando a formação de uma verdadeira jurisprudência oculta e rica que dificilmente gera precedentes.

A confidencialidade surge a partir de uma imposição legal ou contratual, em razão da obrigação assumida pelos personagens da arbitragem. Duas decisões tocam nessa questão, de modo similar, adotando idêntico raciocínio:[35] uma da Austrália, em 1995, no conhecido *Caso Essa*, e a outra, prolatada na Suécia, em 2000, o *Caso Bulbank*.

---

[35] BAPTISTA, Luiz Olavo. *Confidencialidade na arbitragem*. Disponível em: http://lob-svmfa. com.br/arquivos/site/publicacoes/files/artigos/LOB%20-%20Confidencialidade%20na%20 arbitragem.pdf . Acesso em: 20 jun. 2013.

Em razão desses dois precedentes, autoriza-se compreender a possibilidade de, com temperamentos, relativizá-la.

Não há compulsoriedade no âmbito dos sistemas jurídicos em geral em obrigar que em toda e qualquer arbitragem seja observado o princípio da publicidade.

Logo, o sigilo ou confidencialidade do procedimento arbitral é uma garantia aos particulares contratualmente envolvidos, e sua inobservância ou supressão somente poderá ser autorizada se a convenção de arbitragem firmada expressamente assim consignar.

No entanto, na atualidade, surgem de forma pujante os defensores e as teses favoráveis à divulgação do teor das sentenças arbitrais, conforme se pôde observar nos debates empreendidos na VIII Conferência de Arbitragem Internacional do Rio de Janeiro, realizada em 08 de maio de 2012.

A criação de precedentes na arbitragem seria um dos fatores favoráveis à divulgação das sentenças arbitrais e à formação de uma doutrina arbitral estruturada, como defende a professora brasileira Selma Lemes, da Faculdade de Direito da Fundação Getulio Vargas (FGV).[36]

Destaque-se, contudo, diferenças acentuadas em relação aos precedentes criados pelos sistemas arbitral e judicial. Os precedentes, no caso da arbitragem, não são vinculantes e nem têm caráter de embasamento da decisão. São, na verdade, referenciais doutrinários que podem ser usados tanto como base de argumentos quanto como formas de persuasão dos árbitros. Sua utilidade, portanto, seria reduzida, principalmente nos ordenamentos jurídicos adeptos ao *civil law*.

Outro fator positivo, como defende o professor português, membro do Comitê Português da Câmara de Comércio Internacional, António Pinto Leite,[37] seria a rapidez de propagação de material cognitivo e científico apto a auxiliar, além dos árbitros, o magistrado na apreciação de questões empresariais já debatidas pelos tribunais arbitrais e ainda desconhecidas da jurisdição estatal, em razão da notória celeridade e especialização dos feitos submetidos a esse meio alternativo de resolução de conflitos.

Contudo, não é possível afastar a reflexão de que o "tesouro escondido" nos precedentes não divulgados, caso publicados, ensejaria o esvaziamento da arbitragem (Min. Sidnei Beneti, do STJ).[38]

---

[36] Disponível em: http://www.conjur.com.br/2013-mai-31/sigilo-obstaculo-formacao-jurisprudencia-arbitral-dizem-especialistas. Acesso em: 14 jun. 2013.

[37] LEITE, António Pinto. *Juria novit curia* e a arbitragem internacional. *Revista de Arbitragem e Mediação*, São Paulo, Revista dos Tribunais, ano 09, v. 35, 2012.

[38] Disponível em: http://www.conjur.com.br/2013-mai-31/sigilo-obstaculo-formacao-jurisprudencia-arbitral-dizem-especialistas. Acesso em: 25 jun. 2013.

Portanto, filiando-se a essa linha de pensamento, não haveria como afastar o fato de que a publicação das respectivas sentenças, além de significar uma profunda modificação do sistema, não importaria em consequente aperfeiçoamento, mas, ao contrário, estaria exposta a um revés, ou seja, o enfraquecimento do atual modelo construído para a arbitragem.

Segredos, técnicas empresariais, informações confidenciais, verdadeiras joias do sucesso empresarial alcançado seriam reveladas, provocando incalculáveis prejuízos, expondo os optantes da arbitragem à verdadeira devassa propiciada pela publicação das decisões arbitrais, como ocorre no caso das sentenças judiciais.

Nessa hipótese, acredita-se ausentar irremediavelmente as vantagens e os benefícios, enfim, os atrativos, que exatamente emprestam a esse modelo a adversarial, quanto a esse aspecto, a sua razão de ser.

Tudo isso redundaria em negligenciar a arbitragem, rendendo ensejo a que eventuais interessados preferissem ingressar diretamente com suas demandas no Poder Judiciário, podendo dar causa ao letal ferimento, posto que, ausentando-se a preservação do sigilo, presencia-se o desinteresse do particular de acionar esse método alternativo de solução de conflitos.

Concluindo, verifica-se, assim, que o processo arbitral, dentro das limitações expostas, torna-se cada dia mais interessante para os particulares e investidores internacionais, fomentando, por consequência, internamente, nos sistemas jurídicos estudados, a redução de ajuizamento de litígios perante o Estado-juiz e, externamente, o crescimento econômico nacional em razão do aporte livre do fluxo de capitais estrangeiros pelas empresas multinacionais.

Informação bibliográfica deste texto, conforme a NBR 6023:2018 da Associação Brasileira de Normas Técnicas (ABNT):

BUZZI Marco Aurélio Gastaldi. A arbitragem na União Europeia, nos Estados Unidos da América e no Mercosul. *In*: RIBEIRO, Paulo Dias de Moura; FROTA, Cristiane de Medeiros Brito Chaves (coord.). *25 anos de diálogos jurídicos*: coletânea do Seminário de Verão de Coimbra. Belo Horizonte: Fórum, 2022. p. 135-156. ISBN 978-65-5518-331-3.

ENTRE MEDOS E A ESPERANÇA DEMOCRÁTICA

MARCO AURÉLIO MELLO

"Nada é permanente, exceto a mudança".

A frase de Heráclito, o "pai da Dialética", nunca foi tão atual. O filósofo pré-socrático falava do mundo "em movimento perpétuo", em constante alternância de contrários. Como disseram seus seguidores: "Tudo flui como um rio".

O mundo está em constante mudança. Em meio a tantas transformações, qual o papel da cidadania? Reunidos em estados, nações, ou no mundo globalizado, como enfrentar os desafios que lançam mudanças cada vez mais rápidas e, não raramente, ameaçadoras? É possível conviver sempre entre extremos, como falava Heráclito? Melhor: é possível viver entre o medo e a esperança?

O mundo em transição: da oportunidade ao medo?

Mudanças recentes têm colocado desafios à democracia, à separação de poderes, ao exercício da cidadania e aos direitos humanos.

A transição entre os séculos XX e XXI ainda não se consolidou. O mundo pós 11 de setembro está mergulhado em dúvidas. A "certeza" que os primeiros iluministas prometeram nunca esteve tão distante. Vivem-se hoje choques culturais, com a quebra de paradigmas que se acreditava serem permanentes.

Essas rupturas possuem consequências no dia a dia: afetam a economia, a política, a cultura, a integração pretendida pelo fenômeno da globalização, a sociedade como um todo. Crises assumem contornos dramáticos: imigração e xenofobia; levante de populismos de extrema direita e de esquerda, ameaçando a democracia liberal com políticas de intolerância; crises financeiras a aprofundarem ainda mais as desigualdades; meio ambiente cada vez mais em risco; volta da ameaça nuclear.

Costuma-se dizer que as mudanças decorrem de três revoluções: a ecológica, a tecnológica e a da globalização.

A ecológica parece ter perdido o fôlego. Crises financeiras sucessivas derrotam a compreensão de o ser humano revelar-se uma complexa unidade integrada à natureza, sem a qual não pode sobreviver. Relatórios elaborados pelo Programa das Nações Unidas para o Meio Ambiente dão conta do agravamento dos problemas ambientais: o desmatamento das florestas, a pesca excessiva ao redor do mundo, a poluição do ar e da água, a emissão de gases causadores do efeito estufa. No Brasil, por maior que seja o esforço de órgãos, como o Ministério Público Estadual e Federal, desastres ecológicos se repetem, tendo sido o maior deles o de Mariana, cujas consequências efetivas ainda são desconhecidas. As pessoas parecem ter perdido a consciência da gravidade desse problema.

Sob o ângulo da revolução tecnológica, não é diferente. Em artigo homenageando o exemplar ministro do Superior Tribunal de Justiça, Antonio de Pádua Ribeiro, para a coletânea *Cidadania, sistema político e o Estado-juiz: os desafios da democracia brasileira no século XXI*, foi ressaltada a Era da Informação, que é a Era Digital. Caracteriza-se pelo conhecimento dinâmico, por desafios promovidos pelas alterações cada vez mais rápidas e profundas decorrentes do avanço da tecnologia. Como consequência direta, mudam a sociedade, os comportamentos humanos e as instituições. Somos hoje uma "sociedade digital".

Com a chegada da internet às residências, surgiram novos cenários sociais, educacionais e comerciais. As pessoas nunca mais se comunicaram, buscaram o conhecimento e as informações, realizaram transações comerciais como antes.

Toda essa revolução chegou à política. Os processos político-eleitorais sofrem forte impacto desses paradigmas comunicacionais. As redes sociais são um importante canal de diálogo entre os eleitores e entre estes e os candidatos, modificando o perfil das eleições. Hoje, a política deve dialogar com o que se convencionou chamar de "novas mídias". Fala-se em "democracia digital". A revolução nesse campo tornou a comunicação mais democrática, ou seja, mais pessoas passaram a ter voz e a ser ouvidas. A internet é a nova ágora ateniense.

Vivem-se tempos de impessoalidade, das *fake news*, das ameaças virtuais. A tecnologia tem implicações nas formas por meio das quais pessoas e grupos sociais se relacionam e trocam ideias sobre as próprias vidas, repercutindo na dinâmica política e estatal. A "sociedade digital" não se comunica por meio do abraço, do aperto de mãos, dos olhos nos olhos. Na Era Digital, "as verdades são menos verdadeiras". As pessoas vêm normalizando a mentira, a informação falsa, a calúnia pela calúnia, sem medir consequências. "Compartilhamento de notícias falsas" é corriqueiro no Brasil. As pessoas perderam o cuidado de checar a verdade. O excesso não faz bem, mesmo sendo de algo tão extraordinário, como a tecnologia. Ante a avalanche quantitativa de informações, há o perigo de a sociedade perder o senso qualitativo.

A terceira revolução é a globalização. A ideia surgiu como proposta de ordem econômica mundial sem fronteiras, mas não se encerrou no viés econômico. A integração ganhou contornos social, cultural e político. O mundo sem fronteiras não é apenas do comércio e das transações mobiliárias, mas também da cultura, das decisões políticas, do convívio social. Surgiram movimentos de integração, como a União Europeia e o Mercosul. É essa a ideia que legitima o apoio a imigrantes e refugiados.

A economia global é dinâmica, em transição permanente, e isso está relacionado com a Era Digital. Hoje, em qualquer parte, tudo se pode fazer. A economia "digital" e o tráfego de informações definem o ponto de vista e modificam o que se pensa. Isso causa perplexidades. Algumas pessoas sentem-se perdidas diante de tanta informação e da velocidade com que as coisas acontecem. Incertezas e inseguranças sobrepõem-se ao conhecimento. Mais do que nunca, questiona-se como sobreviver ou alcançar sucesso num mundo tão cambiante.

As sociedades estão em transição; a cidadania está em transição. A integração econômica, social, cultural e política, perseguida pelo fenômeno da globalização, encontra-se fragilizada. Os termos de tolerância, solidariedade, convivência pacífica de povos cultural, religiosa e linguisticamente diferentes, firmados a partir da segunda metade do século passado, correm riscos.

A Segunda Grande Guerra Mundial está muito distante no tempo a ponto de fazer esquecer fatores e consequências? Vivemos tempos de medo? É importante falar da guerra, pois os acontecimentos e consequências estão na raiz da globalização.

O fenômeno da integração contemporânea teve início com os deslocamentos causados pela Grande Guerra. Comunidades de refugiados formaram minorias étnicas e culturais em vários países, não só da Europa. Para essas pessoas, o deslocamento forçado representava, a princípio, uma oportunidade. E muitos países que sofreram destruições na guerra precisaram, para a reconstrução, da força operária dos deslocados. O pós-Segunda Guerra criou um extraordinário sistema de oferta e procura de trabalho envolvendo os imigrantes.

Surgiu a tendência de migração dos países mais pobres do Sul para países do Norte, destacadamente Europa e Estados Unidos, em movimento inverso ao que ocorreu no fim do século XIX e no começo do século passado: é lembrar da imigração de italianos, alemães e japoneses para o Brasil. Nações foram transformadas por esses movimentos migratórios. Contudo, aos poucos, os sentimentos foram mudando. Do binômio necessidade/oportunidade, passou-se ao medo.

O escritor britânico Keith Lowe destaca que esses fenômenos migratórios, iniciados na Segunda Grande Guerra, culminaram em forte sentimento de xenofobia, causado basicamente por dois temores da população nativa: o da perda de postos de trabalho e o da perda da identidade cultural. O último, para o autor, tem sido o mais forte: o medo de a transformação resultar em verdadeira erosão da comunidade. Os imigrantes são apontados como culpados pelo que muitos consideram ser uma deturpação ou alienação cultural.

Essa reação tem impossibilitado o sentimento de "pertencimento". As pessoas, mesmo com oportunidades de emprego fora de seus países, sentem-se deslocadas. A retórica anti-imigração está em alta e acabou de contribuir para eleger o presidente dos Estados Unidos. As migrações em massa foram componentes essenciais do processo de globalização. As reações de hoje ameaçam a desconstrução desse processo, ocasionando choques culturais e étnicos no mundo todo.

E, então, chega-se ao ponto culminante do processo de crescimento de tensão e medo: chega-se ao "meta medo" do terrorismo. Estados Unidos, Inglaterra, Bélgica, Espanha, França e Alemanha, mesmo com aparatos militares, sofreram ataques e hoje convivem com o permanente temor do terrorismo. E o mundo, como disse Keith Lowe, volta a ter medo similar ao da Segunda Guerra: o da intolerância e da violência desmedida.

As tensões entre Ocidente e Oriente ameaçam a visão de democracia liberal e de respeito aos direitos humanos, tudo acompanhado de aumento do desemprego, da pobreza e das desigualdades sociais em escalas globais, cenário potencializado pela estagnação econômica.

Essa é a quadra vivida.

E a cidadania: o que pode oferecer?

Cidadania é um conceito extenso, de forte conotação política, multidimensional, vinculado diretamente às virtudes e perplexidades de temas, como liberdade, justiça social, solidariedade, universalismo e nacionalismo. Desde a Grécia Antiga, surgiu como elo entre o homem livre e a cidade, mas, como magistralmente anotou o saudoso mestre Ricardo Lobo Torres, foi com a Revolução Francesa que o conceito adquiriu associação definitiva com os direitos fundamentais do homem – de todos os homens.

É por meio do exercício da cidadania que direitos são conquistados e exercidos. O próprio exercício da cidadania é um direito fundamental. Na clássica formulação do sociólogo britânico Thomas Humphrey Marshall, a cidadania se desenvolveu, primeiramente, como direito civil, seguida do político e, então, do social. A evolução dessas ideias, migrando da Sociologia para o campo da Moral e do Direito, resultou na noção da cidadania como fundada na consideração ética e jurídica dos direitos humanos.

Essa é a única via de salvação ante as perplexidades contemporâneas surgidas das crises: cidadania é pertencimento à comunidade, mas um pertencimento ao mesmo tempo ético e jurídico, e não simplesmente decorrente de laços naturais com as cidades. Assegura, nos planos nacional, internacional e supranacional, direitos e deveres fundamentais a todos, a integração dos povos em torno dos valores de justiça, liberdade e solidariedade. Cidadania significa que a relação entre Estado e sociedade há de apoiar-se na afirmação dos direitos humanos e da justiça. Apenas assim será alcançada a correção de rumos, com a vinda de melhores dias.

Essa perspectiva é incompatível com políticas de intolerância, com populismos e nacionalismos, com a estratégia do medo empregada por organizações terroristas, algumas apoiadas por governos autoritários. Há de respeitar-se o pluralismo étnico, cultural, ideológico e político. O cidadão tem o direito-dever de exercer a capacidade política, de tornar realidade a verdadeira cidadania democrática, em nível local e internacional. Somente com o diálogo e a participação política, plural e efetiva, será possível combater os medos desse mundo sempre em transformação.

"Precisamos ter fé na humanidade, na memória das atrocidades que nacionalismos e populismos já produziram, e acreditar que a paz dos povos seja sempre o norte!" Como cidadãos livres, solidários e conscientes, devemos fazer nossa parte, exercendo e defendendo sempre a democracia, o único meio capaz de ensejar evolução.

Informação bibliográfica deste texto, conforme a NBR 6023:2018 da Associação Brasileira de Normas Técnicas (ABNT):

MELLO, Marco Aurélio. Entre medos e a esperança democrática. *In*: RIBEIRO, Paulo Dias de Moura; FROTA, Cristiane de Medeiros Brito Chaves (Coords.). *25 anos de diálogos jurídicos*: coletânea do Seminário de Verão de Coimbra. Belo Horizonte: Fórum, 2022. p. 157-162. ISBN 978-65-5518-331-3.

PERSPECTIVAS DE UM MUNDO SEM FRONTEIRAS

MARCO AURÉLIO MELLO

O tema proposto "Perspectivas de um mundo sem fronteiras" impele a voltar o olhar para a História. O "mundo sem fronteiras" não se formou ontem; revela-se construção histórica de mais de cinco séculos. Começou com extraordinária aventura humana – as grandes viagens ultramarinas dos séculos XV e XVI, que tiveram em Portugal o ponto de partida. Da ocidental praia lusitana e singrando mares nunca navegados, armadas encarregaram-se de desenvolver vasta teia de contatos com civilizações fadadas ao isolamento imposto por um oceano repleto de medos, tormentas e mistérios.

Ao pisarem pioneiramente em quatro continentes – Europa, África, Ásia e América –, os portugueses fizeram surgir nova e inovadora realidade histórica, em contexto de profunda e abrangente ação cultural, de expansão do conhecimento, de reforma religiosa, de renascimento da atividade comercial e urbana e de progressiva afirmação dos Estados nacionais.

No maior poema épico da língua portuguesa – *Os Lusíadas* – são cantados os feitos magníficos da gente lusitana. Fala-se da coragem inexcedível de enfrentar mares bravios e desconhecidos, da força de quem não teme superar desafios e múltiplos obstáculos. O inigualável Luís de Camões recorda a ousadia dos que, considerada a ambição de expandir fronteiras, fizeram brotar um mundo novo.

Eis a certidão de batismo da moderna civilização ocidental! A par de promover o nascimento de estrutura de vida em escala planetária, a Era dos Descobrimentos foi além: simbolizou o nascimento de um novo homem – corajoso, senhor de si, capaz de reinventar-se continuamente –, conforme magistralmente sintetizado, quatro séculos depois, por Fernando Pessoa:

Deus quer, o homem sonha, a obra nasce.
Deus quis que a terra fosse toda uma,
Que o mar unisse, já não separasse.
Sagrou-te, e foste desvendando a espuma,

E a orla branca foi de ilha em continente,
Clareou, correndo, até o fim do mundo,
E viu-se a terra inteira, de repente,
Surgir, redonda, do azul profundo.

Ao longo da Idade Moderna, entre os séculos XV e XVIII, aprofundou-se o processo de expansão a caracterizar a passagem da velha ordem feudal para a realidade assentada na economia de mercado. O sistema colonial, que teve na Península Ibérica um dos mais significativos propulsores, encarregou-se de fazer avançar a mundialização da História. A transição se completou com a Revolução Industrial, surgida na Inglaterra nas décadas finais do século XVIII para, a partir dos anos oitocentos, disseminar-se. A Era da Moderna Indústria, para usar a feliz expressão dos autores do *Manifesto,* de 1848, foi suprimindo antigas formas de organização econômica até então conhecidas, alterando relações sociais e instituições jurídico-políticas.

O novo se impôs. O que se imaginava eterno esvaiu-se. O sólido desmanchou-se no ar.

O século XX iniciou-se sob o império da ciência – que não cessou de ultrapassar limites, gerando tecnologias cada vez mais aperfeiçoadas. A *Belle Époque* foi interrompida pela carnificina do conflito iniciado em 1914. As duas guerras mundiais, ocorridas no exíguo espaço de uma geração, tiveram o efeito de revelar velhas e anacrônicas rivalidades, por demais perigosas, mas não foram capazes de impedir a marcha histórica de um mundo que teimava diluir o conceito clássico de fronteiras nacionais.

A Segunda Guerra Mundial foi o grande momento de inflexão da História contemporânea: 1939 assinalou o fim de um longo ciclo; 1945, o alvorecer de uma nova realidade, da qual a geração atual é beneficiária. Deu-se a continuidade de experiências do passado, mas emergiu um novo tempo, marcado pela ambição de construir-se um mundo de paz e de superação da miséria material.

Ao insucesso da Liga das Nações, asfixiada pelo colapso da ordem liberal entre os anos 1920 e 1940, surgiu como resposta, em meio aos escombros da Segunda Guerra e aos horrores da barbárie totalitária, da qual o Holocausto é dramático exemplo, a Organização das Nações Unidas. Certamente, ainda longe de ser atingido, o generoso objetivo que norteou a criação da ONU mantém-se vivo: a preservação de direito fundamental de envergadura maior; direito fundamental que é condição dos outros direitos fundamentais, senão a síntese de todos eles: o direito à paz. Cuida-se da paz kantiana, a "paz perpétua", de caráter universal, de feição agregativa, de solidariedade, que ocorre no plano de todas as etnias, culturas e crenças; a paz ditada pela dignidade de homens livres e iguais. Eis o espírito que presidiu a aprovação da Declaração Universal dos Direitos do Homem, de 1948.

O "mundo sem fronteiras" não é apenas o do comércio e das transações mobiliárias, mas também o da cultura, o das decisões políticas, o do convívio social. Globalização pressupõe tolerância, convivência pacífica de povos cultural, religiosa e linguisticamente diferentes.

E foi nesse contexto de uma História cada vez mais cosmopolita e integrada que o Direito assumiu, progressiva e inexoravelmente, as feições de autêntico idioma universal. Ao final do século XX, derrubados os muros – reais e simbólicos – a separarem a civilização em polos antagônicos, sagrou-se vitorioso modelo de Estado Democrático de Direito a enlaçar as instituições do constitucionalismo, os valores da democracia representativa e a liberdade de mercado.

Não foram poucos os que enxergaram na transição entre os séculos XX e XXI o coroamento da História da humanidade, uma vez alcançada a solução decorrente do triunfo da democracia liberal. Mas não. Nas palavras de célebre português, Padre Antonio Vieira, no Sermão da Primeira Dominga do Advento, o tempo – "tão instável que nenhum poder, nem ainda o divino, o pode parar" – caminha imprevisível tal qual rio caudaloso trazendo, numa sequência arrastada, os rastros do que ficou para trás.

Ao que se assiste agora, praticamente vencidas as duas décadas inaugurais do terceiro milênio? O encurtamento da distância entre os povos, produzido pela integração do movimento de globalização, está sendo substituído pela rivalidade, pela intolerância. Ressurgem comportamentos e ideários dirigidos à construção de identidade única e coletiva no interior dos Estados, traduzidos em atitude hostil em relação àqueles que não pertencem à mesma nação, que não compartilham as mesmas características culturais.

As questões globais de nosso tempo são muitas: vivem-se tempos estranhos – e difíceis. A ordem mundial está sob severa ameaça. O passo rumo ao abismo pode ser curto, rápido e desastroso.

O aumento das desigualdades sociais e a impossibilidade de os Estados atenderem à população excluída de bens essenciais têm ocasionado crises sérias, especialmente no contexto de escalada da violência já não mais restrita aos limites dos territórios estatais. Há fortalecimento das organizações criminosas transnacionais, verdadeiros poderes paralelos a ameaçarem a soberania dos Estados. A capacidade de os governos manterem a ordem vem sendo desafiada. Eclodem distúrbios de larga escala, mesmo em democracias consolidadas.

Sob o ângulo ambiental, ocorre o agravamento de problemas que se imaginavam a ponto de serem mitigados desde o histórico esforço planetário traduzido na realização, em 1992, da Conferência das Nações Unidas sobre o Meio Ambiente e o Desenvolvimento, na cidade do Rio de Janeiro. Pudera! Recrudesceram os índices de desmatamento das florestas, de poluição do ar e da água e de emissão de gases causadores do aquecimento global – cuja própria existência, como fenômeno, vem sendo colocada em dúvida por alguns dos mais importantes líderes mundiais.

Na arena política, dados recentes, aliados à descrença nos valores democráticos, sinalizam futuro pouco alvissareiro. Acredita-se estar-se diante de eventos tendentes à desconstrução da globalização. Assiste-se ao ressurgimento de fortes sentimentos nacionalistas, à crescente tomada de medidas de protecionismo econômico, à ascensão de populismos de direita, tudo em quadra de crise de representação política, de descrédito da instituição representativa por excelência: o Parlamento.

Ante esse cenário, vale a reflexão oportunamente incentivada pela estrutura temática deste Seminário: em que medida pode o Direito contribuir para lidar-se com os impactos desses desafios globais?

Respostas serão oferecidas pelos ilustres conferencistas e palestrantes deste encontro, cuja programação revela irmandade de portugueses e brasileiros. A excelência das exposições provocará reflexões acerca dos impasses e das iniciativas que os Estados, sem perderem traços essenciais de soberania, poderão adotar para afastar problemas humanitários e ameaças às liberdades. O Direito não pode ficar indiferente aos acontecimentos políticos, sociais, econômicos e ambientais que marcam esse começo de milênio.

Qualquer conclusão deve passar pelo reconhecimento da centralidade dos direitos humanos. Normas jurídicas internas e internacionais hão de servir como meios flexíveis e eficientes para que Estados dialoguem e cooperem entre si, sobre base solidária, considerados interesses comuns de liberdade democrática, bem-estar e paz social. Que as soluções sejam encontradas mediante amplo debate e tendo como fim a preservação dos direitos humanos.

Como cidadãos livres, conscientes, devemos fazer nossa parte, exercendo e defendendo a democracia, o único meio capaz de ensejar evolução. Apenas assim será alcançada a correção de rumos, com a vinda de melhores dias. Oxalá não se afigure esse sonho mera utopia, mas realidade que se avizinha próxima e definitiva.

Informação bibliográfica deste texto, conforme a NBR 6023:2018 da Associação Brasileira de Normas Técnicas (ABNT):

MELLO, Marco Aurélio. Perspectivas de um mundo sem fronteiras. *In*: RIBEIRO, Paulo Dias de Moura; FROTA, Cristiane de Medeiros Brito Chaves (coord.). *25 anos de diálogos jurídicos*: coletânea do Seminário de Verão de Coimbra. Belo Horizonte: Fórum, 2022. p. 163-167. ISBN 978-65-5518-331-3.

AMBIENTE: DESAFIOS DO CLIMA

MAURO LUIZ CAMPBELL MARQUES

Este trabalho trata dos desafios do clima e, certamente, evoca-nos imagens rotineiras: rios secando, Mar Morto recuando, ursos polares morrendo de inanição, geleiras destacadas dos polos. Esse cenário convida, com certeza, a um grande debate que é o aquecimento global.

Sempre é bom relembrar a decisão do Ministro francês Laurent Fabius, na COP21, no Rio de Janeiro:

> Luta contra o aquecimento global é mais do que uma questão ambiental. É a condição essencial para fornecer ao mundo comida e água, para salvar a biodiversidade e proteger a saúde, para combater a pobreza e a imigração em massa, para desencorajar a guerra e promover a paz e, ao final do dia, para dar ao desenvolvimento sustentável e à vida uma chance.

Vale recapitular alguns acordos internacionais protagonizados pela humanidade, a começar pelo Protocolo de Kyoto, em que se buscou e se busca permanentemente sustar as emissões tanto nos países já desenvolvidos como naqueles em desenvolvimento, para que se contenha o aquecimento global. O Protocolo de Kyoto foi extinto e, mais recentemente, o presidente Donald Trump retirou os Estados Unidos do Acordo de Paris.

O aumento da temperatura na Terra poderá extinguir espécies, além de gerar outras consequências: fauna e flora ameaçadas; tempestades; fenômenos climáticos; intempéries extraordinárias; expansão de volume dos oceanos, com a possibilidade de inundar áreas densamente povoadas do mundo.

Uma linha de pesquisa defende que a tese da emissão de gases de efeito estufa e sua ligação com o aquecimento global está mais focada em frear a evolução dos países em desenvolvimento do que fomentar ações científicas. Um dos protagonistas dessa defesa é o professor Luís Carlos Molion, físico e meteorologista. Ele explica cientificamente que o papel do CO_2 não é esse. Na verdade, a temperatura no mundo, no globo terrestre, é regida pelo Sol, e os fenômenos são repetitivos, não cíclicos. Mais ou menos a cada 90 anos, há ciclos solares e, consequentemente, isso faz alterar a temperatura no mundo. É necessário esclarecer que, em tempo algum, Molion defende qualquer movimentação de devastação das áreas preservadas pelo mundo afora; ele apenas contesta, efetivamente, a base científica de que há um crescente aquecimento global na humanidade.

Faz-se pertinente abordar um tratamento diferenciado para as áreas do mundo com efetivo potencial de influência na Zona Franca de Manaus, Amazonas. Por exemplo, em 1967, por força do Decreto-Lei nº 288/67, foi instalado o modelo "Zona Franca de Manaus"; entretanto, o foco não era o meio ambiente, e sim a redução das disparidades regionais e a garantia da soberania nacional na região amazônica. Isso surge, efetivamente, quando o então general de divisão – Humberto de Alencar Castelo Branco, depois marechal e presidente da República – foi comandante da 8ª Região Militar que comandava todas as tropas do exército na Amazônia. Ele morava em Manaus e, em uma experiência vivida lá e pelo interior do Amazonas, verificou que havia necessidade de implantar um modelo especial para as disparidades regionais. Naquela época, década de 1960, o mundo não falava em proteção e estudo do meio ambiente. A Convenção de Estocolmo aconteceu em 1972, portanto, após a instalação da Zona Franca de Manaus, mas, efetivamente, houve um desestímulo ao desmatamento.

A Zona Franca Verde privilegia produtos da economia verde, para que, efetivamente, tenham um diferencial competitivo necessário para o mercado mundial. O que se falava antigamente sobre desenvolvimento sustentável nada mais é do que a economia verde hoje. Surgiram as certificações ambientais – ISO 14.000 e suas derivações – e a rotulagem ambiental. Verifica-se que a maioria dos eletrodomésticos brasileiros é fabricada na Zona Franca de Manaus, e eles possuem um selo com um pássaro, símbolo da Zona Franca.

Há, ainda, dentro da fiscalização dessa área, proposições tributárias não só fiscais como também extrafiscais para fazer valer, com inteireza, o princípio do poluidor pagador. Sabe-se que os desastres ambientais são, em grande maioria, irrecuperáveis, e nada melhor que o próprio poluidor arque com o prejuízo ambiental por meio de tarifas diferenciadas com um *plus* no pagamento de impostos, para fazer valer os danos ambientais eventualmente provocados naquela área.

Há, também, na região, o amparo de alguns fundos, como o Fundo Amazônia, com alguns contribuintes internacionais importantes, com destaque para a Alemanha, que já apoiou 102 projetos na Amazônia. Outros fundos também são apoiados, como o projeto GEF, que não é voltado apenas para a Amazônia, mas também para outros biomas, como caatinga, pântano e pantanal, também no Brasil.

É interessante destacar algumas curiosidades da Zona Franca de Manaus, da Amazônia brasileira: as florestas de terra firme; as florestas de igapó, que é a floresta alagada na subida dos rios; as florestas de várzea; as orquídeas raras e vitórias-régias – uma flora extraordinária; o cacau-da-amazônia e o cupuaçu; a castanha-do-brasil, que muitos conhecem como castanha-do-pará. Os produtores são os estados do Amazonas e do Acre, e há uma diversidade infindável de ervas medicinais.

Até pouco tempo, eram 1.294 espécies de aves e 427 de mamíferos, 378 répteis, 3 mil espécie de peixes, 400 de anfíbios, mais de 100 mil invertebrados e 40 mil espécies vegetais. Todo o volume dos rios voadores canaliza exatamente para as grandes hidrelétricas, as grandes represas, como Itaipu, e vai influenciar o clima do sul e sudeste brasileiros, a agricultura, entre outros aspectos. Em 2018, o relatório do Fundo Mundial para a Natureza (WWF) divulgou a descoberta de outras 381 novas espécies na floresta, entre elas 216 novas plantas, 93 peixes, 32 anfíbios, 19 répteis, 1 ave, 18 mamíferos e 2 mamíferos fósseis.

Além disso, a Amazônia é uma região de intenso índice pluviométrico. O rio Amazonas é responsável por drenar mais de 7 milhões de quilômetros quadrados de terras; cerca de 400 bilhões de árvores e 16 mil espécies diferentes crescem na Floresta Amazônica. Estima-se que 20% do oxigênio do mundo seja produzido por ela.

Mais de quatro milhões de pessoas na região amazônica precisam ter capacidade de sobreviver de uma atividade econômica para permanecer nesse bioma da forma como ele se apresenta hoje. Uma densidade demográfica baixíssima, de 2,23, um IDH em 18º lugar no *ranking* brasileiro, para mais de 1,5 milhão de quilômetros quadrados, e uma renda *per capita* de 198 dólares. O ex-secretário geral de ONU, ao falar do clima na Terra e do meio ambiente, lançou esta frase: "Não existe plano B, porque não existe planeta B".

O Estado do Amazonas é o âmago mais preservado da Amazônia, fruto exatamente do tratamento fiscal e extrafiscal diferenciado dela. Reafirma-se, hoje, a constitucionalidade do modelo Zona Franca de Manaus e a preponderância de defesa desse patrimônio da humanidade que é a Amazônia brasileira.

Para encerrar este escrito, cita-se Thiago de Mello, no Estatuto do Homem: "Fica decretado que agora vale a verdade. Agora vale a vida e, de mãos dadas, marcharemos todos pela vida verdadeira".

Informação bibliográfica deste texto, conforme a NBR 6023:2018 da Associação Brasileira de Normas Técnicas (ABNT):

MARQUES, Mauro Luiz Campbell. Ambiente: desafios do clima. *In*: RIBEIRO, Paulo Dias de Moura; FROTA, Cristiane de Medeiros Brito Chaves (coord.). *25 anos de diálogos jurídicos*: coletânea do Seminário de Verão de Coimbra. Belo Horizonte: Fórum, 2022. p.169-172. ISBN 978-65-5518-331-3.

PROTECIONISMO: SUPERAÇÃO DE UM MODELO E OS DESAFIOS DO NEOPROTECIONISMO NA ERA PÓS-GLOBALIZAÇÃO

MAURO LUIZ CAMPBELL MARQUES

Colocação do problema

A expressão *protecionismo* é tão ampla quanto ambígua. Seu sentido original, contudo, remonta às grandes discussões sobre o livre comércio do século XIX. Pode-se afirmar, sem maiores contestações, que a construção da democracia inglesa nos grandes embates entre liberais e conservadores dos tempos de Disraeli e Gladstone ocorreu com base nos debates entre os defensores da liberalização das relações comerciais e os adeptos da proteção tarifária aos produtos importados, que concorreriam com as manufaturas do Reino Unido.

É precisamente sobre o sentido e o alcance do *protecionismo* em tempos pós-globalização de que tratará este artigo. Parte-se da hipótese de o protecionismo não se radicar mais em barreiras tarifárias, e sim em instrumentos temporários e modulares que são as barreiras tecnológicas e fitossanitárias.

Barreiras clássicas e sua superação

Desde as Antiguidades Oriental e Clássica, a entrada e a saída de produtos e o livre trânsito de trabalhadores foram um tópico central na agenda política, econômica e militar da humanidade. Os artesãos-armeiros, tipo de profissional extremamente disputado até o século XVIII, eram profissionais com trânsito restrito entre as nações. A possibilidade de que segredos de manufatura de armas fossem assenhorados pelo inimigo fez com que o *know-how* associado a esses artesãos lhes criasse sérias restrições à liberdade ambulatória.

Historicamente, está demonstrada a relevância de tais cuidados. Constantinopla só caiu porque um mestre armeiro cristão traiu o imperador bizantino e transmitiu aos otomanos os segredos industriais do fabrico de canhões suficientemente poderosos para arruinar as muralhas externas da antiga capital do Império Romano do Oriente. A venda de armas sempre foi objeto da mais alta preocupação dos Estados, ao menos até o limite de sua potencialidade estratégica. O século XX assistiu a uma mudança radical nessa tradição ao converter a indústria armamentista convencional em uma fonte de divisas, sustentada em conflitos permanentes nas miseráveis periferias do mundo. Permanecem, contudo, severas barreiras à comercialização de produtos necessários ao domínio do ciclo atômico, bem assim, à semelhança dos antigos mestres armeiros, ao livre trânsito de cientistas nucleares. O risco do terrorismo é outro fator que pode alterar a política de liberalização do comércio de armas, o que não deixa de ser oportuno de lembrar após os lamentáveis episódios sobre o desaparecimento de armas do Paiol Nacional de Tancos, divulgado pela imprensa portuguesa e internacional.

Para além dessas clássicas barreiras ligadas à segurança nacional, não se pode esquecer as igualmente tradicionais restrições ao livre-comércio baseadas na tarifação. Vale recordar um episódio célebre da história portuguesa e que se refletiu na vida brasileira: o Tratado de Metheun, de 27 de dezembro de 1703, firmado entre os Reinos de Portugal e da Grã-Bretanha. Esse tratado, que é também conhecido como "Tratado dos Panos e Vinhos", abriu as portas da metrópole e do ultramar português "para sempre", como dito em sua cláusula primeira, aos "panos de lã, e mais fábricas de lanifício de Inglaterra".

Em contrapartida, o Marquês do Alegrete (ministro plenipotenciário português, cujos descendentes viriam servir à Casa de Habsburgo até a queda da Monarquia Dual, em 1918) conseguiu a concessão britânica de que seriam também "para sempre" admitidos na Grã-Bretanha os "vinhos do produto de Portugal, de sorte que, em tempo algum (haja paz ou guerra entre os Reinos de Inglaterra e de França), não se poderá exigir de direitos de alfândega nestes vinhos ou debaixo de qualquer outro título".

Esse tratado é justamente acusado de haver sido o responsável pela destruição da nascente indústria manufatureira portuguesa e por ter criado uma dependência econômica dos britânicos, que perdurou por longos anos. O Brasil foi afetado diretamente por esses efeitos e não é improvável dizer que nasceram daí as sementes de movimentos nativistas que viriam a suscitar as primeiras rebeliões do final do século XVIII.

O século XIX, com a Revolução Industrial e a incorporação de uma imensa parcela de populações rurais europeias às cidades em atividades comerciais ou manufatureiras, pôs em prática uma série de hipóteses teóricas desenvolvidas por fisiocratas e teóricos da Economia Clássica, como Adam Smith e David Ricardo. De modo particular, Adam Smith, um autor do século XVIII, mas que escreveu profeticamente para a posteridade, defendeu o livre-comércio como um pilar do desenvolvimento econômico internacional. Ele próprio havia defendido a liberdade industrial aos colonos da América do Norte, o que não foi admitido pelo governo da metrópole, e o que resultou – de modo não exclusivo, é claro – na Guerra de Independência de 1776.

Aprendida a lição com a perda das colônias, parcela significativa da elite política britânica assumiu a defesa do livre-comércio como um credo religioso. Adam Smith, uma vez mais, era convocado para fundamentar essas ideias: a divisão internacional do trabalho faria com que as nações mais aptas à indústria se ocupassem das manufaturas, deixando às nações agrícolas ou minerárias o papel de fornecedoras de matéria-prima. Davi Ricardo desenvolveu a "doutrina das vantagens comparativas": quando uma nação produz duas espécies de bens – ambas em condição de vantagem sobre o estrangeiro, mas uma delas com "vantagem comparativa" maior do que a segunda – convém produzir apenas a primeira e importar a segunda.

O mais curioso é que Ricardo usou o Tratado de Methuen para comprovar sua teoria das "vantagens comparativas": Portugal não deveria continuar a produzir tecidos, ou, na saborosa linguagem do tratado, "panos de lã", quando era um produtor de vinhos superior aos ingleses. Na prática, o exemplo de Ricardo não foi dos mais felizes para Portugal, muito menos para o Brasil. Do Tratado de 1703, que levou o nome do ministro inglês que o negociou, resultou a difusão internacional do vinho do Porto, cujos barris passaram a ser transportados em todos os navios de Sua Majestade britânica pelos sete mares.

Mesmo Adam Smith concebia quatro hipóteses excepcionais de protecionismo à indústria nacional: (1) segurança nacional; (2) compensação a regras internas de caráter protetivo, que poderiam criar regime econômico assimétrico aos produtos nacionais; (3) retaliação contra medidas protecionistas em sentido contrário; (4) defesa do nível de emprego interno em um setor que empregue um grande número de empregados.[1] Não deixa de ser interessante e paradoxal observar que essas quatro hipóteses são tão antigas quanto atuais.

A primeira delas remonta ao exemplo inaugural desta intervenção: a segurança dos Estados pode determinar controles ao livre trânsito de bens e serviços, seja por regras de protecionismo direto, seja por restrições diretas à entrada ou à saída de pessoas ou de bens. A segunda e a terceira inserem-se em conceitos antigos e modernos de guerras tarifárias. Muitas dessas situações encontraram, na Organização Mundial do Comércio, um fórum internacional de arbitramento, o que conferiu ao Direito um papel de maior protagonismo no equilíbrio entre livre-comércio e protecionismo. A última hipótese excepcional é ainda encontrável em alguns países, conquanto ela se tenha mostrado, na prática, um mero paliativo. A perda de condições de competitividade não salvaguardará a existência de um setor protegido artificialmente por muito tempo. Abundam exemplos disso tanto no Brasil quanto em Portugal, e seria constrangedor demais mencioná-los aqui, até pelo caráter sentimental de alguns desses segmentos.

Os alemães não seguiram esse modelo de livre-comércio e, graças a uma rígida política de controles tarifários, conseguiram desenvolver uma indústria nacional própria, cuja alavancagem ocorreu após a unificação em 1870. Uma das causas geralmente apontadas para a Primeira Guerra Mundial está na competição industrial anglo-alemã. A guerra foi uma maneira indireta de resolver um conflito econômico que se tornara irreversível.

O Direito, até então, era um instrumento acessório nessas políticas protecionistas: tarifas elevadas e barreiras de entrada a produtos estrangeiros eram constituídas por meio de leis ou de atos normativos inferiores. Não se radicava no Direito, entretanto, a centralidade desse processo. As razões políticas, estratégicas ou econômicas determinavam o proceder dos legisladores e burocratas. Não eram mecanismos jurídicos os atores centrais desse processo, salvo como meios indispensáveis à *juridicização* dessa vontade.

---

[1] SMITH, Adam. *The Wealth of Nations*. 5. ed. Chicago: UCP, 1976, v. 1, p. 484-493.

O protecionismo voltou à carga após a Primeira Guerra Mundial e, com redobrada energia, após a Grande Depressão de 1929. A defesa das indústrias nacionais era a única forma de salvaguardar empregos em um Ocidente cada vez mais urbano e menos agrícola. Até mesmo americanos e britânicos adotaram práticas protecionistas em amplos segmentos da economia.

O Brasil, a partir da Revolução de 1930, com o governo provisório de Getúlio Vargas, deu novo impulso a seu processo de industrialização, que se tornou uma política de Estado. A vocação agrícola do país foi renegada. A indústria e a mineração tornaram-se o foco do novo regime político, alinhado com as ditaduras que se instalariam em todo o mundo naquela década. É bastante sintomático o depoimento de Jorge Street, um alto burocrata do Ministério da Indústria e Comércio do governo Vargas:

> o que o bom senso aconselha não é que nos desarmemos nas nossas alfândegas para irmos depois a eles como solicitantes, de mãos vazias, mas sim que nos mantenhamos nas posições que temos, e esperemos pelo que nos for pedido. Agir de modo diverso, como tenho visto ser aconselhado é de uma simplicidade altruística por demais ingênua. Fala-se em possíveis represálias e argumenta-se com afirmativas de que para se vender, é necessário também comprar. Certo que sim, e não há banal livrinho de economia política que não diga que mercadorias só se pagam com mercadorias, ou com serviços.[2]

A Segunda Guerra Mundial favoreceu essa política, menos por razões protecionistas e mais pela dedicação quase integral das indústrias europeias ao esforço bélico. Após 1945, com uma gestão econômica liberal desastrosa, todas as reservas nacionais foram comprometidas com a importação desnecessária de produtos supérfluos. Somente nos anos 1950, a política industrial foi retomada de modo consequente.

A segunda metade do século XX assistiu a novas formas de protecionismo, que foram testadas durante e logo depois da Primeira Guerra Mundial: a manipulação do câmbio. Veja-se que a moeda brasileira depreciou-se em cerca de 50% entre 1928 e 1933.[3]

Churchill, ao assumir a pasta das finanças, nos anos 1920, quase levou a Grã-Bretanha à falência ao pretender conservar a vinculação da

---

[2] STREET, Jorge. *Notas à margem das tarifas aduaneiras*. Rio de Janeiro: Confederação Industrial do Brasil, 1933, p. 10.

[3] MALAN, Pedro *et al. Política econômica externa e industrialização no Brasil (1939/1952)*. Rio de Janeiro: IPEA/INPES, 1977, p. 117.

libra ao velho padrão-ouro, como forma de mostrar (artificialmente) a força (inexistente) da economia britânica.

A Conferência de Bretton-Woods, de 1944, foi o marco da transferência das rédeas do câmbio internacional de Londres para Washington. Desde então, mais do que barreiras alfandegárias, o câmbio e sua manipulação tornou-se o núcleo das políticas protecionistas. Desde o financiamento da Guerra do Vietnã, que teria levado os Estados Unidos à bancarrota, em razão da crise do petróleo subsequente, até as políticas antirrecessivas dos governos Carter-Reagan (1970-1980), os americanos favoreceram sua recuperação econômica com intervenções cambiais e nos juros da dívida.

O livre-comércio retornou com força nos anos 1980, e seus efeitos ainda estão por se analisar. Há quem defenda, como Paul Krugman ou John Williamson, que ele gerou a transferência massiva da indústria de base para nações periféricas de então, como a China, arrasando com a "velha indústria" europeia e norte-americana. Os *red-necks,* que traíram o voto tradicional no Partido Democrata, ou os trabalhadores da Inglaterra do Norte, que votaram pelo *Brexit,* são exemplos dos órfãos dessas políticas de livre-comércio da era Reagan-Thatcher.

Os chineses, por exemplo, graças a sua hipercapitalização derivada de um processo neoindustrial sem precedentes na história contemporânea, aprenderam como manipular o câmbio, não como barreiras de entrada, mas como técnica de facilitação do livre-comércio de seus bens manufaturados.

É evidente que as técnicas tradicionais não foram totalmente abandonadas. A regulação tarifária, a utilização do câmbio como forma de se criarem ou mitigarem assimetrias concorrenciais, as restrições à entrada de produtos por meio de proibições indiretas ligadas à nacionalidade das pessoas coletivas são comparáveis a antigas muralhas de fortalezas do século XVII: protegem as cidadelas contra investidas inimigas, mas não são suficientes *de per si* para obstar a invasão.

Por tal circunstância, lança-se a pergunta: quais as novas formas de protecionismo? Ou, em outras palavras, haveria "neoprotecionismo"? Como ele se revela?

O neoprotecionismo: perfis e exteriorizações

De imediato, responde-se à provocação: sim, existe neoprotecionismo.

A resposta à pergunta é enfática, mas não pode ser considerada propriamente a descoberta da pedra filosofal. Trata-se do efeito – do simples efeito, salienta-se – da observação empírica das práticas protecionistas desenvolvidas nos últimos 20 anos.

Na raiz desse neoprotecionismo, estão dois fatores (ou quiçá três, embora o terceiro ainda seja incipiente): (1) a preocupação sanitário-ecológica e (2) o desenvolvimento tecnológico. O terceiro fator, reputado como incipiente, seriam (3) os direitos humanos. Este não será explorado neste trabalho, mas não poderia deixar de ser citado.

O primeiro fator – sanitário-ecológico – poderia ser apresentado separadamente. Em razão das afinidades entre ambos, ainda que em prejuízo a certo rigor técnico, serão expostos conjuntamente.

Imagine uma nação hipotética, provavelmente localizada na Ásia, que possui um dos maiores rebanhos de gado bovino e suíno do mundo. Essa nação, por questões territoriais, históricas, de política industrial e econômica associadas ao desenvolvimento de uma particular especialização no trato da proteína animal, conquistou amplas fatias do mercado consumidor internacional. Adiantariam barreiras alfandegárias para restringir tais mercados?

Provavelmente esses óbices abririam intensas dúvidas em organizações internacionais do comércio e violariam acordos bilaterais entre o país produtor e o país importador. Não se poderia também invocar a proteção dos trabalhadores locais, ao estilo daquelas quatro exceções formuladas por Adam Smith. A razão é simples: no país importador, simplesmente nenhum segmento do operariado ou do campesinato seria atingido pela importação de carne. Haveria, ao contrário, um impacto negativo no consumo de proteção animal, o que não seria bem visto por parte da população. Poder-se-ia invocar a segurança nacional?

Evidentemente que não, salvo se houvesse a mobilização das Forças Armadas para conter a invasão de toneladas de carne bovina e suína em nome do combate ao imperialismo pecuário. Salvo em ditaduras contemporâneas, tal hipótese é mais do que ridícula.

Seria, contudo, algo diverso alegar que a produção pecuária extensiva no país de origem é um fator determinante para a destruição de amplas áreas de proteção ambiental. Esse argumento mobilizaria rapidamente parte da opinião pública interna e permitiria, por meio de aprovação célere de normas legais ou infralegais, um embargo ao livre-comércio de carne. Ou ainda: criar-se-iam novos testes para exame do produto importado ou, o que é até mais simples, os exames deixariam de ser amostrais e se tornariam quase universais em relação ao produto que entrasse nos portos do país importador.

Essas barreiras de natureza ecológica ou fitossanitária criariam um imediato efeito protecionista, sem a ofensa (ao menos explícita) a certos padrões de proteção da simetria e da reciprocidade das relações econômicas internacionais.

Mais do que um exemplo fictício, retirado de um *hipotético país asiático produtor de proteína animal, que, por acaso, adota a língua portuguesa como idioma oficial,* esse é um caso que tem fundamento empírico em dados coletados pelo Departamento de Agricultura dos Estados Unidos desde a década de 1990. Estima-se, por exemplo, que os Estados Unidos tiveram perda de 5 bilhões de dólares em suas exportações em razão de regras técnicas de caráter fitossanitário consideradas duvidosas. No período de janeiro a março de 1995, o Brasil teve uma perda de meio bilhão de dólares norte-americanos em razão de restrições sanitárias às exportações de carne bovina. Nota-se que são valores não corrigidos monetariamente de 20-25 anos atrás![4]

O impacto dessas exigências, obviamente, não é ignorado pelo Direito do Comércio Internacional. Desde os anos 1970, o antigo Acordo Geral de Tarifas e Comércio (GATT) já se ocupava do tema em suas Rodadas, ao exemplo da Rodada Uruguai (1986-1993), que criou acordos sobre medidas sanitárias e fitossanitárias.

O problema é que essas medidas de restrição aos abusos protecionistas não foram suficientes (e continuam a não ser suficientes) para dar cabo à evolução científica e técnica no estado da arte de tais controles. Para além disso, há o argumento moral de que ninguém é contra (ou deveria ser contra) medidas que aumentem a eficácia dos controles sanitários e fitossanitários. Nesse aspecto, o Direito passa a assumir um papel cada vez maior de centralidade no protecionismo pós-globalização: as normas jurídicas deixam de ser meros instrumentos para o controle estático do livre-comércio. Os estudos jurídicos unem-se aos estudos sanitários para emprestar credibilidade a políticas públicas de restrição do comércio internacional em nome de uma mais eficaz e ótima proteção à saúde da população do país importador.

Surge, desse modo, o dilema: seria esse um caso de *protecionismo* ou de *proteção*? É cada vez mais difícil distinguir essas esferas. E, mais que isso, é difícil a posição de quem contesta tais exigências ou as reputa – de modo expresso – como técnicas indiretas de protecionismo em nome de uma proteção sanitária duvidosa.

Lamentavelmente, os países em desenvolvimento são as principais vítimas desse neoprotecionismo. Por serem medidas de proteção,

---

[4] MIRANDA, Silvia Helena Galvão de *et al.* Normas sanitárias e fitossanitárias: proteção ou protecionismo. *Informações Econômicas,* v. 34, n. 2, fev. 2004.

não haveria dúvidas de sua idoneidade. Mas, o que infelizmente se observa é que os embargos são suspendidos "magicamente" após concessões comerciais em outros setores ou mesmo com a redução induzida dos preços. Em nenhum dos casos, salvo retaliações igualmente nebulosas, chega-se ao ponto de deflagrar-se a arbitragem da Organização Mundial do Comércio.

Volta-se, agora, para o segundo fator: o desenvolvimento tecnológico.

Com a internet das coisas, em muito breve, automóveis, televisões, máquinas de lavar roupas (para ficarmos apenas nesses três exemplos) terão autonomia decisória. Não mais será necessária a programação prévia pelo proprietário desses bens para que eles realizem determinadas tarefas em horários, condições ou modos predeterminados. A internet das coisas fará com que a máquina de lavar roupas escolha o horário mais econômico para funcionar, a quantidade mínima de água em relação ao peso da roupa e trate diferentemente os tipos de tecidos, independentemente da programação humana. Automóveis sem condutores são apenas a face mais espetacular da revolução tecnológica nesse segmento. Eles saberão quais os destinos a serem percorridos e ainda seguirão rotas menos obstruídas. As compras nos mercados serão predefinidas por hábitos de consumo e não dependerão da intervenção humana.

Essa nova fase do desenvolvimento humano tem sido denominada de "Quinta Revolução Industrial".

Há aqui um problema: os fabricantes (e exportadores) programarão essas máquinas, que se conectarão às redes dos países importadores. Quem pagará por esse uso de redes? Quem controlará os "dados das coisas", que serão mais importantes que os dados das pessoas?

Tal realidade abrirá uma nova forma de protecionismo ainda insuficientemente estudada e que atribuirá ao Direito um papel inteiramente novo no equilíbrio entre o livre-comércio e o protecionismo clássico.

Para além de projeções de um futuro que, acredita-se, será real de três a cinco anos, volta-se para algo mais contemporâneo: a criação de exigências técnicas, de segurança ou de adequação de modelos industriais é a face mais visível do segundo fator do *neoprotecionismo*. Exigências aparentemente absurdas, como a troca de equipamentos de segurança ou a mudança de padrões técnicos de tomadas (como o que ocorreu recentemente em um grande país asiático exportador de carne bovina e suína), têm efeitos muito mais intensos na balança comercial do que o aumento tarifário. Um novo padrão de tomada elétrica, por exemplo, pode determinar a "perda" de lotes e mais lotes de produtos eletrônicos a serem exportados para o país que alterou esse padrão. Adaptar a planta industrial *apenas para aquele país* é inviável. Como resultado disso, cria-se uma assimetria temporária – mas de enorme impacto – que protege determinados setores da indústria nacional, sem que isso seja percebido pela população interna.

Conclusão

O protecionismo, que nasceu como uma forma de assegurarem-se interesses nacionais no âmbito militar e econômico, com fundamento tarifário, não é mais o mesmo de outrora. Após a descoberta da manipulação cambial, no século XX, têm-se, agora, as barreiras sanitárias (e fitossanitárias) e as barreiras tecnológicas, como as modernas fronteiras de um protecionismo que, muitas vezes, esconde-se sob o manto politicamente correto da proteção ambiental e da saúde.

Como diria o jovem Tancredi ao príncipe de Salina, em *Il Gattopardo*: "tudo muda para que continue como sempre foi".

Informação bibliográfica deste texto, conforme a NBR 6023:2018 da Associação Brasileira de Normas Técnicas (ABNT):

MARQUES, Mauro Luiz Campbell. Protecionismo: superação de um modelo e os desafios do neoprotecionismo na era pós-globalização. *In*: RIBEIRO, Paulo Dias de Moura; FROTA, Cristiane de Medeiros Brito Chaves (coord.). *25 anos de diálogos jurídicos*: coletânea do Seminário de Verão de Coimbra. Belo Horizonte: Fórum, 2022. p. 173-182. ISBN 978-65-5518-331-3.

INSOLVÊNCIA TRANSNACIONAL E OS DESAFIOS DE EFETIVIDADE DA JURISDIÇÃO

PAULO DE TARSO SANSEVERINO

O tema deste trabalho é a insolvência transnacional, ligada à efetividade da jurisdição em um mundo sem fronteiras, e tratará basicamente do regime jurídico da insolvência transnacional do Direito comparado e as suas perspectivas no Direito brasileiro, já que casos assim têm se multiplicado.

Houve, há pouco, o pedido de recuperação judicial da empresa Odebrecht, talvez um dos maiores da história do Brasil. A grande questão é a forma do processamento, seja da falência seja da recuperação judicial dessas empresas integrantes de um mesmo grupo econômico, mas sediadas em diferentes países.

Uma grande dificuldade que se apresenta são os regimes jurídicos distintos para falência ou recuperação judicial em cada país, além das jurisdições diversas. Essa questão tem preocupado a doutrina em todo o mundo, e três grandes teorias acerca da forma de como realizar a harmonização das legislações, das jurisdições foram desenvolvidas: o territorialismo, o universalismo e o pós-universalismo. Apenas a teoria territorialista preconiza o que cada estado deve aplicar no seu território ou no seu ordenamento jurídico, não interessando à legislação de outros países em que a companhia tem estabelecimentos comerciais. Um exemplo disso é a própria lei brasileira de recuperação judicial no seu artigo 3º. A crítica a essa teoria consiste no fato de ela ser uma solução individualista e que desconhece as peculiaridades de todo o processo de globalização e de recuperação de empresas em crises.

A teoria universalista, por outro lado, preconiza a centralização do procedimento e o juízo único, com competência extraterritorial, para regularem todos os incidentes de uma determinada insolvência internacional. Ela também é criticada com o argumento de que é uma solução idealista, uma vez que desconhece o princípio da jurisdição soberana dos estados e apresenta difícil efetividade prática.

Desenvolveu-se, portanto, uma teoria que procura ser um meio termo, pois busca compatibilizar as duas teorias anteriores e chegar a um ponto de equilíbrio: é a teoria pós-universalista. Ela valoriza as jurisdições nacionais, mas estimula também a formulação de acordos e cooperação internacional entre os diferentes países interessados na insolvência daquele grupo empresarial. E como isso é feito? Ela reconhece a coexistência de um processo principal e dos processos secundários e estimula a formulação de protocolos de cooperação entre os juízos de diferentes países, sintetizados na sigla CCC – *Court-to-court cooperation*.

Essa teoria apresenta grandes vantagens na formulação desses protocolos de comunicação: ser rápida nas comunicações – o que é necessário nesse tipo de situação; evitar a interpretação equivocada acerca da legislação de cada país; ser uma cooperação efetiva entre os tribunais e entre os países. Um exemplo bem característico e conhecido no Brasil é o caso da Varig, que, em 2005, representou a primeira grande recuperação judicial da nova lei. A discussão era a respeito da apreensão de aeronaves pela justiça dos Estados Unidos, que inviabilizou a companhia, levando-a à falência. O magistrado responsável pela recuperação judicial no Rio de Janeiro foi aos Estados Unidos e celebrou um acordo de cooperação entre os juízes do Brasil e dos Estados Unidos exatamente para evitar a inviabilização da empresa.

A preocupação da ONU com essa questão começa no final do século XX, em 1997, e, por meio da Uncitral (United Nations Commission On International Trade Law), elabora uma lei modelo sobre a insolvência transnacional, chamada *soft law*, a qual tem como características o estímulo e a implantação de mecanismos de cooperação internacional entre tribunais e as demais autoridades competentes de diferentes estados, além de buscar maiores seguranças jurídicas nas relações empresarias e globais com a viabilização da reestruturação de empresas em dificuldades.

Tal lei não tem eficácia vinculativa e exige a transposição para o direito interno de cada país. Em uma última análise, ela já havia sido transposta para 44 países em todo o mundo.

Um caso bem paradigmático – o caso *Maxwell* – envolvia uma companhia sediada em Londres, tendo os bancos ingleses como os principais credores, mas com os principais ativos nos Estados Unidos. A maneira de viabilizar esse processo foi um protocolo de cooperação entre os juízos envolvidos, permitindo o pagamento dos bancos ingleses.

A União Europeia possuía um regulamento de 2000, que regimentava a insolvência transnacional e o acolhimento da ideia do Centro do Principal Interesse – Centre of Main Interest (COMI). Um exemplo bem característico de aplicação desse regulamento foi o caso da Eurofood, subsidiária da italiana Parmalat, que teve um pedido de falência acolhido na justiça da Irlanda. Houve uma discussão a respeito de quem seriam realmente os competentes, Itália ou Irlanda, e a questão chegou até a Corte de justiça europeia, que manteve a Irlanda como juízo competente.

Esse caso chamou a atenção da Europa para um grave problema, o *Forum Shopping*, que consiste na escolha da jurisdição mais favorável ao demandante. No ano de 2015, foi aprovado um novo regulamento – o 848 – e um dos tópicos é exatamente o controle do *Forum Shopping* e, consequentemente, a centralização dos pedidos de recuperação judicial na União Europeia.

A lei de recuperação judicial brasileira não contempla a insolvência internacional. No Brasil, há vários projetos de lei em tramitação no Congresso Nacional para a incorporação da lei modelo da Uncitral ao Direito brasileiro. O destaque é para o projeto de lei do Ministério da Fazenda para alteração da Lei nº 11.101, e um dos tópicos é exatamente a insolvência transnacional. É uma medida urgente no Brasil em função dos inúmeros casos que têm se repetido nos últimos anos.

A jurisprudência tem enfrentado a questão especialmente nos tribunais estaduais e adotado três posições diferentes que se complementam. De um lado, a aplicação da lei modelo da Uncitral por analogia; de outro, a concreção dos princípios da Lei nº 11.101 – especialmente a função social e a preservação da empresa. E, finalmente, a adoção das próprias disposições do novo código de processo civil acerca da cooperação jurídica internacional.

Há vários casos: Vale, OGX, Sete Brasil, Schain, Oi e Constelattion, que é o mais recente de 2019. Muitos deles estão no STJ aguardando julgamento. Apenas relembrando, no caso OGX, a polêmica girava em torno da inclusão da recuperação judicial de duas empresas subsidiárias do grupo que operavam fora do Brasil. O caso Sete Brasil, na mesma linha, versava sobre a situação de três empresas do grupo sediadas em outros países e ligadas à crise do setor petrolífero com a recuperação judicial processada no Brasil. O caso Schain refere-se a uma construtora, e nele havia discussão a respeito da inclusão de uma sociedade sediada fora do Brasil. No contexto da Oi, eram duas sociedades estrangeiras constituídas na Holanda, onde foi decretada a falência dessas empresas. Várias dessas situações estão no STJ, mas nenhuma foi ainda julgada.

Faz-se necessário urgentemente o aperfeiçoamento do sistema jurídico brasileiro para expressa positivação da questão da insolvência transnacional. Uma das soluções é a positivação da lei modelo da Uncitral, que consiste em soluções muito satisfatórias, especialmente a implantação de mecanismos de cooperação internacional que é a grande questão para a efetividade da jurisdição de juízo recuperacional. Por trás de tudo isso, encontra-se um valor maior que é a segurança jurídica, fundamental nas relações empresariais internacionais em um mundo sem fronteira.

Encerra-se este trabalho com um poema de sonoridade transnacional escrito pelo maior poeta da língua portuguesa. Fernando Pessoa, nascido em Lisboa, foi alfabetizado em inglês na África do Sul em função de circunstâncias familiares, e dominava tão bem o inglês quanto o português. A sonoridade deste poema deixa exatamente isso em evidência: "Tudo vale a pena se a alma não é pequena". Em inglês: "It is worthwhile all if the soul is not small".

Informação bibliográfica deste texto, conforme a NBR 6023:2018 da Associação Brasileira de Normas Técnicas (ABNT):

SANSEVERINO, Paulo de Tarso. Insolvência transnacional e os desafios de efetividade da jurisdição. *In*: RIBEIRO, Paulo Dias de Moura; FROTA, Cristiane de Medeiros Brito Chaves (coord.). *25 anos de diálogos jurídicos*: coletânea do Seminário de Verão de Coimbra. Belo Horizonte: Fórum, 2022. p. 183-186. ISBN 978-65-5518-331-3.

CRISE DE INTEGRAÇÃO E CIDADANIA

PAULO DIAS DE MOURA RIBEIRO

Cidadania

Lembrar-se de cidadania remete ao passado, à caminhada dos seres humanos na busca de afirmarem uma então desenhada dignidade que seria a *naturalia negotii* de todas as pessoas.

Não há dúvida de que a história da cidadania emoldura a própria história dos direitos humanos e se embute nas lutas do homem para a consagração e preservação de valores éticos, como a igualdade, a liberdade, a dignidade de todos os seres sem exceção, a proteção legal dos direitos, a socialidade do trabalho e dos trabalhadores, a democracia e a justiça.[1]

Numa só expressão: "cidadania é, antes de tudo, conquista".[2] Mas é a conquista que se deitou nos direitos da personalidade, que teve seu berço em Atenas, onde brotou o pensamento político, embora ali não se admitisse um estatuto de direitos oponíveis ao Estado. A formação da "polis" balizou os limites da cidade grega e permitiu o estopim para os direitos humanos, quando se freou o poder do Estado pela lei.

---

[1] HERKENHOFF, João Baptista. *Direito e cidadania*. Uniletras, 2004, p. 35.

[2] SILVA, Camila Pellegrino Ribeiro da; NUNES, Sandra Sueli Ferreira. Um conteúdo mínimo para a cidadania. *Repertório de Jurisprudência IOB*, n. 02, v. 3, p. 65, 2014.

Os romanos não engendraram a noção de cidadania como sinal jurídico ligado à condição de pessoa que, como integrante de um Estado, achar-se-ia no gozo de direitos que lhe permitiriam participar da vida política.[3] Os romanos, porém, mesmo não conhecendo o sentido jurídico da capacidade civil (aptidão para exercer por si ou por outro os atos da vida civil), traduziam tal compreensão pelo vocábulo *caput*, ou seja, o indivíduo fisicamente considerado. Mas a *caput* era formada por três elementos chamados de *status*: *status libertatis, status civitatis* e *status familiae*.

E, para que o romano pudesse gozar, de modo completo, as prerrogativas ou os direitos concedidos pelo *Jus Publicum* e pelo *Jus Privatum*, era necessário estar na posse desses três *status* porque somente desse modo haveria a *caput*. Não os possuindo, sofria a *capitis diminutio*, que, por igual, era de três categorias: *maxima, minor* ou *media* e *minima*. E era justamente a primeira que resultava na perda dos estados de liberdade e do cidadão. Era caso de morte civil, pela extinção completa da personalidade.[4]

Deflui da leitura do art. 1º, II, da nossa Constituição Federal, a cidadania como um dos fundamentos da República brasileira. Essa visão de cidadania foi fruto de uma evolução jurídica que eclodiu com o gozo efetivo de direitos individuais, coletivos, sociais e políticos (ou de participação na vida política). Foi através desses direitos fundamentais que se expandiram os direitos da personalidade.[5]

Proteção da personalidade

Da ideia de cidadania, de conquista pela qual o sujeito se torna responsável pela história e pelo futuro do seu país, agrega-se inexoravelmente a proteção da personalidade humana que se baseou na noção de repúdio à injustiça, na vedação de excessos de uma pessoa contra a outra, e também na proibição de atos insolentes contra qualquer pessoa.[6]

---

[3] SILVA, Camila Pellegrino Ribeiro da; NUNES, Sandra Sueli Ferreira. Um conteúdo mínimo para a cidadania. *Repertório de Jurisprudência IOB*, n. 02, v. 3, p. 65, 2014.

[4] FIGUEIREDO, Genuíno Amazonas de. *A cidadania em Roma*. Brasília: Senado Federal, v. II, p. 41, 2002.

[5] CASTILHO. José Roberto Fernandes. Cidadania: esboço de evolução e sentido da expressão. *Revista da Procuradoria Geral do Estado de São Paulo*, n. 45-46, p. 161, jan./dez. 1996.

[6] SZANIAWSKI, Elimar. *Direitos de personalidade e sua tutela*. 2.ed. São Paulo: Ed. RT, 2005, p. 24-25.

Tudo isso nasceu na Grécia para tutelar a personalidade humana através de *hybris* (tudo o que passa da medida, descomedimento), que reprimia a prática de atos injuriosos.[7]

No Brasil, os direitos da personalidade encontram proteção legal no art. 12 do Código Civil: "pode-se exigir que cesse a ameaça, ou lesão, a direito da personalidade, e reclamar perdas e danos, sem prejuízo de outras sanções previstas em lei".

Em Portugal, sobre a proteção ao direito da personalidade, há expressa e ampla previsão no art. 70º/1 do Código Civil, que destaca que a lei protege os indivíduos contra qualquer ofensa ilícita ou ameaça de ofensa à sua personalidade física ou moral.

É de se realçar a posição de Eduardo Vera-Cruz Pinto a respeito do assunto, quando se insiste na necessidade de libertar os direitos da personalidade dos limites da legalidade e da tipicidade, na medida em que a defesa da pessoa sempre estará além de qualquer constrangimento legal ou burocrático. E fixa, um pouco mais adiante, que os direitos da personalidade são um reconhecimento da dignidade da pessoa, apesar e além das relações de poder, e devem ser respeitados, independentemente de qualquer formalismo, positividade ou tipicidade.[8]

Em uma só palavra: todos os homens são iguais desde o nascimento com vida e, portanto, são titulares de direitos básicos e inalienáveis (vida privada, saúde, segurança, intimidade, felicidade), o que é reconhecer que todos devem usufruir dos direitos naturais.

As revoluções, a cidadania e a personalidade

No curso do processo civilizatório, a luta armada foi se transformando em solução baseada no bom senso, no justo, na busca do consenso, da persuasão.

Com efeito, a luta de classes pelo reconhecimento de seus direitos se revelou em movimentos de emancipação, seja no campo político ou religioso. Marcam presença na Revolução Protestante (Lutero, século XVI, Europa Central, venda de indulgências), na Revolução Gloriosa (também chamada de revolução sem sangue – Reino Unido – século XVII, que culminou com a remoção do Rei Jaime I do trono da Inglaterra,

---

[7] SZANIAWSKI, Elimar. *Direitos de personalidade e sua tutela*. 2.ed. São Paulo: Ed. RT, 2005, p. 24-25.

[8] PINTO, Eduardo Vera-Cruz. Considerações Genéricas sobre os Direitos da Personalidade. *Revista do Centro de Estudos Judiciários do CJF*, ano VIII, p. 6, jun. 2004.

acabando com o absolutismo e abrindo ensejo para que ocorresse, mais tarde, a Revolução Industrial), na Revolução Americana (a Guerra da Independência dos Estados Unidos, século XVIII, independência das Treze Colônias, dotando o país de uma Constituição política escrita), ou na Revolução Francesa (século XVIII, baseada na democracia e nos princípios iluministas de cidadania e direitos inalienáveis, culminando com a Declaração dos Direitos do Homem e do Cidadão – 26.08.1789 – em que se ressaltou a ideia dos direitos naturais do homem, a saber: a liberdade, a igualdade e a fraternidade, estabelecendo-os como direitos universais.[9]

E não se pode esquecer a enorme contribuição da Igreja Católica, com suas Encíclicas, que já destacavam os direitos da personalidade, fixando na dignidade humana o necessário respaldo para os seus ensinamentos axiológicos, que valorizaram o bom, o justo e o virtuoso.

Vale trazer à baila, como pequeno exemplo, a Encíclica Rerum Novarum, do Papa Leão XIII, de 1891, como um dos primeiros documentos da Igreja que enalteceu a dignidade humana. Ela residiria no caráter, na virtude da pessoa e não nas suas posses, já que todos são filhos de Deus e, por isso, entre eles, há o laço da fraternidade, os laços sinceros da amizade a unir as classes sociais. Nasce, então, a fundamental doutrina social da Igreja.

Antes de tudo isso, claro, é de se aplaudir a chegada da Magna Charta, de 1215, em que os direitos da personalidade ganharam contornos e se enraizaram na civilização ocidental, estabelecendo aspectos a eles fundamentais, como a liberdade, espelhada na cláusula 39 daquele documento, a qual se convencionou chamar de "devido processo legal".

Em conclusão, pode-se dizer que o conceito de direitos humanos parte da ideia de que eles possuem três qualidades essenciais e indissociáveis: são naturais, ou seja, inerentes aos seres humanos; iguais, pois são os mesmos para todos; e universais, na medida em que não se restringem a indivíduos ou grupos isoladamente. São autoevidentes e, por isso, nem sequer demandam fundamentação.[10]

---

[9] SILVA, Camila Pellegrino Ribeiro da; NUNES, Sandra Sueli Ferreira. Um conteúdo mínimo para a cidadania. *Repertório de Jurisprudência IOB*, n. 02/2014, v. III, p. 63.

[10] NEVES, José Roberto de Castro. *Como os advogados salvaram o mundo*. São Paulo: Nova Fronteira, 2018, p. 169.

Os tribunais, a proteção da cidadania e dos direitos da personalidade

Uma coisa é certa: os direitos fundamentais da pessoa humana, que são a emanação dos direitos da personalidade e que provinham da noção de cidadania (agrupamento de indivíduos em uma mesma comunidade com participação política), foram aos poucos estendendo seus braços sobre os direitos civis e sobre os direitos sociais, lançando as bases de um Estado Democrático de Direito. E o Judiciário vem aplaudindo tais ideias ainda hoje efervescentes, que também floresceram com o Direito Canônico e com as Encíclicas, como já ponderado.

Vale lembrar que

> os direitos fundamentais da pessoa humana são soberanos e precisam ser exercitados cotidianamente. O excesso de formalismo da estrutura jurídica jamais poderá impedir a concretização da plena isonomia e da equidade. O direito está a serviço da sociedade e da dignidade de homens, mulheres e crianças. A hierarquia das leis jamais poderá ser olvidada ou negligenciada. Por todas essas razões, a decisão emanada do Supremo Tribunal Federal reafirmou, em seus próprios fundamentos, o pleno respeito à Constituição Federal de 1988, especificamente em seu artigo 5º, incisos XLV e XLVI. Como escreveu Hannah Arendt, "a cidadania é o direito a ter direitos". Com eles, construímos o edifício denominado democracia.[11]

A história de Linda Brown

> Oliver Brown estava razoavelmente confortável com a educação que sua filha Linda, de 8 anos, recebia numa escola pública em Topeka, no Kansas. Preocupava-se, porém, com a distância que a menina percorria entre sua casa e o ponto de ônibus mais próximo. Ao descobrir que existia um colégio vizinho, decidiu matriculá-la ali. Era 1951, e nos Estados Unidos imperavam leis segregacionistas. Oliver e Linda eram negros e o novo colégio permitia somente o ingresso de brancos. A família Brown travou uma briga judicial para revogar o impedimento. Em 1954, três anos depois, conseguiu-se a extinção da segregação racial nas escolas públicas, em um caso cujo desfecho abriu caminho para o fim das leis racistas. Em 1988, Linda incentivou sua irmã, Cheryl, a criar a Fundação Brown, dedicada à briga pela igualdade racial. Ela morreu no domingo, 25, aos 75 anos, de causa não divulgada.[12]

---

[11] AMARAL, Beatriz Helena Ramos. A dignidade da mulher, o HC 143.641 e a aplicação da Lei n. 3.257/2016. *Revista Consultor Jurídico*, p. 1-4, 26 mar. 2018.

[12] VEJA. Editora Abril, ed. 2576, ano 51, n. 14, p. 27, 4 abr. 2018.

Jurisprudência

HABEAS CORPUS COLETIVO. ADMISSIBILIDADE. DOUTRINA BRASILEIRA DO HABEAS CORPUS. MÁXIMA EFETIVIDADE DO WRIT. MÃES E GESTANTES PRESAS. RELAÇÕES SOCIAIS MASSIFICADAS E BUROCRATIZADAS. GRUPOS SOCIAIS VULNERÁVEIS. ACESSO À JUSTIÇA. FACILITAÇÃO. EMPREGO DE REMÉDIOS PROCESSUAIS ADEQUADOS. LEGITIMIDADE ATIVA. APLICAÇÃO ANALÓGICA DA LEI 13.300/2016. MULHERES GRÁVIDAS OU COM CRIANÇAS SOB SUA GUARDA. PRISÕES PREVENTIVAS CUMPRIDAS EM CONDIÇÕES DEGRADANTES. INADMISSIBILIDADE. PRIVAÇÃO DE CUIDADOS MÉDICOS PRÉ-NATAL E PÓS-PARTO. FALTA DE BERÇÁRIOS E CRECHES. ADPF 347 MC/DF. SISTEMA PRISIONAL BRASILEIRO. ESTADO DE COISAS INCONSTITUCIONAL. CULTURA DO ENCARCERAMENTO. NECESSIDADE DE SUPERAÇÃO. DETENÇÕES CAUTELARES DECRETADAS DE FORMA ABUSIVA E IRRAZOÁVEL. INCAPACIDADE DO ESTADO DE ASSEGURAR DIREITOS FUNDAMENTAIS ÀS ENCARCERADAS. OBJETIVOS DE DESENVOLVIMENTO DO MILÊNIO E DE DESENVOLVIMENTO SUSTENTÁVEL DA ORGANIZAÇÃO DAS NAÇÕES UNIDAS. REGRAS DE BANGKOK. ESTATUTO DA PRIMEIRA INFÂNCIA. APLICAÇÃO À ESPÉCIE. ORDEM CONCEDIDA. EXTENSÃO DE OFÍCIO.

I – Existência de relações sociais massificadas e burocratizadas, cujos problemas estão a exigir soluções a partir de remédios processuais coletivos, especialmente para coibir ou prevenir lesões a direitos de grupos vulneráveis.

II – Conhecimento do writ coletivo homenageia nossa tradição jurídica de conferir a maior amplitude possível ao remédio heroico, conhecida como doutrina brasileira do habeas corpus.

III – Entendimento que se amolda ao disposto no art. 654, § 2º, do Código de Processo Penal – CPP, o qual outorga aos juízes e tribunais competência para expedir, de ofício, ordem de habeas corpus, quando no curso de processo, verificarem que alguém sofre ou está na iminência de sofrer coação ilegal.

IV – Compreensão que se harmoniza também com o previsto no art. 580 do CPP, que faculta a extensão da ordem a todos que se encontram na mesma situação processual.

IV – Compreensão que se harmoniza também com o previsto no art. 580 do CPP, que faculta a extensão da ordem a todos que se encontram na mesma situação processual.

V – Tramitação de mais de 100 milhões de processos no Poder Judiciário, a cargo de pouco mais de 16 mil juízes, a qual exige que o STF prestigie remédios processuais de natureza coletiva para emprestar a máxima eficácia ao mandamento constitucional da razoável duração do processo e ao princípio universal da efetividade da prestação jurisdicional.

VI – A legitimidade ativa do habeas corpus coletivo, a princípio, deve ser reservada àqueles listados no art. 12 da Lei 13.300/2016, por analogia ao que dispõe a legislação referente ao mandado de injunção coletivo.

VII – Comprovação nos autos de existência de situação estrutural em que mulheres grávidas e mães de crianças (entendido o vocábulo aqui em seu sentido legal, como a pessoa de até doze anos de idade incompletos, nos termos do art. 2º do Estatuto da Criança e do Adolescente – ECA) estão, de fato, cumprindo prisão preventiva em situação degradante, privadas de cuidados médicos pré-natais e pós-parto, inexistindo, outrossim berçários e creches para seus filhos.

VIII – "Cultura do encarceramento" que se evidencia pela exagerada e irrazoável imposição de prisões provisórias a mulheres pobres e vulneráveis, em decorrência de excessos na interpretação e aplicação da lei penal, bem assim da processual penal, mesmo diante da existência de outras soluções, de caráter humanitário, abrigadas no ordenamento jurídico vigente.

IX – Quadro fático especialmente inquietante que se revela pela incapacidade de o Estado brasileiro garantir cuidados mínimos relativos à maternidade, até mesmo às mulheres que não estão em situação prisional, como comprova o "caso Alyne Pimentel", julgado pelo Comitê para a Eliminação de todas as Formas de Discriminação contra a Mulher das Nações Unidas.

X – Tanto o Objetivo de Desenvolvimento do Milênio nº 5 (melhorar a saúde materna) quanto o Objetivo de Desenvolvimento Sustentável nº 5 (alcançar a igualdade de gênero e empoderar todas as mulheres e meninas), ambos da Organização das Nações Unidades, ao tutelarem a saúde reprodutiva das pessoas do gênero feminino, corroboram o pleito formulado na impetração.

X – Incidência de amplo regramento internacional relativo a Direitos Humanos, em especial das Regras de Bangkok, segundo as quais deve ser priorizada solução judicial que facilite a utilização de alternativas penais ao encarceramento, principalmente para as hipóteses em que ainda não haja decisão condenatória transitada em julgado.

XI – Cuidados com a mulher presa que se direcionam não só a ela, mas igualmente aos seus filhos, os quais sofrem injustamente as consequências da prisão, em flagrante contrariedade ao art. 227 da Constituição, cujo teor determina que se dê prioridade absoluta à concretização dos direitos destes.

XII – Quadro descrito nos autos que exige o estrito cumprimento do Estatuto da Primeira Infância, em especial da nova redação por ele conferida ao art. 318, IV e V, do Código de Processo Penal.

XIII – Acolhimento do writ que se impõe de modo a superar tanto a arbitrariedade judicial quanto a sistemática exclusão de direitos de grupos hipossuficientes, típica de sistemas jurídicos que não dispõem de soluções coletivas para problemas estruturais.

XIV – Ordem concedida para determinar a substituição da prisão preventiva pela domiciliar – sem prejuízo da aplicação concomitante das medidas alternativas previstas no art. 319 do CPP – de todas as mulheres presas, gestantes, puérperas ou mães de crianças e deficientes, nos termos do art. 2º do ECA e da Convenção sobre Direitos das Pessoas com Deficiências (Decreto Legislativo 186/2008 e Lei 13.146/2015), relacionadas neste processo pelo DEPEN e outras autoridades estaduais, enquanto perdurar tal condição, excetuados os casos de crimes praticados por elas mediante violência ou grave ameaça, contra seus descendentes.

XV – Extensão da ordem de ofício a todas as demais mulheres presas, gestantes, puérperas ou mães de crianças e de pessoas com deficiência, bem assim às adolescentes sujeitas a medidas socioeducativas em idêntica situação no território nacional, observadas as restrições acima. (STF, HC 143.641, Rel. Min. RICARDO LEWANDOWSKI, j. 20.2.2018) RECURSO ESPECIAL. DIREITO CIVIL-CONSTITUCIONAL. LIBERDADE DE IMPRENSA VS. DIREITOS DA PERSONALIDADE. LITÍGIO DE SOLUÇÃO TRANSVERSAL. COMPETÊNCIA DO SUPERIOR TRIBUNAL DE JUSTIÇA. DOCUMENTÁRIO EXIBIDO EM REDE NACIONAL. LINHA DIRETA-JUSTIÇA. HOMICÍDIO DE REPERCUSSÃO NACIONAL OCORRIDO NO ANO DE 1958. CASO "AIDA CURI". VEICULAÇÃO, MEIO SÉCULO DEPOIS DO FATO, DO NOME E IMAGEM DA VÍTIMA. NÃO CONSENTIMENTO DOS FAMILIARES. DIREITO AO ESQUECIMENTO. ACOLHIMENTO. NÃO APLICAÇÃO NO CASO CONCRETO. RECONHECIMENTO DA HISTORICIDADE DO FATO PELAS INSTÂNCIAS ORDINÁRIAS. IMPOSSIBILIDADE DE DESVINCULAÇÃO DO NOME DA VÍTIMA. ADEMAIS, INEXISTÊNCIA, NO CASO CONCRETO, DE DANO MORAL INDENIZÁVEL. VIOLAÇÃO AO DIREITO DE IMAGEM. SÚMULA N. 403/STJ. NÃO INCIDÊNCIA.

1. Avulta a responsabilidade do Superior Tribunal de Justiça em demandas cuja solução é transversal, interdisciplinar, e que abrange, necessariamente, uma controvérsia constitucional oblíqua, antecedente, ou inerente apenas à fundamentação do acolhimento ou rejeição de ponto situado no âmbito do contencioso infraconstitucional, questões essas que, em princípio, não são apreciadas pelo Supremo Tribunal Federal.

2. Nos presentes autos, o cerne da controvérsia passa pela ausência de contemporaneidade da notícia de fatos passados, a qual, segundo o entendimento dos autores, reabriu antigas feridas já superadas quanto à morte de sua irmã, Aida Curi, no distante ano de 1958. Buscam a proclamação do seu direito ao esquecimento, de não ter revivida, contra a vontade deles, a dor antes experimentada por ocasião da morte de Aida Curi, assim também pela publicidade conferida ao caso décadas passadas.

3. Assim como os condenados que cumpriram pena e os absolvidos que se envolveram em processo-crime (REsp. n. 1.334/097/RJ), as vítimas de crimes e seus familiares têm direito ao esquecimento – se assim desejarem-, direito esse consistente em não se submeterem a desnecessárias lembranças de fatos passados que lhes causaram, por si, inesquecíveis feridas. Caso contrário, chegar-se-ia à antipática e desumana solução de reconhecer esse direito ao ofensor (que está relacionado com sua ressocialização) e retirá-lo dos ofendidos, permitindo que os canais de informação se enriqueçam mediante a indefinida exploração das desgraças privadas pelas quais passaram.

4. Não obstante isso, assim como o direito ao esquecimento do ofensor – condenado e já penalizado – deve ser ponderado pela questão da historicidade do fato narrado, assim também o direito dos ofendidos deve observar esse mesmo parâmetro. Em um crime de repercussão nacional, a vítima – por torpeza do destino – frequentemente se torna elemento indissociável do delito, circunstância que, na generalidade das vezes, inviabiliza a narrativa do crime caso se pretenda omitir a figura do ofendido.

5. Com efeito, o direito ao esquecimento que ora se reconhece para todos, ofensor e ofendidos, não alcança o caso dos autos, em que se reviveu, décadas depois do crime, acontecimento que entrou para o domínio público, de modo que se tornaria impraticável a atividade da imprensa para o desiderato de retratar o caso Aida Curi, sem Aida Curi.

6. É evidente ser possível, caso a caso, a ponderação acerca de como o crime tornou-se histórico, podendo o julgador reconhecer que, desde sempre, o que houve foi uma exacerbada exploração midiática, e permitir novamente essa exploração significaria conformar-se com um segundo abuso só porque o primeiro já ocorrera. Porém, no caso em exame, não ficou reconhecida essa artificiosidade ou o abuso antecedente na cobertura do crime, inserindo-se, portanto, nas exceções decorrentes da ampla publicidade a que podem se sujeitar alguns delitos.

7. Não fosse por isso, o reconhecimento, em tese, de um direito de esquecimento não conduz necessariamente ao dever de indenizar. Em matéria de responsabilidade civil, a violação de direitos encontra-se na seara da ilicitude, cuja existência não dispensa também a ocorrência de dano, com nexo causal, para chegar-se, finalmente, ao dever de indenizar. No caso de familiares de vítimas de crimes passados, que só querem esquecer a dor pela qual passaram em determinado momento da vida, há uma infeliz constatação: na medida em que o tempo passa e vai se adquirindo um "direito ao esquecimento", na contramão, a dor vai diminuindo, de modo que, relembrar o fato trágico da vida, a depender do tempo transcorrido, embora possa gerar desconforto, não causa o mesmo abalo de antes.

8. A reportagem contra a qual se insurgiram os autores foi ao ar 50 (cinquenta) anos depois da morte de Aida Curi, circunstância da qual se conclui não ter havido abalo moral apto a gerar responsabilidade civil.

Nesse particular, fazendo-se a indispensável ponderação de valores, o acolhimento do direito ao esquecimento, no caso, com a consequente indenização, consubstancia desproporcional corte à liberdade de imprensa, se comparado ao desconforto gerado pela lembrança.

9. Por outro lado, mostra-se inaplicável, no caso concreto, a Súmula n. 403/STJ. As instâncias ordinárias reconheceram que a imagem da falecida não foi utilizada de forma degradante ou desrespeitosa. Ademais, segundo a moldura fática traçada nas instâncias ordinárias – assim também ao que alegam os próprios recorrentes –, não se vislumbra o uso comercial indevido da imagem da falecida, com os contornos que tem dado a jurisprudência para franquear a via da indenização.

10. Recurso especial não provido. (REsp 1.335.153/RJ, Rel. Ministro LUIS FELIPE SALOMÃO, Quarta Turma, j. 28.5.2013, *DJe* 10.9.2013)

CIVIL E PROCESSUAL CIVIL. RECURSO ESPECIAL. AÇÃO DE INDENIZAÇÃO POR DANOS MATERIAIS E COMPENSAÇÃO POR DANOS MORAIS. REPORTAGEM JORNALÍSTICA. DIVULGAÇÃO DE IMAGEM SEM AUTORIZAÇÃO. SÚMULA 403/STJ. FATOS HISTÓRICOS DE REPERCUSSÃO SOCIAL. DIREITO À MEMÓRIA. PRÉVIA AUTORIZAÇÃO. DESNECESSIDADE. INTERPRETAÇÃO DO ART. 20 DO CÓDIGO CIVIL. HONORÁRIOS ADVOCATÍCIOS RECURSAIS. MAJORAÇÃO.

1. Ação ajuizada em 18.12.2012. Recurso especial interposto em 07.06.2016. Julgamento: CPC/15.

2. O propósito recursal é definir se a veiculação não autorizada da imagem da filha da autora em programa televisivo configura dano moral indenizável, além de ensejar a reparação por danos materiais.

3. É inexigível a autorização prévia para divulgação de imagem vinculada a fato histórico de repercussão social. Nessa hipótese, não se aplica a Súmula 403/STJ.

4. Ao resgatar da memória coletiva um fato histórico de repercussão social, a atividade jornalística reforça a promessa em sociedade de que é necessário superar, em todos os tempos, a injustiça e a intolerância, contra os riscos do esquecimento dos valores fundamentais da coletividade.

5. Eventual abuso na transmissão do fato, cometido, entre outras formas, por meio de um desvirtuado destaque da intimidade da vítima ou do agressor, deve ser objeto de controle sancionador. A razão jurídica que atribui ao portador da informação uma sanção, entretanto, está vinculada ao abuso do direito e não à reinstituição do fato histórico.

6. Na espécie, a Rádio e Televisão Record veiculou reportagem acerca de trágico assassinato de uma atriz, ocorrido em 1992, com divulgação de sua imagem, sem prévia autorização. De acordo com a conjuntura fática cristalizada pelas instâncias ordinárias, há relevância nacional na reportagem veiculada pela emissora, sem qualquer abuso na divulgação da imagem da vítima. Não há se falar, portanto, em ato ilícito passível de indenização.

7. Recurso especial conhecido e não provido, com majoração dos honorários advocatícios. (REsp 1.631.329/RJ, Rel. Ministro RICARDO VILLAS BÔAS CUEVA, Rel. p/ Acórdão Ministra NANCY ANDRIGHI, Terceira Turma, j. 24.10.2017, *DJe* 31.10.2017)

RECURSO ESPECIAL. DIREITO CIVIL. AÇÃO DE OBRIGAÇÃO DE FAZER. 1. OMISSÃO, CONTRADIÇÃO OU OBSCURIDADE. AUSÊNCIA. 2. JULGAMENTO EXTRA PETITA. NÃO CONFIGURADO. 3. PROVEDOR DE APLICAÇÃO DE PESQUISA NA INTERNET. PROTEÇÃO A DADOS PESSOAIS. POSSIBILIDADE JURÍDICA DO PEDIDO. DESVINCULAÇÃO ENTRE NOME E RESULTADO DE PESQUISA. PECULIARIDADES FÁTICAS. CONCILIAÇÃO ENTRE O DIREITO INDIVIDUAL E O DIREITO COLETIVO À INFORMAÇÃO. 4. MULTA DIÁRIA APLICADA. VALOR INICIAL EXORBITANTE. REVISÃO EXCEPCIONAL. 5. RECURSO ESPECIAL PARCIALMENTE PROVIDO.

1. Debate-se a possibilidade de se determinar o rompimento do vínculo estabelecido por provedores de aplicação de busca na internet entre o nome do prejudicado, utilizado como critério exclusivo de busca, e a notícia apontada nos resultados.

2. O Tribunal de origem enfrentou todas as questões postas pelas partes, decidindo nos estritos limites da demanda e declinando, de forma expressa e coerente, todos os fundamentos que formaram o livre convencimento do Juízo.

3. A jurisprudência desta Corte Superior tem entendimento reiterado no sentido de afastar a responsabilidade de buscadores da internet pelos resultados de busca apresentados, reconhecendo a impossibilidade de lhe atribuir a função de censor e impondo ao prejudicado o direcionamento de sua pretensão contra os provedores de conteúdo, responsáveis pela disponibilização do conteúdo indevido na internet. Precedentes.

4. Há, todavia, circunstâncias excepcionalíssimas em que é necessária a intervenção pontual do Poder Judiciário para fazer cessar o vínculo criado, nos bancos de dados dos provedores de busca, entre dados pessoais e resultados da busca, que não guardam relevância para interesse público à informação, seja pelo conteúdo eminentemente privado, seja pelo decurso do tempo.

5. Nessas situações excepcionais, o direito à intimidade e ao esquecimento, bem como a proteção aos dados pessoais deverá preponderar, a fim de permitir que as pessoas envolvidas sigam suas vidas com razoável anonimato, não sendo o fato desabonador corriqueiramente rememorado e perenizado por sistemas automatizados de busca.

6. O rompimento do referido vínculo sem a exclusão da notícia compatibiliza também os interesses individual do titular dos dados pessoais e coletivos de acesso à informação, na medida em que viabiliza a localização das notícias àqueles que direcionem sua pesquisa fornecendo argumentos de pesquisa relacionados ao fato noticiado, mas não àqueles que buscam exclusivamente pelos dados pessoais do indivíduo protegido.

7. No caso concreto, passado mais de uma década desde o fato noticiado, ao se informar como critério de busca exclusivo o nome da parte recorrente, o primeiro resultado apresentado permanecia apontando link de notícia de seu possível envolvimento em fato desabonador, não comprovado, a despeito da existência de outras tantas informações posteriores a seu respeito disponíveis na rede mundial.

8. O arbitramento de multa diária deve ser revisto sempre que seu valor inicial configure manifesta desproporção, por ser irrisório ou excessivo, como é o caso dos autos.

9. Recursos especiais parcialmente providos. (REsp 1.660.168/RJ, Rel. Ministra NANCY ANDRIGHI, Relator para o acórdão Ministro MARCO AURÉLIO BELLIZZE, Terceira Turma, j. 8.5.2018, DJe 5.6.2018) VOTO-VISTA proferido no REsp 1.660.168/RJ:

[...]

No mérito, o conhecimento do recurso perpassa pelo que se tem denominado *direito ao esquecimento*. O Enunciado nº 531 do CJF reconhece o direito ao esquecimento, que não é positivado entre nós, como um dos direitos da personalidade: a tutela da dignidade da pessoa humana na sociedade da informação inclui o direito ao esquecimento.

Entende-se o direito ao esquecimento como um direito fundamental implícito decorrente da dignidade da pessoa humana, mas que se choca com outros direitos de igual natureza constitucional, como o direito de informar e o de ser informado. Ingo Wolfgang Sarlet também considera o direito ao esquecimento como um direito implícito, e esclarece:

> Como direito humano e direito fundamental, o assim chamado direito ao esquecimento encontra sua fundamentação na proteção da vida privada, honra, imagem e ao nome, portanto, na própria dignidade da pessoa humana e na cláusula geral de proteção e promoção da personalidade em suas múltiplas dimensões. Cuida-se, nesse sentido, em virtude da ausência de disposição constitucional expressa que o enuncie diretamente, de um típico direito fundamental implícito, deduzido de outras normas, sejam princípios gerais e estruturantes, como é o caso da dignidade da pessoa humana, seja de direitos fundamentais mais específicos, como é o caso da privacidade, honra, imagem, nome, entre outros.[13]

---

[13] SARLET, Ingo Wolfgang. Tema da moda, direito ao esquecimento é anterior à internet. Disponível em: https://www.conjur.com.br/2015-mai-22/direitos-fundamentais-tema-moda-direito-esquecimento-anterior-internet. Acesso em: 20 jan. 2018.

Considerar o direito ao esquecimento como direito da personalidade e, como tal, direito fundamental, implica lhe reconhecer o caráter absoluto e a eficácia *erga omnes*, podendo por eles se exigir uma abstenção por parte dos demais em respeito a esses direitos pessoais.

São direitos fundamentais na medida em que decorrem logicamente do primado da dignidade da pessoa humana e visam garantir as pessoas naturais da forma mais abrangente possível.

A ampla proteção dos direitos fundamentais é mais do que uma meta constitucional, é também um norte hermenêutico. As normas, quer constitucionais, quer infraconstitucionais, devem ser interpretadas no sentido que lhes dê a maior amplitude. Nessa linha, o Ministro Marco Aurélio Bellizze apresenta o entendimento de que nosso ordenamento detém base legal para a pretensão veiculada nos autos.

A par disso, ainda que assim não fosse, a eficácia *erga omnes* do direito ao esquecimento (na medida em que se trata de direito fundamental, reitere-se) impõe a todos o seu direcionamento. Os provedores de busca, portanto, não podem se furtar ao respeito desse direito.

É sempre relevante lembrar que o direito ao esquecimento só pode ser cogitado quando, como no caso presente, as informações que se pretende ver esquecidas são verdadeiras, o que coloca em pauta o choque de diversos direitos: de um lado, o direito ao esquecimento, à privacidade, à dignidade, e à honra; de outro, a liberdade de imprensa, o direito de informar e de ser informado, o direito ao conhecimento da história.

A ponderação, como sempre, não poderá ocorrer em abstrato, mas apenas no caso concreto, como adequadamente feito no voto do Ministro Marco Aurélio Bellizze, que inaugurou a divergência.

Uma solução praticamente parametrizada para casos como o presente seria aquela adotada pela Corte italiana: o direito à atualização das informações. É Daniel Sarmento, em parecer concedido para um determinado recurso extraordinário ainda pendente de julgamento, quem narra essa decisão de 2012:

> Da Itália, cabe a referência a um interessante exemplo de solução compromissória encontrado pela Corte de Cassação do país ('Corte Suprema di Cassazione', 'Terza Sezione Civile', nº 5525/2012, julgado aos 11.1.2012). Tratava-se de ação proposta por político italiano que fora processado por corrupção e depois absolvido. A instauração do processo fora, à época, noticiada pelo jornal 'Corriere dela Sera', e a notícia ficara no arquivo histórico do periódico, acessível em sua página na Internet. O Tribunal afirmou, por um lado, que era lícita a iniciativa do jornal, de manter em arquivo histórico a notícia, pois a passagem do

tempo não lhe subtraíra o interesse público. Considerou, porém, que era legítima a pretensão do autor, de que os dados no arquivo digital se mantivessem atualizados por algum meio, que poderia ser a criação de link entre a referida notícia e a informação posterior, da absolvição processual. Nesta hipótese, impôs-se uma restrição à liberdade do jornal, mas esta, além de promover os direitos da personalidade do autor da ação, ampliou, ao invés de restringir, o acesso do público à informação (Parecer no AREXt nº 833.248, Rel. Min. DIAS TOFFOLI).[14]

Percebe-se, da leitura da inicial, que a autora da demanda se incomoda não apenas com a remessa, via mecanismos de pesquisa, mas, sobretudo, com as notícias de suspeita do seu envolvimento na suposta fraude ao concurso, mais especialmente com o fato de que nenhuma das notícias esclarece que o certame foi considerado hígido por quem de direito, isto é, o CNJ. Assim, no caso concreto, não se cuida apenas de não se terem comprovado as suspeitas contra a autora, mas de a própria suposta fraude ter sido dada por inexistente.

A determinação de que tais notícias fossem atualizadas para fazer constar a "absolvição" da autora seria medida suficiente e que atenderia simultaneamente aos interesses em colisão. Tal, entretanto, não pode ser a solução do caso concreto, por ausência de pedido nesse sentido. E aí, então, a demanda teria que ter sido proposta contra quem veiculou as notícias, o que não é o caso.

O fato é que, na atualidade, ao se pesquisar o nome da autora, perpetua-se a remessa a notícias acerca de seu envolvimento com a suposta fraude. Aqui surge uma questão inquietante que deve pautar as discussões a respeito do caso: pelo tempo decorrido desde a suspeita da fraude, se a autora tivesse sido condenada criminalmente, provavelmente estaria reabilitada e não encontraria grandes dificuldades em ver as notícias extirpadas do mundo virtual.

Não obstante, não sendo essa a hipótese em exame, resta perquirir, nos limites da demanda, se cabe ou não aos provedores de busca desindexar as notícias mencionadas nas pesquisas do nome da autora. O pedido de desindexação é razoavelmente menor do que o pedido de exclusão de páginas da rede mundial de computadores, pois garante o direito de informar e ser informado, ao mesmo tempo em que preserva a imagem da autora, permitindo que ela siga sua vida e sua carreira sem ser constantemente vinculada à suspeita de participação em uma fraude que inexistiu.

---

[14] Disponível em: http://www.migalhas.com.br/arquivos/2015/2/art20150213-09.pdf. Acesso em: 5 mar. 2018.

A desindexação, assim, parece ser a segunda melhor solução para casos como o presente (a primeira seria a atualização das notícias). Além disso, a desindexação se descortina como adequada ponderação dos valores em confronto. Nessa mesma linha de pensamento, mais uma vez Ingo Wolfgang Sarlet afirma que a desindexação nos provedores de pesquisa é um direito inerente ao direito ao esquecimento.

> O direito ao esquecimento não se reduz ao direito de requerer o cancelamento de informações previsto no artigo 7º da Lei do Marco Civil da Internet (e nem ao direito ao cancelamento consagrado no artigo 17 do novo Regulamento Europeu de Proteção de Dados), mas abarca (ou deveria, no nosso entender, da literatura brasileira majoritária e da posição prevalente no mundo europeu ocidental) um direito à desindexação em face dos provedores de pesquisa. (Vale a pena relembrar o que estamos fazendo com o direito ao esquecimento).[15]

Vale ressaltar que o Marco Civil da Internet, em pelo menos dois artigos, demonstra que o interesse maior a ser perquirido é a compatibilização dos interesses em confronto. Nesse sentido, o art. 2º da lei considera fundamentos do uso da internet o respeito à liberdade de expressão e aos direitos humanos. Da mesma forma, seu art. 3º prevê como princípios da internet a garantia da liberdade de expressão e a proteção da privacidade, além da preservação da segurança e funcionalidade da rede por meio de medidas técnicas compatíveis com os padrões internacionais.

Adere-se, pois, neste ponto, ao voto do Ministro Marco Aurélio Bellizze, considerando juridicamente possível pedido relacionado à desindexação dos resultados pretendidos.

O ponto nodal que ainda precisa ser dirimido se relaciona à alegação de todos os provedores de busca no sentido de que o pedido inicial é tecnicamente impossível de ser acolhido. Tal informação veio aos autos nos recursos e ao gabinete em memoriais. Isso porque a doutrina aponta como origem dos debates acerca do direito ao esquecimento um caso em tudo análogo ao presente, originário da Europa e citado no voto da Ministra Relatora. M. Costela González, cidadão espanhol, apresentou uma demanda à Autoridade Espanhola de Proteção de Dados Pessoais uma reclamação contra 'La Vanguardia Ediciones SL', a Google Spain e a Google Inc, pleiteando que, nos resultados das buscas feitas na internet

---

[15] Disponível em: https://www.conjur.com.br/2018-jan-26/direitos-fundamentais-vale-pena-relembrar-fizemos-direito-esquecimento. Acesso em: 20 jan. 2018.

em relação ao seu nome, não mais houvesse vinculação com o anúncio de uma venda de imóveis seus em hasta pública decorrente de uma execução fiscal extinta. A autoridade espanhola acatou a reclamação no tocante aos mecanismos de busca, que recorreram. O órgão jurisdicional espanhol enviou os recursos ao Tribunal de Justiça Europeu, que respondeu aos seus questionamentos nos seguintes termos:

> 82. Em resultado da apreciação das condições de aplicação dos artigos 12.º, alínea b), e 14.º, primeiro parágrafo, alínea a), da Diretiva 95/46, a realizar quando lhes é submetido um pedido como o que está em causa no processo principal, a autoridade de controlo ou os tribunais podem ordenar ao referido operador que suprima da lista de resultados exibida na sequência de uma pesquisa efetuada a partir do nome de uma pessoa as ligações a outras páginas web, publicadas por terceiros e que contenham informações sobre essa pessoa, sem que um despacho nesse sentido pressuponha que esse nome e essas informações sejam, por iniciativa do editor ou por ordem de uma dessas autoridades, eliminados prévia ou simultaneamente da página web onde foram publicados.
> [...]
> 84. A este respeito, saliente-se que, tendo em conta a facilidade com que as informações publicadas num sítio web podem ser reproduzidas noutros sítios web e o facto de os responsáveis pela sua publicação nem sempre estarem sujeitos à legislação da União, não seria possível assegurar uma proteção eficaz e completa das pessoas em causa se estas devessem, prévia ou paralelamente, obter junto dos editores de sítios web a supressão das informações que lhes dizem respeito.[16]

Ora, o Tribunal de Justiça Europeu, como se percebe, imputou aos mecanismos de busca a mesma responsabilidade que agora se quer ver a eles imputada neste processo, rechaçando a tese da impossibilidade técnica do pedido. Se, no caso espanhol, a desindexação se mostrou viável, a argumentação da inviabilidade técnica do procedimento não se sustenta.

Sendo o pedido jurídica e faticamente possível, forçoso é acompanhar o entendimento apresentado pela divergência inaugurada pelo Ministro Marco Aurélio Bellizze, com a devida reverência à ministra relatora, que tanto tem contribuído para o entendimento das demandas relacionadas ao Direito e à Internet.

---

[16] Disponível em: http://eur-lex.europa.eu/legal-content/PT/TXT/HTML/?uri=CELEX:62012CJ0131&from=em. Acesso em: 5 mar. 2018.

Adere-se, por fim, ao posicionamento do Ministro Marco Aurélio Bellizze também no que tange à redução da multa diária.

Nessas condições, com o devido respeito à Ministra Relatora, acompanha-se a divergência para dar parcial provimento aos recursos.

Informação bibliográfica deste texto, conforme a NBR 6023:2018 da Associação Brasileira de Normas Técnicas (ABNT):

RIBEIRO, Paulo Dias de Moura. Crise de integração e cidadania. *In*: RIBEIRO, Paulo Dias de Moura; FROTA, Cristiane de Medeiros Brito Chaves (Coords.). *25 anos de diálogos jurídicos*: coletânea do Seminário de Verão de Coimbra. Belo Horizonte: Fórum, 2022. p. 187-203. ISBN 978-65-5518-331-3.

NACIONALISMO

PAULO DIAS DE MOURA RIBEIRO

1 Apresentação do tema

José Lopes Zarzuela, que se notabilizou como perito criminal da Academia de Polícia de São Paulo, em trabalho sobre o nacionalismo, lançado na *Enciclopédia Saraiva do Direito*, v. 54, p. 11-14, pontifica que o nacionalismo nada mais é do que um sentimento qualificado que faz com que uma pessoa se identifique com uma nação ou com um fato histórico determinante na evolução da humanidade. Quando se fala em nação, não se pode esquecer da advertência do insigne constitucionalista paulista Manoel Gonçalves Ferreira Filho, quando ele alude o maltrato que o termo vem recebendo no linguajar cotidiano, tomado por diferentes acepções, em notória usurpação desprovida de adequado fundamento.

Por isso mesmo, o referido autor propõe uma análise sobre o termo, para que se possa "separar o joio do trigo".[1]

Ele inicia enfatizando não ter dúvida de que o termo *nação* está ligado a um grupo social, constituído por pessoas que se acham unidas por um determinado liame, posição que se iguala àquela assentada por Zarzuela.

---

[1] FERREIRA FILHO, Manoel Gonçalves. *Enciclopédia Saraiva do Direito*. São Paulo: Saraiva, 1978, v. 53, p. 499-501.

Segundo Jean-Jacques Rousseau, citado pelo professor paulista, *nação* é a vontade de viver em comum, compartilhando o futuro.

Há, é certo, outros estudiosos que comparam nação a uma comunidade, que tem por objeto um fato que precede a vontade humana, fruto de uma psiquê coletiva inconsciente, com sentimentos e costumes comuns.[2]

Convém lembrar os ensinamentos do Prof. Pinto Ferreira, que alerta para o fato de que a nação é um agrupamento humano identificado por uma raça, um só grupo, o que não pode ser admitido porque o Brasil, por exemplo, é formado por diversas raças.[3]

Arrematando, vale acrescentar que o mesmo constitucionalista destaca a tese de que a nação tem sustento na língua comum e é o seu traço distintivo, o que também não pode ser tido por crível, porque a Bélgica, por exemplo, é bilíngue, e a Suíça, trilíngue.[4]

Concluindo, parece possível se admitir que tais fatores ou elementos atuam para uma unificação nacional (sentimentos que criam vínculos sociais para uma vida em comum, língua, território, costumes), mas não basta para fixar um conceito de nação.

2 Em busca de um conceito de nação

A somatória de todos os elementos antes destacados permite sedimentar que nação é o resultado de uma consciência histórica de um agrupamento de pessoas – que carregam as lutas dos seus antepassados sobre um determinado território – a qual passa às gerações futuras, legitimando o Estado, assim entendido como a nação politicamente organizada.

Vai daí que é então acertado dizer que, do ponto de vista político, só se pode creditar o surgimento da nação sob o prisma da história vivida na Europa Ocidental, após o Renascimento, voltada contra o imperialismo.[5]

E é a projeção política de tal compreensão que permite enxergar o poder de cada nação para se estruturar em um Estado independente.

---

[2] FERREIRA FILHO, Manoel Gonçalves. *Enciclopédia Saraiva do Direito*. São Paulo: Saraiva, 1978, v. 53, p. 499.

[3] FERREIRA FILHO, Manoel Gonçalves. *Enciclopédia Saraiva do Direito*. São Paulo: Saraiva, 1978, v. 53, p. 497-499.

[4] FERREIRA FILHO, Manoel Gonçalves. *Enciclopédia Saraiva do Direito*. São Paulo: Saraiva, 1978, v. 53, p. 498.

[5] FERREIRA FILHO, Manoel Gonçalves. *Enciclopédia Saraiva do Direito*. São Paulo: Saraiva, 1978, v. 53, p. 500.

Tudo isso, entretanto, sempre sob o pálio de um vínculo da vontade de viver em comum.

É dessa relação, desse vínculo de sentimento de vida em comum, que se pode extrair um adequado conceito de nação.

3 Nacionalismo

Do que ficou assentado, pode-se voltar a enfatizar a primeira lição aqui trazida, no sentido de que o nacionalismo é um sentimento que leva a pessoa a se identificar com uma nação ou a um fato histórico que propiciou o vínculo da união da vida em comum.

Assim, o nacionalismo só adquire conteúdo quando se opõe ao populismo exacerbado (nazismo, fascismo, nacionalismo totalitário).

Adverte o Prof. Zarzuela que, no final do século XIX e antes da Primeira Guerra Mundial, o nacionalismo era reconhecido onde houvesse uma comunidade identificável por sua história, língua, tradições, anseios, e, com tal somatório de caracteres, deveria ser vista como um Estado.

4 Cidadania e nacionalidade

A cidadania, na sentença de Alexandre de Moraes, representa um *status* do ser humano, apresentando-se, simultaneamente, como objeto e direito fundamental das pessoas.[6] Aparentemente, não é dizer muito, mas é!

Já a nacionalidade, segundo o autor, destacando a falta de juridicidade do termo, lastreado na obra que cita, e partindo da ideia de nação, englobaria somente os indivíduos que pertencessem a um determinado grupo ligado pela raça, religião, hábitos e costumes.[7]

Por isso, conclui que há duas espécies de nacionalidade: a primária ou originária (de origem), que resulta do nascimento e se estabelece por critérios sanguíneos, territoriais ou mistos.

De outra banda, diz ele, há a nacionalidade secundária ou adquirida, que se obtém por vontade própria após o nascimento e, em regra, pela naturalização.[8]

---

[6] MORAES, Alexandre de. *Constituição do Brasil interpretada e legislação constitucional*. São Paulo: Atlas, 2013, p. 61.

[7] FERREIRA FILHO, Manoel Gonçalves. *Enciclopédia Saraiva do Direito*. São Paulo: Saraiva, 1978, v. 53, p. 514.

[8] MORAES, Alexandre de. *Constituição do Brasil interpretada e legislação constitucional*. São Paulo: Atlas, 2013, p. 517.

Tudo isso encontra sedimento no art. 12, I, "a" a "c" e II, "a" a "b", e §1º, da CF:

> Art. 12. São brasileiros:
> I – natos:
> a) os nascidos na República Federativa do Brasil, ainda que de pais estrangeiros, desde que estes não estejam a serviço de seu país;
> b) os nascidos no estrangeiro, de pai brasileiro ou mãe brasileira, desde que qualquer deles esteja a serviço da República Federativa do Brasil;
> c) os nascidos no estrangeiro de pai brasileiro ou de mãe brasileira, desde que sejam registrados em repartição brasileira competente ou venham a residir na República Federativa do Brasil e optem, em qualquer tempo, depois de atingida a maioridade, pela nacionalidade brasileira;
> II – naturalizados:
> a) os que, na forma da lei, adquiram a nacionalidade brasileira, exigidas aos originários de países de língua portuguesa apenas residência por um ano ininterrupto e idoneidade moral;
> b) os estrangeiros de qualquer nacionalidade, residentes na República Federativa do Brasil há mais de quinze anos ininterruptos e sem condenação penal, desde que requeiram a nacionalidade brasileira.
> §1º Aos portugueses com residência permanente no País, se houver reciprocidade em favor de brasileiros, serão atribuídos os direitos inerentes ao brasileiro, salvo os casos previstos nesta Constituição.

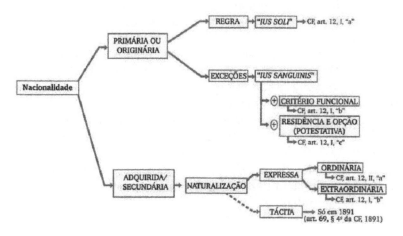

Já o art. 4º da CRP afirma que "são cidadãos portugueses todos aqueles que como tal sejam considerados pela lei ou por convenção internacional".

Em Portugal, a Convenção Europeia da Nacionalidade (CEN – 1997) fixou princípios para a limitação dos critérios de concessão e perda da nacionalidade, criando um direito humano à nacionalidade que a Declaração Universal dos Direitos do Homem (DUDH) e a própria CRP apoiam.[9]

Também a Lei Portuguesa nº 37/81, que instituiu a "Lei da Nacionalidade", cuidou de especificar os de *nacionalidade originária* e as *adquiridas por ato de vontade ou pelo matrimônio*. Ei-la:

Artigo 1º
Nacionalidade originária
1 – São portugueses de origem:
a) Os filhos de mãe portuguesa ou de pai português nascidos no território português;
b) Os filhos de mãe portuguesa ou de pai português nascidos no estrangeiro se o progenitor português aí se encontrar ao serviço do Estado português;
c) Os filhos de mãe portuguesa ou de pai português nascidos no estrangeiro se tiverem o seu nascimento inscrito no registo civil português ou se declararem que querem ser portugueses;
d) Os indivíduos nascidos no estrangeiro com, pelo menos, um ascendente de nacionalidade portuguesa do 2.º grau na linha reta que não tenha perdido essa nacionalidade, se declararem que querem ser portugueses, possuírem laços de efetiva ligação à comunidade nacional e, verificados tais requisitos, inscreverem o nascimento no registo civil português;
e) Os indivíduos nascidos no território português, filhos de estrangeiros, se pelo menos um dos progenitores também aqui tiver nascido e aqui tiver residência, independentemente de título, ao tempo do nascimento;
f) Os indivíduos nascidos no território português, filhos de estrangeiros que não se encontrem ao serviço do respectivo Estado, se declararem que querem ser portugueses e desde que, no momento do nascimento, um dos progenitores aqui resida legalmente há pelo menos cinco anos;
g) Os indivíduos nascidos no território português e que não possuam outra nacionalidade.
2 – Presumem-se nascidos no território português, salvo prova em contrário, os recém-nascidos que aqui tenham sido expostos.
3 – A verificação da existência de laços de efetiva ligação à comunidade nacional, para os efeitos estabelecidos na alínea d) do n.º 1, implica

---

[9] GIL, Ana Rita. *Princípios de Direito da Nacionalidade*: sua consagração no ordenamento português. Centro de Estudos Judiciários, 2010, p. 72.

o reconhecimento, pelo Governo, da relevância de tais laços, nomeadamente pelo conhecimento suficiente da língua portuguesa e pela existência de contactos regulares com o território português, e depende de não condenação, com trânsito em julgado da sentença, pela prática de crime punível com pena de prisão de máximo igual ou superior a 3 anos, segundo a lei portuguesa.

Artigo 2º
Aquisição por filhos menores ou incapazes

Os filhos menores ou incapazes de pai ou mãe que adquira a nacionalidade portuguesa podem também adquiri-la, mediante declaração.

Artigo 3º
Aquisição em caso de casamento ou união de facto

1 – O estrangeiro casado há mais de três anos com nacional português pode adquirir a nacionalidade portuguesa mediante declaração feita na constância do matrimónio.

2 – A declaração de nulidade ou anulação do casamento não prejudica a nacionalidade adquirida pelo cônjuge que o contraiu de boa-fé.

3 – O estrangeiro que, à data da declaração, viva em união de facto há mais de três anos com nacional português pode adquirir a nacionalidade portuguesa, após ação de reconhecimento dessa situação a interpor no tribunal cível.

No Brasil, o casamento civil não se qualifica como causa de aquisição da nacionalidade brasileira. As hipóteses de aquisição da nacionalidade brasileira são, unicamente, aquelas estabelecidas na CF. De acordo com o art. 12 da CF, podem pedir a naturalização os que sejam originários de países de língua portuguesa e residam no Brasil por um ano ininterrupto e tenham idoneidade moral, e os estrangeiros de qualquer nacionalidade, que morem no país há mais de 15 anos ininterruptos e sem condenação penal.

Nesse sentido, é a orientação do Supremo Tribunal Federal, em processo de extradição em que foi formulado pedido de liberdade por estrangeiro. Veja-se:

[...] O CASAMENTO CIVIL NÃO SE QUALIFICA, NO SISTEMA JURÍDICO VIGENTE NO BRASIL, COMO CAUSA DE AQUISIÇÃO DA NACIONALIDADE BRASILEIRA.

- Não se revela possível, em nosso sistema jurídico-constitucional, a aquisição da nacionalidade brasileira "jure matrimonii", vale dizer, como efeito direto e imediato resultante do casamento civil. Magistério da doutrina.

- As hipóteses de outorga, aquisição e perda da nacionalidade brasileira, quer de caráter primário (nacionalidade originária), quer de índole secundária (nacionalidade adquirida por naturalização), decorrem, exclusivamente, do texto constitucional, não se revelando lícito, ao Estado brasileiro, seja mediante simples regramento legislativo, seja mediante tratados ou convenções internacionais (ressalvado, quanto à aquisição da nacionalidade brasileira, o que dispõe o §3º do art. 5º da Constituição), inovar nesse tema, quer para ampliar, quer para restringir, quer, ainda, para modificar os casos justificadores de acesso à condição político-jurídica de nacional do Brasil (Ext 1.121, Rel. Min. CELSO DE MELLO, Tribunal Pleno, j. 18.12.2009, *DJe* 24.6.2010).

Mas, afinal, há distinção entre cidadania e nacionalidade?

Não se pode esquecer que a cidadania é um dos atributos da República Federativa do Brasil, cujo Estado Democrático de Direito a tem como um dos seus fundamentos:

Art. 1º A República Federativa do Brasil, formada pela união indissolúvel dos Estados e Municípios e do Distrito Federal, constitui-se em Estado Democrático de Direito e tem como fundamentos:
[...]
II – a cidadania;

De outra banda, o preâmbulo da CRP, em seu quarto parágrafo, faz expressa menção à garantia dos direitos fundamentais dos seus cidadãos. Veja:

VII REVISÃO CONSTITUCIONAL [2005]
PREÂMBULO
A 25 de Abril de 1974, o Movimento das Forças Armadas, coroando a longa resistência do povo português e interpretando os seus sentimentos profundos, derrubou o regime fascista.
Libertar Portugal da ditadura, da opressão e do colonialismo representou uma transformação revolucionária e o início de uma viragem histórica da sociedade portuguesa.
A Revolução restituiu aos Portugueses os direitos e liberdades fundamentais. No exercício destes direitos e liberdades, os legítimos representantes do povo reúnem-se para elaborar uma Constituição que corresponde às aspirações do país.

A Assembleia Constituinte afirma a decisão do povo português de defender a independência nacional, de garantir os direitos fundamentais dos cidadãos [...]

Agregando-se a lição de Alexandre de Moraes aos ensinamentos de Aurinilton Leão Carlos Sobrinho, aluno da Esmarn, tem-se que "nacionalidade é o vínculo constituído pelo nascimento (nacionalidade primária) ou pela naturalização (nacionalidade adquirida) entre o cidadão e o território de um Estado".

Por isso, prossegue: "nacionalidade é pressuposto da cidadania, mas com esta não se confunde, nem se esgota".[10]

E, na mesma linha dos gregos e dos romanos, continua o referido autor para pontuar que há um direito à cidadania, consubstanciado no atributo pessoal, na faculdade e, sobretudo, na capacidade de participar e influir nos atos de Poder, e atuar nos espaços democráticos.[11]

Vai daí que na lição de Dimitri Dimoulis (FGV) e Soraya Lunardi (Doutora pela PUC/SP), consagraram que os conceitos de cidadania e nacionalidade variam no tempo e no espaço e muitas vezes são utilizados como sinônimos, embora juridicamente a nacionalidade seja a relação jurídica entre um indivíduo e um determinado Estado/ordenamento jurídico, ao passo que a cidadania vem a ser a possibilidade do exercício de direitos políticos e outros privilégios em determinado Estado/ordenamento jurídico.[12]

Permitida, pois, a mistura dos conceitos, porque por serem normativos não possuem conteúdo fixo e a relevância prática da distinção jamais despertou grande interesse jurídico, salvo para a sociologia, é possível se estabelecer que de tais termos decorrem: a) direito de residência permanente no país; b) reconhecimento de direitos individuais; c) reconhecimento de direitos sociais; e, d) reconhecimento de direitos políticos.[13]

Na CRP o termo "nacionalidade" foi substituído por "cidadania" pela revisão constitucional de 1982. Para Canotilho e Vital Moreira, *a*

---

[10] CARLOS SOBRINHO, Aurinilton Leão. Apontamentos para um conceito jurídico de cidadania. *Revista Direito e Liberdade* – ESMARN, Mossoró, v. 1, n. 1, p. 76, jul./dez. 2005.

[11] CARLOS SOBRINHO, Aurinilton Leão. Apontamentos para um conceito jurídico de cidadania. *Revista Direito e Liberdade* – ESMARN, Mossoró, v. 1, n. 1, p. 81, jul./dez. 2005.

[12] DIMOULIS, Dimitri; LUNARDI, Soraya. Cidadania e nacionalidade como formas de exclusão. *Revista Brasileira de Estudos Constitucionais* – *RBEC*, Belo Horizonte, ano 7, n. 27, p. 705/717, set./dez. 2013.

[13] DIMOULIS, Dimitri; LUNARDI, Soraya. Cidadania e nacionalidade como formas de exclusão. *Revista Brasileira de Estudos Constitucionais* – *RBEC*, Belo Horizonte, ano 7, n. 27, p. 709-710, set./dez. 2013.

substituição não é irrelevante. A Constituição parece ter evitado cuidadosamente utilizar o termo 'Nação', ao qual o regime do Estado Novo conferiu um sentido antidemocrático, como entidade diferente e superior ao povo e ao conjunto dos cidadãos.[14]

Na concepção de Canotilho e Vital Moreira,

> a cidadania é um direito pessoal (personhood), ligado a uma nacionalidade (nationhood), mas isso não significa transformá-lo num direito de exclusão dos outros, isto é, do direito dos não cidadãos se beneficiarem dos direitos (pelo menos alguns deles) inerentes ao estado da cidadania.[15]

5 Aquisição da nacionalidade pelo matrimônio

Ponto marcante na legislação portuguesa é a possibilidade de obtenção da nacionalidade em razão do vínculo matrimonial, tema que vem se agigantando principalmente em Portugal em face do desenvolvimento e do progresso da sua nação. A hipótese inexiste no Brasil.

Muito elucidativa é a pesquisa realizada por Paulo Manuel Costa[16] a respeito de naturalização por efeito de matrimônio, demonstrando a preocupação do Judiciário português com tais pedidos. Veja-se:

(continua)

Acórdão	Existência de ligação efectiva	Não existência de ligação efectiva
TRL, 28.05.1987		Casamento com portuguesa, estuda a língua portuguesa, passou curto período de férias em Portugal, tenciona instalar uma empresa em território-português.
TRL, 25.06.1987		Casamento com portuguesa, fala português, vive e trabalha no estrangeiro.

---

[14] CANOTILHO, José Gomes; MOREIRA, Vital. Constituição *da República Portuguesa anotada.* Coimbra: Coimbra Editora, 2007, v. I, p. 222.

[15] CANOTILHO, José Gomes; MOREIRA, Vital. *Constituição da República Portuguesa anotada.* Coimbra: Coimbra Editora, 2007, v. I, p. 222.

[16] COSTA, Paulo Manuel. Oposição à aquisição da nacionalidade: a inexistência de ligação efectiva à comunidade nacional. Centro de Estudos Judiciários. *Revista da Ordem dos Advogados*, Lisboa, n. 4, p. 41-42, out./nov. 2012.

(continua)

Acórdão	Existência de ligação efectiva	Não existência de ligação efectiva
STJ, 21.01.1988	Casamento com portuguesa há seis anos, um filho registado no consulado português.	
STJ, 17.02.1998		Casamento com português (nascido em HK, filho de pai não português, com nacionalidade adquirida depois do casamento), com filhos portugueses, reside em HK, não fala português, tem conta bancária em banco português e integra duas colectividades portuguesas.
TRL, 11.02.1999	Casamento com português há treze anos, dois filhos registados como portugueses, fala português, visita Portugal, interessa-se pela arte, turismo e gastronomia do país e participa em actividades das colectividades de emigrantes portugueses.	
STJ, 02.03.1999		Casamento com português há quase cinco anos, residência em Macau e dois filhos registados como portugueses; não fala português, nem participa em nenhuma colectividade.
TRL, 26.10.2000	Casada com português, vive e trabalha na Suíça com o marido, conhece a língua portuguesa, convive com portugueses e participa na vida das colectividades, tem dois filhos de nacionalidade portuguesa.	
Acórdão	Existência de ligação efectiva	Não existência de ligação efectiva

(conclusão)

Acórdão	Existência de ligação efectiva	Não existência de ligação efectiva
STJ, 06.11.2002		Casamento com portuguesa, vive no Brasil, é sócio de associações portuguesas e participa em eventos de caracter cultural, social e recreativo, viveu em Portugal, obteve a equivalência em Portugal do curso de medicina, tem conta em banco português e número contribuinte português, adquiriu casa em Portugal.
TRL, 09.12.2004		Casamento com portuguesa, reside em Portugal há mais de cinco anos, tem como actividade o comércio a retalho, compreende e faz-se entender em língua portuguesa.
TRL, 13.01.2005		Casamento com portuguesa, reside em Portugal há nove anos, explora um estabelecimento de bijuteria, compreende o português, conhece alguns titulares de órgãos de soberania e alguns dos hábitos e costumes portugueses, desloca-se com regularidade ao Paquistão aí permanecendo durante vários meses.
STJ, 06.07.2005		Casamento com português (indiano, nasceu em Diu, adquiriu a nacionalidade por ter pai português), vive em Portugal há sete anos, tem uma filha portuguesa, tem uma loja, tem dificuldades na expressão e compreensão do português, veste-se de acordo com os padrões ocidentais, a filha frequenta uma escola portuguesa, pratica a religião hindu, visitou algumas regiões do país.

6 Conclusão

Tudo isso foi dito para se entender a decisão que se traz à apreciação, oriunda do Tribunal da Relação de Lisboa, que indeferiu o pedido de cidadania/naturalização de uma estrangeira casada com um português nato. Veja-se:

> I – O ónus de alegação e prova de ligação efectiva à comunidade nacional exigido pelo artigo 9º, alínea a) da Lei n.º 37/81, de 3 de outubro não se basta com o conhecimento da língua portuguesa, a nacionalidade portuguesa de cônjuge e filhos, o desejo de adquirir a nacionalidade portuguesa.
>
> II – Por isso, não pode ser considerado preenchido esse ónus a partir do momento em que o interessado não tem quaisquer conhecimentos da História de Portugal, desconhece qualquer personalidade ligada à cultura portuguesa, não consegue indicar qualquer figura que se tenha evidenciado nas áreas literária, política, social, desportiva e artística portuguesas, desconhece o hino nacional, não fazendo qualquer ideia quanto à respectiva letra ou música, não tem ideia dos usos e costumes tradicionais portugueses em qualquer área. (TRL, Oposição à Aquisição de Nacionalidade, Processo nº 9909/2005-7, Relator LUÍS ESPÍRITO SANTO, data do acórdão 9.5.2006)

Essa decisão revela a falta de objetividade na concessão da cidadania portuguesa, revelando um nível de exigência de prova muito elevado de ligação efetiva à comunidade nacional, apesar de cônjuge e filhos da requerente contarem com a nacionalidade portuguesa.

O já citado Paulo Manuel Costa, que elaborou o quadro de decisões judiciais sobre a existência ou não de uma ligação efetiva à comunidade nacional, destacou o caráter subjetivo das decisões:

> Noutras decisões, os tribunais também não consideraram para efeito de aferição da ligação efectiva, o facto do interessado ter conta em banco português, possuir habitação própria ou explorar um estabelecimento comercial, uma vez que entenderam que isso em nada os separava de qualquer outro estrangeiro a residir em Portugal (cfr., por exemplo, Ac. STJ, 07/06/2005, Proc. 5A1550, Ac. STJ, de 07/06/2006, Proc. Nº 6B1740). De tal modo que, numa decisão favorável a uma requerente, o Tribunal da Relação de Lisboa defendeu que deveria existir uma separação dos interessados em adquirir a nacionalidade portuguesa quanto à situação dos outros estrangeiros, a qual teria de ser expressa por uma relação

que deveria ir além da satisfação das "necessidades de obtenção de proventos pelo trabalho" (Ac. TRL, 12/07/2006, Proc. nº 10785/2005-7).[17]

Da análise comparativa das regras para a aquisição da nacionalidade portuguesa e brasileira, é possível inferir que o procedimento para a naturalização é mais acessível ao português no Brasil, com a comprovação de um ano de residência (art. 12, II, "a", da CF), do que a do brasileiro em Portugal, para quem a exigência é de ter residido legalmente no país por um período de seis anos (art. 6º da Lei nº 37/81 – Lei da Nacionalidade), ou estar casado há mais de três anos com nacional português (art. 3º da Lei nº 37/81).

No Superior Tribunal de Justiça, tive a oportunidade de participar do julgamento de ação de retificação em que foi deferido pedido de brasileira para alterar seu nome de modo a constar o nome paterno, conforme a postulante era conhecida oficialmente, de acordo com a legislação italiana.

O pedido foi deferido em razão dos transtornos que a postulante vinha sofrendo para exercitar a cidadania, por constar da sua documentação oficial nomes distintos, o que foi considerado justo motivo para flexibilizar a interpretação da Lei dos Registros Públicos brasileira. Confira-se:

> RECURSO ESPECIAL. REGISTRO CIVIL. NOME CIVIL. RETIFICAÇÃO. DUPLA CIDADANIA. ADEQUAÇÃO DO NOME BRASILEIRO AO ITALIANO. ALTERAÇÃO DO SOBRENOME INTERMEDIÁRIO. JUSTA CAUSA. PRINCÍPIO DA SIMETRIA. RAZOABILIDADE DO REQUERIMENTO.
> 1. Pedido de retificação de registro civil, em decorrência da obtenção da nacionalidade italiana (dupla cidadania), ensejando a existência de sobrenomes intermediários diferentes (Tristão ou Rodrigues) nos documentos brasileiros e italianos.
> 2. Reconhecimento da ocorrência de justa causa, em face dos princípios da verdade real, da simetria e da segurança jurídica, inexistindo prejuízo a terceiros.
> 3. Precedentes do STJ.

---

[17] COSTA, Paulo Manuel. Oposição à aquisição da nacionalidade: a inexistência de ligação efectiva à comunidade nacional. Centro de Estudos Judiciários. *Revista da Ordem dos Advogados*, Lisboa, n. 4, p. 43, out./nov. 2012.

4. Recurso especial provido. (REsp nº 1.310.088/MG, Rel. Ministro JOÃO OTÁVIO DE NORONHA, Rel. p/ Acórdão Ministro PAULO DE TARSO SANSEVERINO, Terceira Turma, julgado em 17.5.2016, *DJe* 19.8.2016)

Informação bibliográfica deste texto, conforme a NBR 6023:2018 da Associação Brasileira de Normas Técnicas (ABNT):

RIBEIRO, Paulo Dias de Moura. Nacionalismo. *In*: RIBEIRO, Paulo Dias de Moura; FROTA, Cristiane de Medeiros Brito Chaves (Coords.). *25 anos de diálogos jurídicos*: coletânea do Seminário de Verão de Coimbra. Belo Horizonte: Fórum, 2022. p. 205-218. ISBN 978-65-5518-331-3.

AMBIENTE: DESAFIOS DO CLIMA

RAUL ARAÚJO

Brevíssimas considerações introdutórias ao tema do painel de debates, como moderador, no XXV Seminário de Verão da Universidade de Coimbra, em julho de 2019

Sendo o tema deste Painel o Meio Ambiente e os Desafios do Clima, lembro, como Moderador, ser oportuno enfrentar algumas preocupações e ampliar reflexões ligadas ao Direito Ambiental, especialmente quanto ao aspecto da identificação de responsabilidade por dano ao meio ambiente.

Todos sabemos quão fundamental foi para a humanidade o surgimento e a expansão de mais clara percepção a respeito da importância das questões ambientais num mundo cada vez mais marcado e agredido pelos avanços da economia industrial. Entendemos como foi relevante o advento dessa conscientização primordial para que se alcançasse o atual estágio de plena compreensão acerca do valor da preservação ambiental. Mormente porque nem sempre foi assim. De fato, somente a partir dos anos 1970, quando, infelizmente, muitas espécies animais e vegetais já tinham sido dizimadas pelo homem e vastos espaços ambientais estavam artificialmente devastados, a ponto de afetar o próprio clima, a apreensão ambientalista foi encontrando crescente espaço midiático para divulgação e, assim, avolumando-se, difundindo-se e firmando-se institucionalmente, de modo que hoje é, praticamente, um consenso mundial a necessidade de permanente atenção para com a defesa do meio ambiente.

Já não se pode dizer, na atualidade, como alguns arrogantemente diziam ou com insensatez pensavam, até pouco tempo atrás, ser a *"Amazônia nossa, inclusive para queimar, se quisermos"*. Não é mais assim, ninguém ainda pensa desse modo, todos passamos a ter a consciência, ao menos no plano teórico, do valor determinante da preservação do meio ambiente.

Esse prestígio crescente e incontestável em torno da essencialidade da preservação ambiental assumiu proporções consagradoras em escala global e engendrou uma verdadeira ideologia de múltiplas facetas e de enorme influência e penetração nas mais diversas áreas do conhecimento humano, inclusive na ordem jurídica. A Constituição do Brasil, de 5 de outubro de 1988, já nasce sob essa atmosfera e adota a defesa do meio ambiente como norma principiológica, de obrigatória observância, inclusive na ordem econômica.

Então, alcançado esse patamar institucional culminante, o problema agora está em se encontrar, no campo prático, um ponto de equilíbrio entre dois extremos: o discurso ambientalista tão rigoroso quanto superficial e contraditório, daquela maioria confortavelmente instalada nas grandes metrópoles do planeta, justamente por trabalhar nas indústrias ou em serviços; e o comportamento descuidado e, frequentemente, até leviano, de uma minoria de pessoas que necessita extrair seu modesto sustento na dura lida diária com a terra, laborando, com a fauna, com a flora e com a mineração, para arrimo próprio e familiar ou, o que é pior, para propiciar o lucro ganancioso de grandes empresas clandestinas e irresponsavelmente predatórias.

Afinal, é fácil abraçar uma ideologia ambiental radical quando se vive numa grande cidade, na comodidade do ar-condicionado em casa, no trabalho e até no carro. Difícil é ser consequente e criterioso quando se habita justamente a zona a ser preservada e se obtém dali, no extrativismo, a principal fonte da parca renda necessária para o suporte do dia a dia.

Em meio a essas reflexões, emerge inquietador, na conjuntura hodierna brasileira, para o espírito isento do julgador, o avanço franco daquela ideologia ambientalista sobretudo quando vai assumindo ares quase absolutistas, alcançando as hostes do Legislativo e, mais grave, do próprio Judiciário, a ponto de, praticamente, arrebatar do Executivo a condição de exercer seu inerente poder de polícia administrativo ambiental, ao contrário do que sucede na maioria dos países. E não esqueçamos que no atual mundo globalizado as sociedades empresárias atuantes no mercado consumidor competem num plano econômico internacional.

No Brasil temos pontos questionáveis, sensíveis, relacionados ao meio ambiente e ao resguardo das intervenções humanas regulares. Por exemplo, a autoridade administrativa ambiental, ao apreciar pedido de emissão de licenciamento para obra ou atividade, frequentemente recebe do Ministério Público uma recomendação para que não expeça aquela autorização. A recomendação ministerial vem com o aviso de não ser obrigatória, mesmo porque é apenas uma recomendação, entretanto, traz também a advertência de que, caso venha a ser emitida a licença pelo órgão ambiental, o agente público estará assumindo o risco de ser pessoalmente processado e responsabilizado, o que, na prática, coloca a Administração Pública "de mãos atadas" ou sob subjetiva tutela ministerial. Dificilmente o servidor público terá disposição de desafiar aquela sutil ameaça, pois nada teria a ganhar com isso.

No âmbito judicial, por sua vez, a responsabilidade por dano ambiental assenta no risco integral, sem admitir excludentes. É reconhecida em termos praticamente absolutos, como se constata no seguinte julgado:

> 11. É incompatível com o Direito brasileiro a chamada desafetação ou desclassificação jurídica tácita em razão do fato consumado.
> (...)
> 13. Para o fim de apuração do nexo de causalidade no dano ambiental, equiparam-se quem faz, quem não faz quando deveria fazer, quem deixa fazer, quem não se importa que façam, quem financia para que façam, e quem se beneficia quando outros fazem.
> 14. Constatado o nexo causal entre a ação e a omissão das recorrentes com o dano ambiental em questão, surge, objetivamente, o dever de promover a recuperação da área afetada e indenizar eventuais danos remanescentes, na forma do art. 14, § 1º, da Lei 6.938/81. (REsp nº 650.728/SC, Rel. Ministro HERMAN BENJAMIN, SEGUNDA TURMA, julgado em 23.10.2007, *DJe* de 02.12.2009)

Como se vê, responsabiliza-se quem não faz quando deveria fazer, quem não se importa que façam, quem financia para que façam, quem se beneficia quando outros fazem. É algo absoluto. Estaria revogado o *due process of law*? Assim, nem haveria necessidade de se fazer um processo, pois a responsabilização é automática, alcança quem "passar pela porta". Passou em frente ao local, é responsável.

Isso tudo se mostra muito inquietante. É como se houvesse uma guerra santa, em que o réu estivesse perante um tribunal de Santa Inquisição. Não haverá defesa possível para o ocupante do desconfortável lugar de acusado, apenas aguardando a inexorável condenação.

Em tal contexto, a própria garantia constitucional inerente ao princípio da legalidade, assegurando ao particular, ante o Estado, que não será obrigado a fazer nem a deixar de fazer algo, senão em virtude de lei, também aparenta ter sido alijada nas questões ambientais. Logo, mesmo que o empreendedor tenha em mãos uma licença ambiental e proceda conforme a legislação assegura, ainda assim poderá ser futuramente responsabilizado, caso se anteveja um possível dano ambiental, o qual, muitas vezes, é subjetivo e controvertido e apenas vislumbrado por militantes ambientalistas, mesmo porque, até em áreas urbanas onde já há forte intervenção humana, podem-se enxergar danos ambientais, ao se desconsiderar os superiores benefícios de uma construção ou de outra forma de intervenção humana.

Então, não resta dúvida de que essas questões são realmente preocupantes, fazem parte do nosso cotidiano e merecem reflexões, sendo aqui registradas como uma provocação inicial para instigar os qualificados debates que a partir daqui seguirão, com as exposições dos verdadeiros especialistas.

Informação bibliográfica deste texto, conforme a NBR 6023:2018 da Associação Brasileira de Normas Técnicas (ABNT):

ARAÚJO, Raul. Ambiente: desafios do clima. *In*: RIBEIRO, Paulo Dias de Moura; FROTA, Cristiane de Medeiros Brito Chaves (coord.). *25 anos de diálogos jurídicos*: coletânea do Seminário de Verão de Coimbra. Belo Horizonte: Fórum, 2022. p. 219-222. ISBN 978-65-5518-331-3.

GLOBALIZAÇÃO FINANCEIRA

REYNALDO SOARES DA FONSECA

A Europa, hoje, tem comandado a discussão do resgate do princípio da fraternidade como categoria jurídica, e não como boa vontade, ou generosidade dos juristas, exatamente porque o princípio da fraternidade, ao ser resgatado, conduz a solução de problemas assustadores no mundo do Direito. Só o Brasil, um país com mais de 200 milhões de habitantes, possui mais de 100 milhões de processos em tramitação e é claro que 18 mil juízes, aproximadamente, não conseguem dar conta, nem 36 mil juízes conseguirão dar conta dessa avalanche de processos em um prazo razoável.

No âmbito penal, a questão é mais delicada ainda. Com a passagem do século, houve uma mudança de paradigma, e não é à toa que, só na Justiça Federal da 1ª Região, que abarca 80% do território nacional, com mais de 14 unidades da federação, com o empenho dos juizados especiais federais, já foram incrementados nos municípios mais de 14 bilhões de reais. Isso significa uma forma de acesso à justiça. Por isso, o princípio da fraternidade, que já está consolidado, provoca esperança na área penal e deve ser discutido como justiça restaurativa, já que a sociedade brasileira, que exige tanta segurança, apresenta restrições a um processo de mediação na esfera comum.

Quando se fala em justiça penal, justiça mediadora penal, justiça restaurativa em que não só o agressor está em jogo, mas a vítima e a sociedade também, a conversa começa a fluir.

O tema deste trabalho não é a fraternidade, mas é também ela, porque é um marco teórico, uma discussão sobre o processo da globalização. Não é à toa que o Superior Tribunal de Justiça é o Tribunal da Cidadania. Como dado relevante, mais de 80% dos *habeas corpus* concedidos no Superior Tribunal de Justiça não dizem respeito às causas de hipossuficiência defendidas pelas defensorias públicas existentes no Brasil. Isso comprova a consagração de que o acesso à justiça, no Tribunal da Cidadania, na esfera criminal, tem-se feito presente de uma maneira democrática e resgatando, sim, o princípio da fraternidade.

O tema globalização financeira comporta, evidentemente, várias discussões, vários olhares e, neste trabalho, o foco será o das repercussões financeiras existentes nesse processo de globalização.

Na clássica obra *A volta ao mundo em 80 dias*, de Júlio Verne, o protagonista fica impressionado como a terra diminuiu. Naquele contexto fictício, reduziu dez vezes mais depressa do que há 100 anos. É o cuidado da literatura que facilita a compreensão. Passados tantos anos e indo ao mundo real, percebe-se que é possível verificar a crescente movimentação de pessoas, bens, serviços, informações e capitais ao longo de fronteiras nacionais, diminuindo distâncias e integrando nações.

Nesse sentido, o chefe do departamento de geopolítica de segurança pública de Genebra, ao utilizar o termo "globalização", fala que é um tempo não unívoco e que, dependendo do ponto de vista, poder-se-á ter uma análise específica a partir do tempo em que é avaliado, a partir da cultura em que o autor está inserido, seu matiz ideológico e assim por diante.

Pode-se, portanto, resumir a globalização como as causas, os cursos e as consequências da integração transnacional e transcultural de atividades humanas e não humanas. A globalização econômica que decorre desse aumento de comércio entre os países provoca também uma globalização financeira, um mercado financeiro internacional, e foi impulsionada, indiscutivelmente, por uma revolução tecnológica – comunicação, transporte, internet – e pela atuação de instituições transnacionais.

É necessário falar também de globalização jurídica ou de constitucionalismo global, de sociedade global, em que se desmonta o conceito do constitucionalismo nacional; ele também passa a ser discutido sem fronteiras. Discute-se também a internacionalização do Direito Constitucional ou a constitucionalização do Direito Internacional. Isso provoca pluralidade de povos e humanidade sem fronteiras, e tudo tem relação com o princípio da fraternidade.

Esse processo multidimensional, resultante de interações entre indivíduos e coletividades, possui, por um lado, efeitos positivos: a intensificação de trocas comerciais e econômicas entre as nações, a expansão das possibilidades de comunicação em tempo real e a diminuição das distâncias entre nações a partir da revolução dos meios de transporte. Por outro lado, há aspectos negativos que começam na saúde pública, com rápidas epidemias, com o aumento das desigualdades socioeconômicas entre países e do fluxo migratório.

Destaca-se a utilização dos meios globalizados de transporte, de comunicação e de transferência de capital em prol da sofisticação de operações ilícitas por parte de organizações criminosas transnacionais. Nesse contexto, falar em efetivação da justiça penal exige que se pense, evidentemente, no crime global. A noção de territorialidade, de extraterritorialidade, de lugar do crime, do tempo do crime, tudo isso provoca, no Direito Penal, uma reflexão. Ampliam-se os caminhos e o imaginário a respeito desses conceitos que estão arraigados no Direito penal e que provocam terrorismo internacional, elisão de tributos em paraísos fiscais, lavagem de dinheiro de natureza internacional, tráfico internacional de drogas, tráfico de pessoas – especialmente de mulheres – e até mesmo os crimes, sobretudo, os cibernéticos.

No âmbito da University of Miami Law School, o Professor Eduardo Rotman afirma ser possível reconhecer a existência de uma noção de crime global, em razão de os fenômenos delitivos serem capazes de afetar profundamente as estruturas político-econômicas das pessoas, as suas políticas de segurança e, ao fundo, a sociedade como um todo em um nível global, porém com fortes repercussões locais.

Um grande internacionalista da George Washington University afirma não ser possível combater os problemas do século XXI a partir de métodos, estratégias e instrumentos do século XIX. Portanto, globalização, macrocriminalidade e cooperação internacional significam ruptura de padrões, de paradigmas, a fim de fazer com que as políticas públicas dos Estados nacionais voltem ao seu curso normal e a criminalidade comum não seja contaminada pela macrocriminalidade, alimentando um ciclo vicioso. A consequência é que os assuntos tráfico internacional de drogas e cometimento de crimes na internet são tratados. O país sozinho já não resolve mais o combate ou o saneamento desses crimes que provocam efeitos transnacionais.

No âmbito do tráfico internacional de drogas, tem-se como lembrança a série Narcos, da Netflix, em que Pablo Escobar, tão bem representado pelo ator brasileiro Wagner Moura, demonstra que sua atividade na produção de ilícitos o transformou no sétimo homem mais rico do mundo, com um patrimônio de 30 bilhões de dólares.

Segundo a organização das Nações Unidas, o mundo do tráfico comprometeu, na época em que foi feita a pesquisa, 320 bilhões de dólares, o que representa, aproximadamente, 50% do PIB brasileiro, e é maior que o PIB de quase 90% dos países do mundo. O problema não é simples. O efeito da globalização financeira na esfera criminal é extraordinário e lamentável, triste. Esses cartéis devem ser combatidos de forma integrada pelas nações.

Esse fenômeno delitivo provoca, então, a adesão a convenções e a tratados de uma forma transnacional, interagindo essas nações. O Brasil, desde 1991, é signatário da convenção contra o tráfico ilícito de entorpecentes e substâncias psicotrópicas. O país foi, durante muito tempo, e é, ainda hoje, embora com menor reflexo, o celeiro desse caminho para Europa e para os Estados Unidos a partir dos países vizinhos.

Isso provoca uma reflexão sobre o caminho que se deve percorrer como humanidade no combate desse mal que é o tráfico internacional de drogas. Não é mais uma questão pontual, mas sim uma questão que diz respeito à humanidade como um todo.

Pelos crimes cometidos pela internet, o tráfico, que ainda movimenta 320 bilhões, transforma-se, na área da internet, em mais de 600 bilhões de dólares. O chefe-executivo do escritório das Nações Unidas sobre Drogas ressalta que esse custo global provoca a exploração sexual *on-line* de meninos e meninas por meio de pornografia infantil; os mercados negros cibernéticos para compra e venda de drogas e armas de fogo; os ataques dos sequestros de dados; o contato de traficantes de pessoas com o intuito de atrair suas vítimas. Essa é a realidade destes dois crimes: tráfico internacional e crimes cometidos pela internet.

Apesar das muitas perguntas pendentes sobre o futuro da cibersegurança e da governança, deve-se levar em conta que a cooperação internacional é o elemento essencial para fazer frente às ameaças cada vez maiores dos crimes cibernéticos. Estão em jogo a produção, a distribuição, a comunicação, o transporte e a transferência monetária, além das tradicionais fronteiras nacionais.

Diante da macrocriminalidade, é necessário outro olhar. Se não houver a separação entre a macrocriminalidade e a criminalidade comum, é impossível se pensar em uma justiça restaurativa, porque, a partir da criminalidade comum, coloca-se, por exemplo, um garoto com 30-40 gramas de maconha com o Pablo Escobar, no mesmo estabelecimento, e isso não é possível em termos administrativos, de solução de problemas.

O promotor italiano Fausto Zucchrelli afirma que

muitos não se deram conta de que o crime organizado é tão perigoso quanto o terrorismo, porque distorce o mercado, aumenta a riqueza de poucos e a pobreza de todos os outros e, terceiro, atenta contra os direitos humanos. Se a segurança não é garantida, direitos fundamentais à vida e à liberdade estão ameaçados.

O Doutor Rodrigo Carneiro Gomes, delegado da Polícia Federal, que atuou no Superior Tribunal de Justiça, lembra o poder paralelo da macrocriminalidade, o poder organizado, o poder com comunicações superiores às nossas, o poder com inteligência, até mesmo artificial. Isso provoca o que o Supremo Tribunal Federal considerou como modelo inconstitucional do Sistema Carcerário Brasileiro, exatamente porque não se faz a separação da macrocriminalidade com a criminalidade comum.

O Brasil ganhou um prêmio de terceiro lugar, medalha de bronze, no âmbito carcerário mundial – Estados Unidos, China, Brasil. Seja com 600, 700, 800 mil presos, tem-se uma realidade de menos de 400 mil vagas em estabelecimentos prisionais para regime fechado ou semiaberto. Isso faz com que haja um *déficit*, uma taxa de ocupação média de 194%, chegando a quase 500% no estado do Amazonas. Percebe-se que o problema é muito mais grave, porque desses quase 800 mil presos, 40% estão ainda sem uma sentença de trânsito em julgado. O último dado pesquisado acusava 290 mil presos provisórios com custo médio de R$2.400 mensais por preso.

O perfil da massa carcerária compõe-se de: pobres e negros, 64%; jovens entre 18 e 29 anos, 55%; com fundamental incompleto, 75%. No âmbito das mulheres, o índice de tráfico de drogas chega a 62%.

Além disso, há mais de 140 mil presos em prisões domiciliares e, segundo dados do Ministério da Justiça, porém, sem uma estatística real, há quase 500 mil mandados de prisão não cumpridos.

O quadro da macrocriminalidade do Brasil é alarmante e envereda pelas facções criminosas: Comando Vermelho, no Rio de Janeiro, Terceiro Comando da Capital, em São Paulo, Primeiro Comando da Capital, já em 27 unidades, Bolívia e Paraguai; Família do Norte do Amazonas, em Roraima, Amazonas, Pará e no Rio Grande do Norte.

O Brasil dispõe de instrumentos normativos capazes de auxiliar a sociedade nesse combate por meio do endurecimento da legislação. O realismo jurídico do Supremo Tribunal Federal, do Superior Tribunal de Justiça vai, sim, encontrar o caminho correto na interpretação dessas normas. Três leis são extremamente importantes: a lei de organização criminosa, a lei de lavagem de dinheiro e a figura do colegiado ou a figura do juiz, construída para proteger o magistrado dentro desse combate à macrocriminalidade. É uma corrupção endêmica; não se pode pensar no combate à macrocriminalidade sem privar os criminosos dos ganhos decorrentes de sua atividade ilícita: sequestro e confisco.

O Supremo Tribunal Federal se pronunciou reconhecendo a inconstitucionalidade do sistema jurídico penal brasileiro, especialmente em relação à população carcerária.

Qual é a relação disso com a globalização financeira?

A globalização financeira provoca globalização jurídica no combate à macrocriminalidade, resgatando a justiça restaurativa e reconhecendo a inconstitucionalidade dessa população carcerária. Defende-se ardorosamente uma postura proativa com audiência de custódia em função do aspecto da inserção da segregação cautelar e, evidentemente, de outros critérios em relação à motivação e à necessidade de justificação a respeito dessa segregação como exceção.

Somam-se a isso a cooperação jurídico-internacional e a cooperação interno-jurídico internacional. Não há outro caminho no combate à macrocriminalidade senão essa integração dos países, das nações.

O novo Código de Processo Civil reconhece a cooperação jurídica internacional, que tem surtido efeito na extradição; na entrega ao tribunal penal internacional, em função do Estatuto de Roma; na transferência de apenados, a partir de cunho comunitário. São exemplos: Argentina, Canadá, Chile, Espanha, Paraguai, Reino Unido. Homologação da sentença penal estrangeira; carta rogatória; e auxílio direto nos crimes de lavagem de dinheiro e tráfico ilícito de entorpecentes com produção mais rápida de provas.

A experiência brasileira tem sido muito positiva. O Ministério da Justiça, nas últimas administrações, tem feito um trabalho extremamente importante. Hoje existem três mil pedidos de cooperação jurídica internacional em matéria penal que estão em andamento. De abril de 2014 a março de 2019, foram recebidos mais de 9 mil pedidos de cooperação jurídico-internacional: 5.500 ativos e 3.420 passivos. Os países irmãos estão colaborando mais com o Brasil do que o Brasil está colaborando com eles. É um aprendizado nesse processo.

A operação Lava Jato, independentemente de qualquer discussão de cunho de legalidade, de alcance, apresenta dados estatísticos interessantes: de março de 2014 a março de 2019, foram recebidos: 867 pedidos de cooperação internacional; 798 de cooperação jurídica na esfera penal; 53 nos temas cíveis; 16 nos pedidos de assistência jurídica internacional, sendo 15 ativos e um passivo, que foi feito pela Argentina nessa assistência jurídica internacional.

Conclui-se este trabalho com o "lisboeta maranhense", Padre Antônio Vieira, português que viveu tantos anos em Maranhão, tantos anos em Pernambuco, fez boa parte dos sermões e o santuário Santo Antônio: "Para falar ao vento bastam palavras, para falar ao coração são necessárias obras".

Na verdade, esse é um tema muito caro, instigante, que não conta com uma introdução já pré-fabricada. Guimarães Rosa já poetizava: "[a vida] o que ela quer da gente é coragem". Coragem para combater sem perder, ao mesmo tempo, a essência da própria comunidade.

Informação bibliográfica deste texto, conforme a NBR 6023:2018 da Associação Brasileira de Normas Técnicas (ABNT):

FONSECA, Reynaldo Soares da. Globalização financeira. *In*: RIBEIRO, Paulo Dias de Moura; FROTA, Cristiane de Medeiros Brito Chaves (coord.). *25 anos de diálogos jurídicos*: coletânea do Seminário de Verão de Coimbra. Belo Horizonte: Fórum, 2022. p. 223-229. ISBN 978-65-5518-331-3.

ATIVISMO JUDICIAL: POSSIBILIDADES E LIMITES

RICARDO VILLAS BÔAS CUEVA

A pós-globalização e a ressurgência de nacionalismos têm implicado o fechamento dos ordenamentos jurídicos nacionais a acordos e tratados internacionais, que têm sido por vezes denunciados, em detrimento de ideais universalistas e de valores inerentes ao Estado de Direito (direitos humanos, meio ambiente, direitos sociais, etc.). Pretende-se, a propósito, discutir brevemente o chamado *ativismo judicial*, seus limites e suas possibilidades de influir nesse cenário.

A noção de que a atividade criadora dos juízes merece censura e deve ser coibida é antiga. Remonta, pelo menos, ao juiz "boca da lei", de Montesquieu. Vários autores encaravam esse papel criador como usurpação da função legislativa e violação do princípio da separação de poderes.

Nos Estados Unidos, no início do século passado, a resistência da Suprema Corte às reformas sociais, bem caracterizada no caso Lochner (1905), era identificada como uma espécie de comportamento rebelde dos juízes. O termo *ativismo judicial*, contudo, surge apenas em 1947, em artigo publicado na revista *Forbes* por Arthur Schlesinger Jr., um historiador que dividia a Suprema Corte em um grupo de ativistas que sustentava um papel mais assertivo do Judiciário na promoção de reformas tendentes a aumentar o bem-estar social, e em outro, de defensores da autocontenção judicial (*self restraint*).[1]

---

[1] KMIEC, Keenan D. The origin and current meanings of 'judicial activism'. *California Law Review*, Issue 5, oct. 2004.

No Brasil, o chamado ativismo judicial confunde-se com o protagonismo que o Judiciário vem assumindo desde a Constituição de 1988, na definição de questões políticas, econômicas e sociais que refogem aos limites tradicionalmente impostos à prestação jurisdicional pelo positivismo jurídico e pelo princípio da separação de poderes.

Procura-se justificar o ativismo judicial, isto é, o novo papel assumido pelo Judiciário como árbitro de disputas que escapam aos estreitos limites tradicionalmente impostos às lides interindividuais, com novas formas de percepção do Direito, como o pós-positivismo e o neoconstitucionalismo e suas implicações: o abandono do silogismo clássico em favor de juízos de ponderação e de uma racionalidade mais porosa à realidade, tal como apreendida pelas ciências sociais, aí incluída a economia.

Entre as vantagens do ativismo judicial, costuma-se mencionar a concretização de direitos sociais e o controle mais amplo e efetivo da legalidade e constitucionalidade (e agora também de convencionalidade) das mais variadas políticas públicas.

As desvantagens são conhecidas: falta de legitimidade para se substituir ao Poder Executivo na definição de políticas públicas, falta de competência técnica para adjudicar complexas questões que envolvem a adequação de meios aos fins, violação do princípio da separação de poderes, ameaça à segurança jurídica, ineficiência e injustiça na alocação de recursos escassos em prejuízo daqueles a quem se pretendia originalmente proteger e ameaça à coerência e integridade do sistema jurídico por meio de um solipsismo metodológico que acaba por gerar instabilidade política.

A ponderação – ou sopesamento – de princípios e regras não deve ser trivializada; deve ser feita pelas cortes constitucionais. Embora o juiz não possa mais ser concebido como um mero autômato encarregado de fazer silogismos formais – cabendo-lhe agora aplicar não apenas a lei, mas todo o direito –, não deve empregar juízos de ponderação como instrumento argumentativo habitual. A ponderação é quase sempre melhor realizada pelo legislador.[2]

Apesar de já se haver concebido uma "fórmula do peso",[3] não há uma metodologia segura para efetuar ponderações sem enorme

---

[2] ÁVILA, Humberto. Neocontitucionalismo: entre a "ciência do direito" e o "direito da ciência". *Revista Eletrônica de Direito do Estado*, n. 17, jan./mar. 2009.

[3] ALEXY, Robert. Die Gewichtsformel. *In: Gedächtnisschrift für Jürgen Sonnenschein*. Berlim: Ed. De Gruyter Recht, 2003.

margem de subjetividade.[4] Richard Posner sugeriu que mais útil e mais controlável, do ponto de vista da possibilidade de falseamento e da construção de uma intersubjetividade, seria o uso da análise econômica do Direito.

Espera-se, também como nos EUA, que o Judiciário exerça a autocontenção e exiba alguma deferência à *expertise* e à legitimidade das autoridades administrativas, sobretudo das agências reguladoras.[5]

Alguns exemplos de falta de deferência à ação das autoridades administrativas são: a interdição da pista do aeroporto de Congonhas depois do acidente da TAM, a despeito de laudo técnico da ANAC; a recente decisão do TCU que manteve o aeroporto da Pampulha fechado para voos nacionais, apesar da decisão da agência, que foi considerada incompleta; liminares autorizando comercialização de medicamentos não aprovados. Na área antitruste, vale lembrar decisões judiciais que: a) redefiniram mercados relevantes (análise relativamente complexa, que passa pelo teste do monopolista hipotético); b) vedaram descontos em tarifas aéreas; c) vedaram a cobrança do despacho de bagagem nos aviões, a despeito de autorização da agência; d) proibiram a entrada de novas farmácias que praticavam descontos agressivos.

Logo se vê que o controle da legalidade dos atos administrativos deveria ser precedido de criteriosa análise dos argumentos apresentados pela autoridade administrativa. Deve haver contraditório amplo, com uso de instrumentos utilizados de há muito nos EUA e já consagrados na Lei do Processo Administrativo e no novo Código de Processo Civil, como as audiências públicas. Deve-se evitar ao máximo a concessão de liminares sem ouvir a outra parte e sem ouvir a autoridade responsável.

O sistema de precedentes vinculantes que se introduziu com o Código de Processo Civil de 2015 parece incompatível com a discricionariedade judicial sem freios, tal como praticada hoje.

A inovação de mais longo alcance do novo estatuto processual civil é a vinculatividade dos precedentes. Os tribunais, consoante o artigo 926 do novo CPC, devem uniformizar sua jurisprudência e mantê-la estável, íntegra e coerente. De acordo com o artigo 927, precedentes qualificados do Supremo Tribunal Federal, do Superior Tribunal de

---

[4] Em sentido oposto, ver SILVA, Virgílio Afonso da. Ponderação e objetividade na interpretação constitucional. *In*: JUNIOR, Ronaldo Porto Macedo; BARBIERI, Catarina Helena Cortada (org.). *Direito e interpretação*: racionalidades e instituições. São Paulo: Direito GV/ Saraiva, 2011, p. 363-380.

[5] WOOLHANDLER, Ann. Judicial deference to administrative action: a revisionist history. *Revista de Direito Administrativo*, Rio de Janeiro, v. 274, p. 13-71, jan./abr. 2017.

Justiça e dos tribunais de apelação passam a ser de observância obrigatória, entre eles os acórdãos de julgamentos de recursos extraordinário e especial repetitivos.

A vinculatividade dos repetitivos, no que diz respeito ao STJ, é essencial para garantir não apenas a uniformidade da interpretação do direito objetivo em todo o território nacional, mas também a isonomia entre os tribunais de apelação (art. 105, "a" e "c", da Constituição Federal). Com isso, o STJ passa efetivamente a exercer a função nomofilática de que lhe incumbe a Constituição, criando-se uma ética de precedentes, como preconizado por Marinoni,[6] que contribuirá para o fortalecimento do papel constitucional dos tribunais superiores como Cortes de precedentes.

O precedente deixa de ter eficácia meramente persuasiva e passa a ter eficácia vinculante. Deixa de ser exemplo e passa a ser norma. O que se pretende é alcançar a racionalização e a uniformização do sistema de justiça por meio da adoção da técnica de *stare decisis* utilizada na *common law*.

O exacerbado ativismo judicial hoje vivido no Brasil pode conduzir a uma séria crise de decidibilidade no sistema jurídico. Não se trata de negar o papel inequivocamente criador do juiz, mas a interpretação tem limites. Há um inescapável limite textual. A norma propõe ao intérprete vários sentidos possíveis, mas eles não são ilimitados. Há um campo de interpretações possíveis. Não se admite, por contrária à segurança jurídica, interpretação contratextual.

A segurança jurídica, em seu aspecto material, pressupõe cognoscibilidade, confiabilidade e calculabilidade. A cognoscibilidade das normas supõe sua acessibilidade e inteligibilidade, bem como sua interpretação por métodos controláveis intersubjetivamente. A confiabilidade do direito implica a proteção do ato jurídico perfeito, do direito adquirido e da coisa julgada. A calculabilidade, por fim, implica a proteção da confiança legítima e a proibição de arbitrariedade.[7]

---

[6] MARINONI, Luiz Guilherme. A ética dos precedentes [livro eletrônico]. *Revista dos Tribunais*, São Paulo, 2014.

[7] ÁVILA, Humberto. *Teoria da segurança jurídica*. São Paulo: Malheiros, 2014. O autor conceitua segurança jurídica como "norma-princípio que exige dos Poderes Legislativo, Executivo e Judiciário a adoção de comportamentos que contribuem mais para a existência, em benefício dos cidadãos e na sua perspectiva, de um estado de confiabilidade e cognoscibilidade jurídicas, com base na sua cognoscibilidade, por meio da controlabilidade jurídico-racional das estruturas argumentativas reconstrutivas de normas gerais e individuais, como instrumento garantidor do respeito à sua capacidade de – sem engano, frustração, surpresa e arbitrariedade – plasmar digna e responsavelmente o seu presente e fazer um planejamento estratégico juridicamente informado do seu futuro" (p. 698).

Em reforço à segurança jurídica, o uso de interpretação consequencialista é, sem dúvida, possível e, em alguns casos, desejável, como quando se constata que a tutela excessiva de algum direito, além do que a norma autoriza, pode ser prejudicial àqueles a quem se visava proteger. Como exemplo, pode-se lembrar das decisões que determinaram a divisão do prejuízo entre arrendadores e arrendatários de veículos após a crise cambial de 2000 e que acabaram por extinguir o *leasing* cambial, que permitia a captação de recursos no exterior a juros muito mais baixos. Outro exemplo é a interpretação expansiva do Código de Defesa do Consumidor no que tange aos planos de saúde, ao arrepio da lei específica e das normas editadas pela ANS, que acabou por encarecer demasiadamente os planos de saúde individuais, impedindo, na prática, a criação de planos com diferentes faixas de preços e benefícios, além de colocar em risco a higidez do sistema de saúde suplementar.

Várias providências têm sido tomadas para conter os efeitos deletérios do ativismo judicial. No que diz respeito, por exemplo, à judicialização do direito à saúde, já se têm desenvolvido parâmetros objetivos para orientar os magistrados. O Supremo Tribunal Federal, na Suspensão de Tutela Antecipada nº 175, enunciou alguns critérios de análise, fundados nas regras e princípios que devem nortear a decisão judicial. O Conselho Nacional de Justiça, a seu turno, ao criar o Fórum Nacional de Saúde e editar recomendações, criou as bases para que se estabeleça um permanente debate entre todos os agentes relevantes para a efetivação do direito à saúde, o que tende a ensejar constantes readequações dos parâmetros de razoabilidade a serem observados nas decisões judiciais.

É preciso reconhecer, contudo, que o protagonismo exercido pelo Poder Judiciário é irreversível e também tem aspectos positivos. Além de se prestar de freio e contrapeso a investidas autoritárias, pode, como já mencionado, contribuir para a concretização de direitos sociais e para o controle mais efetivo da constitucionalidade, da legalidade e da convencionalidade das normas e até mesmo de políticas públicas que desbordem de parâmetros de proporcionalidade e razoabilidade.

Informação bibliográfica deste texto, conforme a NBR 6023:2018 da Associação Brasileira de Normas Técnicas (ABNT):

CUEVA, Ricardo Villas Bôas. Ativismo judicial: possibilidades e limites. *In*: RIBEIRO, Paulo Dias de Moura; FROTA, Cristiane de Medeiros Brito Chaves (coord.). *25 anos de diálogos jurídicos*: coletânea do Seminário de Verão de Coimbra. Belo Horizonte: Fórum, 2022. p. 231-235. ISBN 978-65-5518-331-3.

CONSTITUCIONALISMO GLOBAL

RICARDO VILLAS BÔAS CUEVA

Partindo-se de algumas considerações feitas pelos professores Canotilho e Lewandowski, fala-se desse novo mundo, desses sistemas jurídico-globais ou sistemas pós-jurídicos – como alguns se referem – que decorrem ou decorreriam de um cenário distópico, a partir do uso da inteligência artificial dos algoritmos; do uso intensivo do Big Data; da internet; daquilo que vai se tornar real e mais efetivo a partir da difusão do novo protocolo 5G e da criação do que se chama justiça preditiva, justiça digital ou justiça por algoritmos. Tudo já tem sido uma realidade no mundo avançado e, obviamente, guarda alguma interseção também com o tema debatido com o Professor Lewandowski: essa ideia de pluralismo jurídico que deixou de existir como fonte do Direito unicamente estatal, passando a ser um sistema em que várias fontes, sobretudo privadas, convivem. Metaforicamente, o modelo piramidal do Direito transformou-se em uma cordilheira onde há vários cumes, várias pirâmides em uma sobreposição clara do Direito estatal.

Nesse novo cenário, então, o mundo – a ordem territorial conhecida, que é basicamente aquela criada pelo Acordo de Paz da Vestfália, ou seja, um mundo mediatizado por organizações políticas em um território onde há um princípio de exclusividade territorial – é substituído, nesses sistemas pós-jurídicos globais, por um mundo desterritorializado, no qual, na verdade, há um sistema de circulação de bens, informações, pessoas. O território passa a acolher vários regimes jurídicos como se fosse um bolo mármore, com várias camadas.

O sistema que havia e o que há hoje – o sistema de coordenação – passa a ser de regulação dos diferentes atores pelo mercado. A lei, que hoje procura estabilizar as relações sociais nesse cenário distópico, é vista como um bloqueio às inovações, um obstáculo a ser superado. Nesse mundo atual, onde ainda há uma hierarquia de normas, passar-se-ia a ter uma horizontalidade que decorreria de múltiplas fontes não hierarquizadas, como aquelas que se propõem nesses modelos de justiça digital baseada em algoritmos.

Em vez da obediência à lei, haveria crescentemente uma negociação entre indivíduos; em vez do mundo físico, haveria um mundo virtualizado, baseado na internet; em vez de procedimentos, haveria *design*; em vez de uma jurisdição triangular, como se conhece, haveria uma quarta parte – que seria esse algoritmo. O ideal de justiça cede à ideia de eficiência. Em vez de se falar de um exercício de um direito, passar-se-ia a falar na defesa de um interesse. O acesso à justiça passa a ser interpretado como uma incitação a conciliar direitos e a renunciá-los por meio de plataformas eletrônicas de conciliação. A justiça, que é um serviço público hoje, passará a ser crescentemente exercida por plataformas de empresas privadas pagas; autoridade pública que se impõe a todos passará a ser definida em um regime de competência caso a caso, como nas arbitragens. Em vez do primado da lei, nesse cenário distópico, haveria uma regra situacional e flexível; em vez de decisões vinculantes como hoje, haveria soluções; em vez de processos longos e caros, haveria um acesso mais fácil, imediato: a mediação. Em vez da publicidade como princípio geral, haveria a confidencialidade. O poder como capacidade de reunir força no território passa a ser visto nesse cenário distópico com uma capacidade de mobilizar multidão.

A ideia de governo é substituída pela de governança. O poder que hoje se apresenta como um poder visível, que se formula em termos jurídicos, passa a ser um poder escondido e sem uma forma jurídica escondida. Em vez de haver uma independência sobre o território, haveria, nesse mundo, uma interdependência sobre toda a Terra, tornando o mundo fluido, a modernidade líquida levada ao quadrado. De todo modo, seja como for, levando ou não a sério esse cenário distópico que é desenhado por alguns, pode-se afirmar que há ordens jurídicas transacionais e ordens jurídicas supranacionais. Ora essas ordens jurídicas prescindem do Estado, ora elas pretendem se sobrepor aos Estados nacionais, o que põe em xeque o princípio nuclear do direito internacional público, que é a soberania do Estado. Há vários modelos que tentam explicar esse novo quadro: o modelo privatista e pluralista das aldeias jurídicas globais. Existe também o modelo publicista de uma política interna mundial sem governo mundial e há, também, um modelo de uma república mundial federativa subsidiária e complementar.

Esses modelos, obviamente, são objetos de muitas críticas, porque, sem o Estado Democrático de Direito, sem a legitimação social que deriva de eleições e de uma democracia representativa, haveria apenas a prevalência de interesses financeiros. Há quem procure rechaçar esses modelos e defender a permanência do Estado Nacional Soberano, que teria como dar prosseguimento aos ideais do bem-estar social. Alguns outros defendem que esses modelos poderiam ser democratizados, ou seja, poder-se-ia transplantar para esses modelos transnacionais ou supranacionais as mesmas ideias e procedimentos democráticos que são usados hoje nos Estados nacionais. Seja como for, a ideia de transnacionalidade do direito é um conceito ambíguo, que ora se refere a questões internacionais e supranacionais, ora a questões transnacionais em sentido estrito, em um sentido de transversalidade. No geral, ele aponta para problemas jurídicos que ultrapassam as fronteiras dos Estados nacionais e que, talvez, só possam ser combatidos por meio de algum tipo de ajuste supranacional, como, por exemplo, a crise climática. Esta talvez exija um pacto internacional que, de algum modo, sobreponha-se aos interesses do Estado para combater a crise climática eminente e cada vez mais visível.

No sentido estrito, indica que as ordens jurídicas transnacionais se desenvolvem independentemente tanto do Estado e das suas fronteiras, como das ordens jurídicas erigidas sobre os Estados, ou seja, internacionais e supranacionais. Essa é uma novidade interessante vista também no que diz respeito, por exemplo, à crise do meio ambiente, a despeito dos esforços do atual governo americano de sair dos protocolos internacionais, de combater a verdade científica acerca do aquecimento global. As empresas, os municípios e alguns estados americanos, diante da constatação de que é inevitável, passam a agir independentemente e a procurar outros mecanismos de coordenação diferentes daqueles que seriam tradicionais a partir do Estado nação, em uma lógica vertical. É possível, portanto, falar de uma transnacionalidade no sentido de transversalidade, ou seja, de problemas jurídicos que atravessam ou cortam transversalmente as ordens locais, segundo o modelo de níveis múltiplos ou de governança global multinível, que não é inteiramente compatível com algum tipo de hierarquia, mas implica, de algum modo, relações circulares que se alimentam mutuamente.

Se, no século XX, o Direito era dominado pelo Estado nação, hoje, no século XXI, a sociedade mundial tende a ser estruturada por constituições globais paralelas. A constituição política seria, portanto, acompanhada não apenas de uma constituição econômica global, mas também de estruturas organizacionais próprias aos diversos domínios da vida social, tais como a produção científica, a mídia, o esporte. O Professor Lewandowski se referiu à *Lex Mercatoria, Sportiva, Academica, Digitalis,* que acabariam tendo, portanto, característica de uma estrutura constitucional mundial fragmentada. Autores já falaram de uma constituição da sociedade em oposição a uma constituição do Estado que nasce por um ato criador externo. O Direito não é apenas produzido pelo Estado; ele nasce de práticas sociais e tem origem nas interações sociais. É autopoético, cuja ideia deriva da biologia: a ideia de que a vida não é criada externamente a um ato criador, mas ela é autocriada, assim como o Direito.

Para evitar o risco de uma dupla contingência, ou seja, de uma indeterminação radical dessas relações, surgem as ordens jurídicas para estabilizar as expectativas. Entretanto, o Direito não é mais um fenômeno que emerge do Estado, ou seja, ele não é criado pelo Estado. Este, que era o demiurgo do Direito, passa a ser apenas uma de suas fontes criadoras. A constituição, que era vista como a Constituição do Estado, deixa de ser. A economia passa a ter uma primazia sobre vários sistemas sociais, surgem a *Lex mercatoria,* os princípios transnacionais de governança corporativa que regem essa constituição econômica, a qual funciona sempre que possível à margem do Direito estatal.

As soluções de conflito são exercidas por entidades privadas, que não se subordinam à lógica estatal, o que gera, por vezes, algumas perplexidades. Em um livro recente do professor José Manuel, *Pluralismo jurídico,* há referência a um caso de Portugal em que uma entidade arbitral, arbitrando um conflito entre uma autarquia e uma concessionária portuária, entendeu que a norma que não permitia a prorrogação daquela concessão seria inconstitucional, ou seja, um ente não estatal declarando a inconstitucionalidade, retirando (ou pretendendo retirar) do ordenamento uma norma que obviamente pertence ao escalão verticalizado e hierarquizado de normas, em detrimento da cidadania, dos interesses de proteção ao meio ambiente e paisagismo, que foram os princípios diretores, talvez, da não renovação da concessão.

De todo modo, a monopolização da ordem jurídica pelo Estado corresponde ao momento histórico. Na sociedade contemporânea globalizada, há esferas de comunicação global que deixam de ser hierarquizadas; a economia deixa de ser vista como nacional, as esferas globalizadas criam uma normatividade própria que independe da lei do Estado, que não pode mais normalizá-las completamente. Essa normatividade transnacional não é apenas jurídica, ou quase jurídica, que rege o funcionamento internacional. A constituição societal, que, na definição, seria uma estruturação normativa e organizacional dos diferentes domínios transnacionais da vida social, ocupa um lugar primeiramente social e apenas secundariamente jurídico. Porém, é claro que há uma jurisdicionalização e uma jurisdição das constituições societais: arbitragem internacional em matéria econômica é um exemplo desse fenômeno.

Há vários exemplos desse corte transversal de normas. Na questão do meio ambiente, foi tratada recentemente, em um dos números da revista *The Economist*, a emergência de entes privados ou de município dos Estados Unidos que se contrapõem ao eixo político da união, que procura não levar a sério a promessa de aquecimento global.

Outro exemplo bem presente no Brasil é a questão do direito ao esquecimento ou o direito à indexação dos dados no contexto da internet. No Brasil, não há uma norma que autorize a indexação ou que o Judiciário imponha ao provedor de rede social ou ao provedor da internet a indexação de determinado conteúdo. Entretanto, invocando a norma europeia – Regulamento Geral de Proteção de Dados – já há inúmeras decisões no Brasil, inclusive no STJ, que autorizam, em casos excepcionais, o direito ao apagamento, à desindexação ou ao esquecimento na internet. As *fake news* são outro problema e exigem também – graças ao seu impacto eleitoral profundo, tanto no certame americano como possivelmente no Brasil e na Europa – o desenvolvimento de modelos de autorregulação, como aqueles que têm sido desenvolvidos na Alemanha. Desde o ano passado, entrou em vigor uma lei de implementação das redes que cria um sistema de autorregulação em que os próprios provedores de internet e as redes sociais são compelidos, sob pena de multas muito severas, a retirarem, em 24 horas, os conteúdos ofensivos.

No caso da governança corporativa – sistemas de *compliance*, por exemplo –, as diretrizes da OCDE, embora sejam *soft law*, têm tido uma ampla aceitação no mundo, e pode-se dizer que elas constituem uma dessas novas modalidades de transversalidade.

As diretrizes da União Europeia, como referido pelo Professor Canotilho, também tendem a se tornar referências mundiais para aplicação de critérios éticos para uso da inteligência artificial no Direito e em outras áreas. Na economia digital, referida também pelo Professor Lewandowski, a *moeda Libra*, nome dado à criptomoeda criada pelo Facebook, exigirá uma regulação global, ou pelo menos convergente, para evitar os riscos óbvios de estímulo ao terrorismo, evasão fiscal e tráfico de drogas, ou seja, atividades ilícitas que poderiam ser, com muito mais facilidade, desenvolvidas na economia digital.

E, por fim, a questão tributária. Já se fala, no âmbito também da OCDE, que os países ricos, que antes defendiam a possibilidade de deslocamento dos lucros, hoje são vitimizados por essas práticas e procuram criar um sistema mundial que evite a arbitragem imposta pelas empresas multinacionais pelo melhor país a ser tributado ou não.

Esses são alguns exemplos e ideias que revelam a complexidade do mundo contemporâneo e que talvez ajudem a entender melhor essas diferentes realidades, seja o modelo privatista, seja o publicista ou, ainda, o supranacional típico da criação de um Estado que se sobreponha aos Estados nacionais. Talvez haja a convivência de todos esses fenômenos simultaneamente em algum nível, e vive-se em um momento de transversalidade aguda, que exige reflexões e muita ponderação para que seja possível garantir que as vantagens do Estado Soberano Democrático de Direito com participação e legitimidade social sejam transpostas para esse novo mundo.

Informação bibliográfica deste texto, conforme a NBR 6023:2018 da Associação Brasileira de Normas Técnicas (ABNT):

CUEVA, Ricardo Villas Bôas. Constitucionalismo global. *In*: RIBEIRO, Paulo Dias de Moura; FROTA, Cristiane de Medeiros Brito Chaves (coord.). *25 anos de diálogos jurídicos*: coletânea do Seminário de Verão de Coimbra. Belo Horizonte: Fórum, 2022. p. 237-242. ISBN 978-65-5518-331-3.

CRISE FINANCEIRA E DEMOCRACIA: DESAFIOS PARA A SUPERVISÃO ESTATAL E ADMINISTRAÇÃO – PROGRAMAS DE CONFORMIDADE OU *COMPLIANCE*

RICARDO VILLAS BÔAS CUEVA

Ao tratar-se dos desafios contemporâneos para a supervisão estatal, abordar-se-á um importante instrumento de autorregulação ou corregulação, nomeadamente os programas de *compliance*, valendo-se, para tanto, de trabalho anteriormente publicado.[1]

Os programas de *compliance*, também chamados de programas de conformidade, de cumprimento ou de integridade, são instrumentos de governança corporativa tendentes a garantir que as políticas públicas sejam implantadas com maior eficiência, compondo-se de rotinas e práticas concebidas para prevenir riscos de responsabilidade empresarial decorrentes do descumprimento de obrigações legais ou regulatórias. Em complementação às políticas sancionatórias tradicionais, que se fundam na imputação de uma pena correspondente ao ilícito praticado, os programas de *compliance* voltam-se para a mudança de comportamento, por meio de padrões de conduta a serem observados e monitorados pelas empresas e administradores e funcionários, a fim de evitar o cometimento do ilícito.

---

[1] Funções finalidades dos programas de *compliance*. *In*: CUEVA, Ricardo Villas Bôas; FRAZÃO, Ana (coord.). *Compliance*: perspectivas e desafios dos programas de conformidade, Belo Horizonte, Fórum, 2018, p. 53-69.

De modo mais geral, pode-se entender o *compliance* não apenas como a observância de comandos legais e regulatórios, mas também como o cumprimento de outras exigências, tais como normas éticas, padrões de conduta fixados no seio das organizações e expectativas dos *stakeholders*. Embora obviamente sempre tenha existido preocupação com o exato cumprimento das normas, os riscos crescentes da atividade econômica, a complexidade da regulação e os recentes episódios de crises sistêmicas, bem como de violações repetidas da lei e/ou de padrões regulatórios têm levado a um aprimoramento das normas e a uma redução da tolerância quanto a mecanismos deficientes de controle e de atribuição de responsabilidade da administração das empresas. Em consequência, têm-se desenvolvido reações normativas – inicialmente nos EUA, depois na Europa e, mais recentemente, também, no Brasil – que correspondem a uma alteração nas expectativas das autoridades reguladoras, dos credores, dos prejudicados, das associações de acionistas e das seguradoras, causada, em grande medida, pela ampla difusão de informações proporcionada pela internet.

Tão grande tem sido seu desenvolvimento que já se fala em um direito de *compliance*, entendido como uma extensão do direito regulatório, com um impacto profundo sobre os sistemas jurídicos da *common law* e da *civil law*. O direito da regulação, definido como a gestão eficaz de falhas dos mercados, é menor em seu escopo que o direito público tradicional, mas tem se tornado mais importante com a crescente complexidade da atividade econômica e com a globalização.

O direito de *compliance*, a seu turno, consiste em internalizar o direito da regulação nas empresas, sobretudo aquelas que estejam em posição de torná-lo mundialmente efetivo. O regulador torna-se um espectador dos esforços das empresas. Seu papel evolui: ele não mais faz, assiste fazer, controla o que é feito e recebe provas do que foi feito, do que está sendo feito, do que será feito, permanentemente. O direito de *compliance* permite que as autoridades – sobretudo as autoridades financeiras com poderes sancionatórios extraterritoriais com funções preventivas e estruturais – tenham visão do interior das empresas que desempenham atividade internacional e que possuam contato com pessoas, territórios ou objetos relacionados a objetivos predeterminados.[2]

---

[2] FRISON-ROCHE, Marie-Anne. Du droit de la régulation au droit de compliance. *In*: FRISON-ROCHE, Marie-Anne (org.). *Régulation, supervision, compliance*, Paris: Dalloz, 2017, p. 1-14.

Os programas de cumprimento de normas caracterizam-se como modalidade de autorregulação da atividade empresarial, estimulada pelo Estado, cuja capacidade de regular efetiva e tempestivamente a atividade econômica tem se reduzido em vista da crescente complexidade social, do incessante desenvolvimento tecnológico e da globalização. A chamada autorregulação regulada ou corregulação consiste em uma modalidade de regulação que incorpora o ente privado, subordinando-o a fins concretos ou a interesses predeterminados pelo Estado, tal como ocorre na disciplina dos programas de *compliance*.[3]

Critica-se a aplicação do conceito de autorregulação regulada aos programas de *compliance* como uma contradição, na medida em que o Estado passaria a vincular-se à iniciativa das empresas, pervertendo-se a finalidade dos programas de cumprimento, que seria a de evitar a prática de ilícitos, e não de obter isenção de responsabilidade ou atenuação de sanções. Os programas de *compliance*, segundo esse argumento, podem tornar-se estratagemas de evasão da responsabilidade.[4]

Os programas de *compliance* são criticados também sob a perspectiva de que constituiriam uma ilegítima privatização da função de prevenção de irregularidades. Um primeiro problema decorrente dessa privatização seria a seletividade que se confere às empresas quanto aos fatos que serão comunicados às autoridades, tendo em vista que, por mais independente que seja o setor encarregado de *compliance,* os funcionários que dele fazem parte mantêm sua subordinação a seu empregador. Em segundo lugar, não estaria demonstrada a razão pela qual a autorregulação seria mais apta do que a heterorregulação a produzir melhores resultados quanto ao *déficit* de observância das normas.[5]

De todo modo, há uma relação de complementaridade entre a imposição de políticas públicas e a autorregulação. Daí a discussão acerca de ser ou não necessário estabelecer a obrigatoriedade de programas de *compliance* e de saber se a conduta omissiva de deixar de implementá-los deve ser punida como infração administrativa ou como delito. A Alemanha adotou o primeiro modelo ao prever, no artigo 130

---

[3] VILA, Ivó Coca. Programas de cumplimiento como forma de autorregulação regulada? *In*: SÁNCHEZ, Jesús-María Silva; FERNÁNDEZ, Raquel Montaner. *Criminalidad de empresa y compliance*: prevención y reacciones corporativas. Barcelona: Atelier, 2013, p. 45.

[4] SOUSA MENDES, Paulo. Law enforcement & compliance. *In*: PALMA, Maria Fernanda; SILVA DIAS, Augusto; SOUSA MENDES, Paulo (org.). *Estudos sobre law enforcement, compliance e Direito Penal*. Lisboa: Almedina, 2018, p. 11-20.

[5] BUSATO, Paulo César. O que não se diz sobre o *criminal compliance*. *In*: PALMA, Maria Fernanda; SILVA DIAS, Augusto; SOUSA MENDES, Paulo (org.). *Estudos sobre law enforcement, compliance e Direito Penal*. Lisboa: Almedina, 2018, p. 21-55.

da Lei das Infrações Administrativas (*Ordnungswidrigkeitsgesetz*), que tal omissão deve ser punida com multa de até um milhão de euros. O segundo modelo, que se cogitou implantar na Espanha, implica tratar como delito penal a conduta omissiva consistente em não evitar a prática de determinada infração (administrativa ou penal). O projeto que continha essa orientação acabou por não ser aprovado, pois conduziria ao excesso e à desproporção de punir com sanção criminal aquele que deixasse de evitar a prática de ilícito meramente administrativo.[6]

Na Alemanha, há, desde 2011, norma técnica do instituto de auditores, que define princípios para uma auditoria adequada dos sistemas de *compliance* (IDW PS 980), com a finalidade de ensejar reação tempestiva dos responsáveis pelo programa de cumprimento, evitando, com isso, a prática de infrações, inclusive a sua própria omissão, punível administrativamente com multa de valor máximo elevado. Essas auditorias, uma manifestação do fenômeno de vigilância do vigilante, contrapõem-se à tendência de adotar o modelo de imputação para cima, que acaba por levar sempre à responsabilização do mais alto administrador ou do titular da empresa. Os melhores resultados são atingidos com a padronização de rotinas e comportamentos, que passam a ser verificáveis por um terceiro e, desse modo, tornam possível cogitar uma responsabilidade por infração de deveres, não mais orientada para a proteção de bens jurídicos, mas para a proteção da vigência da norma.[7]

A despeito de suas óbvias vantagens, os programas de *compliance* também podem representar perigos para a empresa, seja porque fundados em premissas falsas, seja porque mal executados. Assim, pode ocorrer o agravamento das sanções caso os programas tenham sido mal concebidos ou mal implementados. Um programa de fachada, que não preencha os requisitos mínimos ou que os preencha apenas formalmente, pode de fato resultar em penalidades maiores do que aquelas que seriam aplicáveis em sua ausência.[8]

---

[6] TOMILLO, Manuel Gómez. *Compliance penal y política legislativa*: el deber personal y empresarial de evitar la comisión de ilícitos en el seno de las personas jurídicas. Valencia: Tirant lo Blanch, 2016, p. 15.

[7] FERNÁNDEZ, Raquel Montaner. La estandarización alemana de los sistemas de gestión de cumplimiento: implicaciones jurídico-penales. *In*: SÁNCHEZ, Jesús-María Silva; FERNÁNDEZ, Raquel Montaner. *Criminalidad de empresa y compliance*: prevención y reacciones corporativas. Barcelona: Atelier, 2013, p. 145.

[8] SOUSA MENDES, Paulo. Law enforcement & compliance. *In*: PALMA, Maria Fernanda; SILVA DIAS, Augusto; SOUSA MENDES, Paulo (org.). *Estudos sobre law enforcement, compliance e Direito Penal*. Lisboa: Almedina, 2018, p. 11-20.

Em segundo lugar, o programa de *compliance* pode mascarar a indevida transferência de responsabilidade dos administradores da empresa para o *compliance officer*. Frequentemente, diz-se que o *compliance officer* ocupa posição de garante que o obriga a evitar que os empregados cometam ilícitos relacionados à atividade empresarial. Tal posição de garante, contudo, corresponde a um dever derivado, não originário. O dever de conhecimento dos órgãos da administração da empresa é originário, sendo complementado pelo dever derivado do responsável pelo cumprimento de apresentar relatórios. Do mesmo modo, o dever originário de fiscalização dos órgãos de administração é complementado pelo dever de vigilância (derivado) do responsável pelo cumprimento.[9]

Finalmente, há também o perigo de que os programas de *compliance* estimulem inspeções e auditorias internas excessivamente agressivas, em desrespeito a direitos fundamentais dos empregados, como a violação de sua privacidade ou a realização de interrogatórios que obriguem à autoincriminação.[10]

O simples fato de o trabalhador encontrar-se em relação de subordinação decorrente da relação emprego não o priva de seus direitos fundamentais, dentre eles o direito à intimidade. Os direitos fundamentais, contudo, não são absolutos e devem ser sopesados, na hipótese, com o direito-dever do empresário de controlar a atividade de sua empresa. Tal ponderação, consoante a jurisprudência do Tribunal Constitucional espanhol, deve partir da prevalência dos direitos fundamentais frente ao direito-dever de controle do empresário, o que significa que as restrições aos direitos fundamentais deverão superar o juízo de proporcionalidade efetuado. Se as medidas de controle superarem esse limiar, poderão ser validamente adotadas. Até mesmo o monitoramento oculto ou sub-reptício é admissível, se necessário e proporcional ao dano que se pretende evitar, embora haja uma corrente jurisprudencial que sustente que os registros das comunicações efetuadas por meio de computador ou celular somente são legítimos se houver adequada informação acerca das regras de uso desses meios e da

---

[9] ROBLES PLANAS, Ricardo. El responsable de cumplimineto ('compliance officer') ante el Derecho penal. *In*: SÁNCHEZ, Jesús-María Silva; FERNÁNDEZ, Raquel Montaner. *Criminalidad de empresa y compliance*: prevención y reacciones corporativas. Barcelona: Atelier, 2013, p. 319-331.

[10] SOUSA MENDES, Paulo. Law enforcement & compliance. *In*: PALMA, Maria Fernanda; SILVA DIAS, Augusto; SOUSA MENDES, Paulo (org.). *Estudos sobre law enforcement, compliance e Direito Penal*. Lisboa: Almedina, 2018, p. 11-20.

possibilidade de monitoramento, bem como se tiverem sido esgotadas as alternativas de controle menos gravosas.[11]

O principal desafio que se apresenta às empresas é a redefinição da cultura empresarial. A primeira condição de eficácia de um programa de *compliance* é a criação de uma cultura de cumprimento, ou seja, a interiorização pela administração e pelos empregados da empresa do imperativo de atuar em conformidade com o Direito. Atingir essa meta é difícil, pois as empresas visam ao lucro e agem "segundo o binômio benefício/perda, não se orientando binômio justo/injusto", sendo o Direito, para elas, "fator de perturbação".[12]

Não se pode descuidar, tampouco, dos vieses cognitivos a que estão sujeitos os indivíduos e os grupos. Como postulado nos estudos de *Behavioral Law and Economics*, o comportamento e as decisões dos indivíduos, longe de se pautarem por uma racionalidade perfeita, são condicionados por uma "racionalidade limitada" (*bounded rationality*), impregnada de limitações cognitivas, como erros de percepção, erros de análise e juízos enviesados. Outra condicionante é a chamada "força de vontade limitada" (*bounded willpower*), ou seja, um autocontrole limitado, que leva os indivíduos a tomarem decisões que lhes podem ser prejudiciais no longo prazo, apesar de conscientes disso, em razão de sobrevalorizarem os benefícios de curto prazo. Por fim, há o problema do "autointeresse limitado" (*bounded self-interest*), que pode conduzir os indivíduos a agir altruisticamente, mas, em contrapartida, pode ensejar reações rancorosas ou desproporcionais quando percebem não estar recebendo tratamento equitativo ou correspondente ao que dispensaram ao outro.

Do ponto de vista da dinâmica de grupo, apontam-se três principais vieses cognitivos. O primeiro é o viés de conformidade (*conformity bias*), isto é, a tendência a mostrar-se conforme a opinião da maioria ou do grupo de referência, mesmo contrariamente às suas convicções pessoais. Além disso, verifica-se nos grupos o efeito de "obediência à autoridade" (*obedience to authority*), que pode levar o indivíduo a crer que sua conduta é correta porque indicada por um superior hierárquico

---

[11] ESTRADA I CUADRAS, Albert; ANGLÍ, Mariona Llobet. Derechos de los trabajadores y deberes del empresario. In: SÁNCHEZ, Jesús-María Silva; FERNÁNDEZ, Raquel Montaner. *Criminalidad de empresa y compliance:* prevención y reacciones corporativas. Barcelona: Atelier, 2013, p. 225-226.

[12] QUINTELA DE BRITO, Teresa. *Compliance,* cultura corporativa e culpa penal da pessoa jurídica. *In:* PALMA, Maria Fernanda; SILVA DIAS, Augusto; SOUSA MENDES, Paulo (org.). *Estudos sobre law enforcement, compliance e Direito Penal.* Lisboa: Almedina, 2018, p. 57-100.

ou, ainda, a crer que a responsabilidade cabe ao superior, apesar da consciência da ilicitude de sua conduta. O efeito do papel assumido, finalmente, diz respeito ao comportamento adotado pelos indivíduos quando interiorizam o papel que lhes cabe desempenhar na estrutura do grupo ou em relação a uma situação, em virtude de um sistema de crenças compartilhadas, que pode levar à relativização, ainda que gradual e imperceptível, de valores de justiça e equidade e até mesmo à racionalização justificadora de condutas desviantes.[13] Se tais vieses cognitivos não forem levados em consideração, o processo de redefinição da cultura empresarial terá poucas chances de sucesso.

Não existem determinações expressas, no direito europeu, que imponham a criação de um programa de *compliance* antitruste, diferentemente do que ocorre na área de proteção de dados pessoais, na qual há inequívoco dever de manutenção de um encarregado da proteção de dados pessoais. Entretanto, em vista das drásticas sanções e da possível perda de reputação, trata-se de um preceito de boa governança. Já a cooperação com as investigações conduzidas sem aviso prévio (*dawn raids*) pelas autoridades antitruste europeia e alemã é decisiva para a fixação da pena, se constatada alguma infração, assim como a correção das informações prestadas.[14]

As políticas anticorrupção e antitruste divergem substancialmente no que toca aos efeitos dos programas de *compliance*.[15] As autoridades da concorrência, de modo geral, recusam-se a considerar como atenuante a existência de programa de conformidade. Na Europa e nos Estados Unidos, considera-se que o principal benefício de tais programas é o fiel cumprimento da lei, evitando a prática de ilícito; se alguma irregularidade foi cometida, houve falha do programa de *compliance*. É bem verdade que as autoridades da França e do Reino Unido podem conceder uma redução máxima de 10% das multas em caso de adoção de medidas efetivas de *compliance,* e que essa redução pode chegar a 15% na Itália. Mas, nos Estados Unidos, a divisão antitruste do Ministério da

---

[13] SILVA SÁNCHEZ, Jesús-Maria; VARELA, Lorena. Responsabilidades individuales em estructuras de empresa: la influencia de sesgos cognitivos y dinámicas de grupo. *In*: PALMA, Maria Fernanda; SILVA DIAS, Augusto; SOUSA MENDES, Paulo (org.). *Estudos sobre law enforcement, compliance e Direito Penal.* Lisboa: Almedina, 2018, p. 265-286.

[14] INDERST, Cornelia; BANNENBERG, Britta; POPPE, Sina (org.). *Compliance:* Aufbau, Management, Risikobereiche. 3. ed. Heidelberg: C.F. Müller (e-book), 2017, cap. 4, par. 6 e 78.

[15] "Compliance programs matter to governments in fighting corruption. They do not matter to governments in fighting cartels. In competition law enforcers have abandoned those o fus who do this difficult and often thankless task". MURPHY, Joe. Essential elements of compliance programs: cartels. *In*: RODAS, João Grandino; CARVALHO, Vinicius Marques. *Compliance e Concorrência.* 2. ed. São Paulo: RT, 2016, p. 185.

Justiça (DoJ) exclui a possibilidade de mitigar as penalidades aplicáveis em caso de infração à concorrência, ao entendimento de que, por definição, infrações dessa natureza remetem ao núcleo da atividade empresarial e têm elevado potencial ofensivo.

No Brasil, a nova lei de defesa da concorrência (Lei nº 12.529/2011), assim como a revogada Lei nº 8.8884/94, não contempla expressamente os programas de conformidade. Não há, portanto, sinalização clara na legislação que incentive o agente econômico a adotar programa de prevenção e detecção de ilícito concorrencial.

Em contraposição ao direito antitruste, nas mesmas jurisdições, é bem diversa a abordagem dos programas de *compliance* quando se trata das leis anticorrupção. Admite-se, em primeiro lugar, a possibilidade de não punir a empresa que tenha um programa de conformidade efetivo, até mesmo na hipótese de envolvimento de seus diretores. Além disso, mesmo que se entenda devida a punição, é possível mitigá-la se comprovada a adoção de um programa adequado.

A Lei Anticorrupção expressamente prevê a redução de multas por adoção de programas de integridade,[16] cujos parâmetros são definidos no Decreto nº 8.420/2015. A Lei nº 13.303/2016, que dispõe sobre o estatuto jurídico da empresa pública, da sociedade de economia mista e de suas subsidiárias, nos três níveis da federação, determina que tais entidades adotem regras de estruturas e práticas de gestão de riscos e controle interno que abranjam: a) práticas de controle interno; b) área de verificação de cumprimento de obrigações e de gestão de riscos e c) auditoria interna e comitê de auditoria estatutário (at. 9º). É obrigatório criar código de conduta e integridade que disponha sobre princípios e valores, instâncias internas de aplicação do código de conduta, canal de denúncias, mecanismos de proteção aos *whistle blowers*, sanções e treinamento (art. 9º, §1º). A área responsável pela verificação de cumprimento será vinculada ao diretor-presidente e liderada por diretor estatutário. Se houver suspeita quanto ao diretor-presidente, a área de *compliance* poderá se reportar diretamente ao Conselho de Administração (art. 9º, § 2º).

Apesar das críticas, pode-se dizer que, além de incrementar a eficiência das políticas públicas, os programas de *compliance* tendem a aumentar a transparência e a diminuir, ainda que indiretamente, o déficit democrático em algumas áreas nas quais a atuação do Estado é

---

[16] Cf. art. 45, VIII, da Lei nº 12.846/2013: "a existência de mecanismos e procedimentos internos de integridade, auditoria e incentivo à denúncia de irregularidades e aplicação efetiva de códigos de ética e de conduta no âmbito da pessoa jurídica".

mais opaca. Vale lembrar, a propósito, a lição de Norberto Bobbio, que caracteriza a democracia como o governo do poder visível. Assim, a publicidade é um dos princípios fundamentais do Estado constitucional, pois permite oferecer à opinião pública visibilidade, cognoscibilidade, acessibilidade e, portanto, controlabilidade dos atos de quem detém o poder. Segundo ele, o problema da invisibilidade ou da opacidade do poder reaparece no estado pós-keynesiano com nova roupagem. Agora "a classe política exerce o poder não mais apenas através das formas tradicionais da lei" etc. É que "o governo da economia pertence em grande parte à esfera do poder invisível, na medida em que se subtrai (se não formalmente, ao menos substancialmente) ao controle democrático e ao controle jurisdicional".[17]

Informação bibliográfica deste texto, conforme a NBR 6023:2018 da Associação Brasileira de Normas Técnicas (ABNT):

CUEVA, Ricardo Villas Bôas. Crise financeira e democracia: desafios para a supervisão estatal e administração: programas de conformidade ou *compliance*. *In*: RIBEIRO, Paulo Dias de Moura; FROTA, Cristiane de Medeiros Brito Chaves (coord.). *25 anos de diálogos jurídicos*: coletânea do Seminário de Verão de Coimbra. Belo Horizonte: Fórum, 2022. p. 243-251. ISBN 978-65-5518-331-3.

---

[17] BOBBIO, Norberto. A democracia e o poder invisível. *In*: BOBBIO, Norberto. *O futuro da Democracia*. Rio de Janeiro: Paz e Terra, 1989, p. 83.

MIGRAÇÕES E DEMOGRAFIA

ROGERIO SCHIETTI CRUZ

A questão das migrações tem uma escala global e, para ser tratada adequadamente, seria necessário considerar uma quantidade expressiva de informações sobre realidades absolutamente díspares. Assim, serão traçadas algumas dificuldades no contexto europeu e americano, sem olvidar que, em longo prazo, não se pode abrir mão de uma política que inviabilize (ou dificulte ao máximo) o tráfico humano, garanta a incolumidade de pessoas vulneráveis e promova oportunidades de desenvolvimento.

Tanto Portugal como o Brasil têm um papel relevante nesse tema. O Brasil recebeu a maior onda de migração forçada da história, com um destaque central para Portugal.

O fenômeno migratório não é algo inédito. Como bem aponta o professor Fernando Cesar Xavier Costa, "a ideia geral de pessoas ou povos que se deslocam em escala significativa pelo espaço geográfico, em busca de uma nova vida, vem indicar um fenômeno relativamente comum, cujos primórdios a historiografia faz remeter a tempos imemoriais".[1]

---

[1] XAVIER, Fernando César Costa. *Migrações internacionais na Amazônia brasileira*: impactos na política migratória e na política externa. 192 p. Tese de Doutorado apresentada ao Programa de Pós-Graduação em Relações Internacionais da Universidade de Brasília, 2012, p. 20.

Brevíssimo esboço da migração hoje

No contexto atual, a dificuldade em lidar com as políticas de migração tornou-se uma questão de legitimidade política para os estados. Para entender esse fenômeno, cabe um pequeno histórico do problema.

Apesar de, desde a década de 1990, esforços sem precedentes terem sido implementados a fim de controlar o movimento de pessoas através das fronteiras – (a) fronteira cercada entre o México e os Estados Unidos, (b) patrulhamento militar do estreito de Gibraltar, (c) vistos biométricos, (d) bases de dados para pedidos de asilo, (e) externalização de controles de países de chegada fronteiriços para países de trânsito e países de origem, (f) campos de detenção para imigrantes irregulares em mais pobres países, etc. –, o número de migrantes aumentou a taxas inéditas, passando de 120 milhões de pessoas em 1990 para 200 milhões em 2007.[2]

Outra novidade é a superação, em termos de geografia migratória, dos "pares migratórios"[3] – formados por relações fixas de países emissores e receptores, geralmente conectados por um patrimônio histórico comum, como a França e o norte da África, o Reino Unido e a *Commonwealth*, a Alemanha e a Turquia, os Estados Unidos e o México, em nome de uma realidade marcada pela (a) diversificação dos fluxos migratórios e (b) mudança de papel de alguns países (de países de emigração para países de imigração: Portugal, Espanha, Itália, Grécia, Irlanda).[4] Ao mesmo tempo, outras regiões tornaram-se pontos de trânsito, enquanto continuam a ser grandes fontes de emigração.[5]

Lidar com essa realidade – controles de fronteira mais rígidos associados à movimentação crescente de pessoas – exige a compreensão do contexto internacional da migração, pois, apesar de os migrantes desempenharem um papel importante,[6] são os estados, com suas políticas de imigração, que têm desempenhado o papel central, uma

---

[2] BERTOSSI, Christophe. The Regulation of Migration: A Global Challenge. *Politique étrangère*, v. hors-série, n. 5, p. 189-202, 2008.

[3] WIHTOL DE WENDEN, Catherine. New migrations. *SUR 23*, v.13, n. 23, p. 17-28, 2016. Disponível em: https://hal.archives-ouvertes.fr/hal-01395017. Acesso em: 20 jun. 2019.

[4] VITORINO, António (coord.). *Imigração*: oportunidade ou ameaça?: recomendações do Fórum Gulbenkian Imigração. Estoril: Principia, 2007.

[5] LAHLOU, Mehdi. Migrations irrégulières transméditerranéennes et relations? Maroc-Union européenne. *In*: XXV CONGRÈS INTERNATIONAL DE LA POPULATION, Tours, 2005.

[6] MARTINIELLO, Marco. Migration between States and Markets. Center for Migration Studies of New York. *International Migration Review – IMR*, v. 36, n. 2, p. 593-596, summer 2002.

vez que eles formularam políticas públicas dissociadas do fenômeno – complexo – que elas pretendem regular.

Como resultado desse diagnóstico, a literatura sobre o tema sugere a existência de erros de concepção nessas políticas migratórias.

O primeiro ponto a ser ressaltado é o chamado "paradoxo liberal" entre a livre circulação de ideias, de comércio e de capitais, de um lado, e os limites impostos ao movimento de pessoas, de outro,[7] por meio, sobretudo, da restrição do direito de entrada e do direito à residência, através da introdução de vistos e sistemas de controle de fronteiras.[8] Nem mesmo as políticas de refugiados foram poupadas desse fenômeno. Como destaca Zygmunt Bauman, o acesso à mobilidade internacional tornou-se, por si só, uma nova forma de desigualdade na distribuição da riqueza.[9]

As políticas nacionais de migração tradicionalmente consideram que territórios, populações e mercados (incluindo mercados de trabalho) devem ser protegidos pelos Estados contra a "pressão migratória", em nome da prevenção de certas "ameaças": (a) enfraquecimento de fronteiras nacionais bem definidas e do subsequente sistema internacional moderno baseado no território; (b) relação entre tênue integração dos migrantes e receios de diluição da identidade nacional; (c) correlação entre aumento do número de trabalhadores ilegais e pressões descendentes sobre os salários e (d) impacto sobre os sistemas nacionais de segurança social.[10]

Independentemente desses esforços, as economias e os mercados de trabalho são os principais impulsionadores do movimento internacional de pessoas, mesmo que isso se traduza em imigração irregular, como nos EUA ou na Europa.

Fatores demográficos dos principais países receptores, cujas populações, em regra, envelhecem e declinam, evidenciam a dependência

---

[7] HOLLIFIELD, James. *Trade, Migration, and Economic Development*: The Risks and Rewards of Openness. Disponível em: https://www.dallasfed.org/-/media/Documents/research/pubs/migration/hollifield.pdf?la=en. Acesso em: 23 jun. 2019.

[8] BIGO, Didier; ELSPETH, Guild. *Policing at a Distance*: Schengen Visa Policies. 2005, p. 203-227. Disponível em: https://www.academia.edu/3102829/Policing_at_a_distance_Schengen_visa_policies. Acesso em: 22 jun. 2019.

[9] BAUMAN, Zygmunt. *Globalização:* as consequências humanas. Rio de Janeiro: Jorge Zahar Editor, 1999, p. 26. O autor salienta que: "Se a nova extraterritorialidade da elite parece uma liberdade intoxicante, a territorialidade do resto parece cada vez menos com uma base doméstica e cada vez mais com uma prisão – tanto mais humilhante pela intrometida visão da liberdade de movimento dos outros".

[10] BERTOSSI, Christophe. The Regulation of Migration: A Global Challenge. *Politique Etrangère*, v. hors série, n. 5, p. 189-202, 2008.

de inúmeros setores econômicos desses países de mão de obra importada, a ponto de algumas indústrias exigirem a abertura de fronteiras aos trabalhadores migrantes para absorver as pressões do mercado de trabalho (por exemplo, agricultura, construção, hospitalidade, turismo, serviços domésticos, bem como profissões altamente qualificadas).[11]

Essa realidade demonstra o limitado grau de controle desses estados.

Fato é que, depois de terem fechado suas fronteiras para a imigração de trabalhadores, ainda durante a década de 1970, e estabelecido metas de "imigração zero" na década de 1980, os países europeus decidiram reabrir suas fronteiras seletivamente para trabalhadores migrantes a partir de 2000.

Todavia, contrariando a ideia de que o poder soberano seria suficiente para resolver o problema migratório em seus próprios termos, os estados demonstraram capacidade limitada em controlar a quantidade e a qualidade de migrantes admitidos em suas fronteiras. Como se sabe, objetivos de "imigração zero" nunca significaram "nenhuma" imigração, pois os estados são vinculados por obrigações internacionais e princípios constitucionais, de modo que os governos nunca conseguiram proibir a chamada migração "não discricionária" (reagrupamento familiar e requerentes de asilo).

Assim, podemos concluir que, ao lado da dinâmica do mercado, a lei constitui outra restrição fundamental às políticas migratórias[12] nacionais e trabalha para combater as metas numéricas elaboradas pelos formuladores de políticas de migração.

Outro erro de percepção é imaginar que o volume de migração flui no sentido sul-norte, convergindo para a costa mediterrânea europeia ou para o sul dos EUA, em decorrência da explicação quase óbvia da discrepância de riqueza entre o Norte e o Sul.

Todavia, os estudos mais recentes sugerem que a pobreza não é o único fator que impulsiona a emigração, havendo outras circunstâncias,

---

[11] BERTOSSI, Christophe. The Regulation of Migration: A Global Challenge. *Politique Etrangère*, v. hors série, n. 5, p. 189-202, 2008.

[12] COMMISSION MAZEAUD. *Pour une politique des migrations transparente, simple et solidaire*. Disponível em: https://www.ladocumentationfrancaise.fr/var/storage/rapports-publics/084000446.pdf. Acesso em: 24 jun. 2019. Comissão presidida por Pierre Mazeaud, ex-presidente do Conselho Constitucional, apresentou seu relatório ao Ministro da Imigração, Integração, Identidade Nacional e Desenvolvimento Solidário, Brice Hortefeux, em 11.7.2008, intitulada "Por uma política de migração transparente, simples e solidária", ocasião em que se opôs a uma política de cotas, que seria "inviável" para a imigração familiar ou "desinteressante" para a imigração trabalhista, pois não afeta a migração de trabalhadores ante a imigração irregular.

como a existência de redes sociais e familiares tecidas por migrantes, ou uma espécie de "imaginação migratória" alimentada por imagens de países desenvolvidos enviadas via satélite ou internet.[13] Philippe Fargues, demógrafo francês professor da Harvard Kennedy School, aventa a possibilidade de que os migrantes se movem para aumentar não apenas seu capital econômico e cultural, mas também seu "capital humano" geral (saúde, educação, progressão na carreira),[14] ou seja, o ideal de migração é um plano de autorrealização, ao mesmo tempo individual e coletivo. Crises políticas e ambientais geram outros tipos de migração forçada.

Ao mesmo tempo, se é certo que a maior parte da imigração para o norte vem do sul – e do leste, no contexto europeu –, nem toda a migração do sul segue para o norte. A migração sul-sul representa 40% dos fluxos migratórios internacionais, e os países do sul aceitam três quartos de todos os refugiados do mundo.[15] A principal migração

---

[13] WIHTOL DE WENDEN, Catherine. *Atlas des migrations dans le monde*: réfugiés ou migrants volontaires. Paris: Autrement, 2005. Disponível em: https://hal.archives-ouvertes.fr/hal-01395017. Acesso em: 20 jun. 2019.

[14] FARGUES, Philippe. L'émigration en Europe vue d'Afrique du Nord et du Moyen-Orient. *Esprit*, n. 300 (12), p. 125-143, 2003. Disponível em: http://www.jstor.org/stable/24249256.

[15] BADIE, Bertrand; BRAUMAN, Rony; DECAUX, Emmanuel; DEVIN, Guillaume; WIHTOL DE WENDEN, Catherine. *Pour un autre regard sur les migrations: con*struire la gouvernance mondiale. Paris: La Découverte, 2008, p. 14-15. Confira-se: "Alguns números permitem medir sua importância, mesmo que as migrações, em algumas partes do mundo, permanecem pouco conhecidas (África Subsaariana, América Latina). Os migrantes representam quase 3% da população mundial: de acordo com Nações Unidas, em 2005, havia 191 milhões em todo o mundo, dos quais 115 milhões nos países desenvolvidos e 75 milhões nos países em desenvolvimento.
Esse aumento foi rápido: 75 milhões em 1965, 155 milhões em 1990. Enquanto a população mundial cresceu aproximadamente 1,7% ao ano em 1985, em 1990, a participação dos migrantes aumentou em 2,59%. Entre 1990 e 2005, o número deles em todo o mundo cresceu 36 milhões, dos quais apenas 3 milhões em países em desenvolvimento. Em 2005, 61% dos migrantes viviam em países desenvolvidos.
A distribuição dos migrantes por continente foi a seguinte: 34% na Europa, 23% na América do Norte, 28% na Ásia, 9% na África e 4% na América Latina e no Caribe. Vinte e oito países hospedam 75% dos migrantes. Os Estados Unidos contam 20%, ganhando 15 milhões de migrantes entre 1990 e 2005, seguido pela Alemanha, o maior país de imigração da Europa – o número de imigrantes quase duplicou desde a queda do Muro de Berlim, se somarmos o "Aussiedler", sem mencionar a Espanha, que experimentou o maior influxo na Europa nos últimos cinco anos.
Concentrados em um pequeno número de países, os migrantes representam pelo menos 20% da população em 41 países, particularmente nos países do Golfo, na Arábia Saudita, Hong Kong, Israel, Jordânia, Singapura, Luxemburgo, Suíça, Austrália. As mulheres perfazem metade (49,6%) e ultrapassaram homens em países desenvolvidos desde 1990. 80% dos migrantes que vivem em países em desenvolvimento vêm de outros países em desenvolvimento, 54% dos migrantes que vivem em países desenvolvidos vêm de países em desenvolvimento.
Apenas 8,5% dos imigrantes nos países da OCDE vêm da África, enquanto 16,8% são da Ásia, 13,5% da Europa e 25% da América Latina. Os migrantes são assim distribuídos de maneira desigual pelo mundo.

inter-regional também ocorre, notadamente, na África subsaariana[16] e no sudeste da Ásia, China, sendo forçoso concluir que a migração também diz respeito aos países em desenvolvimento.[17]

Como afirmado anteriormente, há crescente oferta de oportunidades de mobilidade com dinâmicas econômicas e de mercado, cada vez mais dependentes dos migrantes.

Ao mesmo tempo, os países receptores implantaram políticas de imigração em que um ambiente comercial de rápida circulação permite a livre circulação de tudo, menos das pessoas, com base na tentativa de proteger áreas nacionais sem impacto real nos fluxos migratórios e narrativas geopolíticas sobre migração internacional que não retratam com precisão o fenômeno da migração (a chamada "invasão" do sul).[18]

Essa desconexão é alimentada por imagens de barcos que chegam ao sul da Itália, que reforçam "um conto político no qual a 'segurança' das fronteiras físicas (atualmente o Mediterrâneo) constitui a principal questão a ser resolvida".[19] Apesar de a imigração irregular ser vista como uma questão de passagem de fronteira a ser evitada, permanece

---

O migrante "médio" é originário da Ásia – continente que é o maior reservatório populacional – vive e circula na Ásia, em um país em desenvolvimento. Esse retrato instantâneo esconde diferentes tipos de migrantes:
- Migração institucional: Austrália, Canadá, Estados Unidos e Nova Zelândia admitem migrantes a quem concedem um título de residente permanente com direito de reagrupamento familiar, qualificação profissional desejada ou asilo;
- migração de mão de obra (contratados, estagiários, trabalhadores sazonais, funcionários de empresas multinacionais), cujo número aumentou na Europa de 6,4 para 9,6 milhões, para uma população estrangeira total de mais de 20 milhões;
- migração familiar significativa, particularmente nos países europeus, onde ela representava mais da metade das migrações nos últimos dez anos, se incluídas migrações de casamento;
- migração estudantil, com 2 milhões de estrangeiros matriculados em 2000 nas universidades de países desenvolvidos;
- refugiados e requerentes de asilo (cujo número diminuiu de 18,5 milhões em 1990 para 13,5 milhões em 2005), países em desenvolvimento com 10,8 milhões;
- migrantes ilegais (estimados em cerca de 12 milhões nos Estados Unidos, mas difíceis de contabilizar na Europa) por vezes absorvidos por eventuais regularizações;
- finalmente, o caso particular dos turistas, um fenômeno em expansão".

[16] BREDELOUP, Sylvie; OLIVIER, Pliez. *Introduction. Migrations entre les deux rives du Sahara. Autrepart*, n. 36, 2005. Disponível em: http://horizon.documentation.ird.fr/exl-doc/pleins_textes/autrepart3/010035951.pdf. Acesso em: 20 jun. 2019.

[17] BADIE, Bertrand; BRAUMAN, Rony; DECAUX, Emmanuel; DEVIN, Guillaume; WIHTOL DE WENDEN, Catherine. *Pour un autre regard sur les migrations:* construire la gouvernance mondiale. Paris: La Découverte, 2008.

[18] BERTOSSI, Christophe. The Regulation of Migration: A Global Challenge. *Politique Etrangère*, v. hors série, n. 5, p. 189-202, 2008.

[19] BERTOSSI, Christophe. The Regulation of Migration: A Global Challenge. *Politique Etrangère*, v. hors-série, n. 5, p. 189-202, 2008.

o fato de que a maioria dos migrantes irregulares são *"overstayers"*, que entram legalmente nos países e excedem seu direito de permanecer, de modo que os migrantes indocumentados raramente são os "aventurei-ros" que atravessam o Mediterrâneo em botes.[20]

Portanto, os fatos levantados pelos estudos demográficos suge-rem que as leis restritivas de imigração, em geral, e as leis de refugiados, em particular, são o principal fator que cria imigrantes indocumentados em um país, visto que as passagens irregulares de fronteira constituem uma minoria dos casos de imigrantes indocumentados.

Esse quadro continua a justificar a garantia das fronteiras pelas forças policiais e, provavelmente, as políticas de segurança nas fron-teiras se perpetuarão indefinidamente.[21]

Uma breve nota sobre o Brasil

O Brasil é o segundo país do mundo em espaço de fronteira,[22] ficando atrás apenas da Rússia. São 16.889 km, em contato com nove países.

Temos um expressivo histórico de imigração ilegal na fronteira norte do país. Em inúmeros momentos, o governo brasileiro pediu ajuda aos governos de países fronteiriços para enfrentar as quadrilhas dedi-cadas ao tráfico de pessoas. Além de haitianos – que estão recebendo vistos humanitários –, cidadãos de países muçulmanos (paquistaneses, indonésios e afegãos) já entraram no Brasil por meio da atividade ilegal desempenhada por "coiotes" mexicanos.

---

[20] PIAN, Anaïk. Aux portes de Ceuta et Melilla: regard sociologique sur les campements informels de Bel Younes et de Gourougou, *Migrations Société*, v. 116, n. 2, p. 11-24, 2008. Disponível em: https://www.cairn.info/revue-migrations-societe-2008-2-page-11.htm. Acesso em: 20 jun. 2019.

[21] BERTOSSI, Christophe. The Regulation of Migration: A Global Challenge. *Politique Étrangère*, v. hors série, n. 5, p. 189-202, 2008.

[22] A palavra "fronteira", como suas palavras irmãs nas línguas românicas, deriva da raiz latina clássica "frons" (frente ou parte da frente), por meio do termo do latim medieval "fronteria" (fronteira ou linha de batalha). Ou seja, originalmente, indicava o espaço vazio entre as linhas de frente de exércitos inimigos prestes a combater, passando a designar, também, a ideia de duas nações confrontando-se (confrontar: cuja raiz etimológica é a mesma). Com o tempo, seu campo semântico alargou-se, incluindo, além da noção de barreira intransponível, ponto de passagem e espaço de negociação, em que a ordem se reproduz e se altera. A palavra foi incorporada a outras línguas por intermédio do francês antigo, não muito depois da conquista normanda e certamente antes de 1.400 (JURICEK, John T. American Usage of the Word "Frontier" from Colonial Times to Frederick Jackson Turner. Proceedings *of the American Philosophical Society*, v.. 110, n. 1, p. 10-34, feb. 18,1966).

Recorda-se que, em janeiro de 2010, o Haiti passou por uma grande tragédia, um terrível terremoto, ao qual se seguiu uma epidemia de cólera. A ajuda humanitária que o Brasil ofereceu a esse país – inclusive com uma missão de paz, fato simbolizado por uma partida amistosa de futebol da seleção nacional – foi potencializada com boatos de que, no Brasil, por conta da usina de Belo Monte, abrir-se-ia um mercado de trabalho grande e que haveria a oferta de 25 mil vagas de emprego, fatores que estimularam um fluxo muito grande de haitianos para o Brasil.

No auge da crise haitiana, em 2011, a vazão de entrada de imigrantes ilegais haitianos chegou a atingir 1.250 pessoas/dia apenas em Brasileia, no Acre. Levantamento do Ministério da Justiça, na época, apurou que, "desde o jogo da seleção brasileira em Porto Príncipe, os haitianos passaram a prestar a atenção no Brasil", tendo sido ventilado o boato de que "a usina de Belo Monte iria contratar 25 mil trabalhadores de uma só vez", o que motivou a atuação dos "coiotes", rastreada pelo serviço de inteligência da Polícia Federal e confirmada pelos próprios imigrantes, nas palavras do então Ministro da Justiça, Luiz Paulo Barreto.

Os estudiosos do tema têm diagnóstico que confirma esse viés restritivo. Patrícia Villen Meirelles Alves entende que, no Brasil, "a porta de entrada (ao menos a da frente) para qualquer tipo de trabalho, como ocorre em muitos outros países em escala mundial, está fechada para os imigrantes":

> A eles se apresenta restritivamente outra porta, que se abre emergencialmente, muitas vezes de forma subterrânea, e é direcionada a setores altamente marcados pela precarização do trabalho, como a indústria têxtil, de abate de carnes, construção civil, trabalho doméstico, entre outros. E não se trata de uma questão exclusivamente de qualificação-especialização, documentos, língua, nem mesmo de tempo de adaptação. Embora haja uma expressiva demanda desses setores pelo trabalho imigrante, formalmente *não representam um canal de entrada pelo circuito legalizado da imigração por motivo de trabalho, por isso não estão indicados na figura.*
>
> Logo, para a parte mais representativa dos imigrantes e refugiados no Brasil, geralmente com um perfil socioeconômico vulnerável – portanto aqueles que mais precisam trabalhar –, principalmente provenientes de países periféricos, a indocumentação, o pedido de refúgio e o visto humanitário, hoje, representam a única porta de entrada, que produz a regularização provisória ou a situação indocumentada (eventualmente transformada *a posteriori* via regularização emergencial ou extraordinária). Esses fluxos, conforme argumentado, são geralmente explicados como *acaso emergencial da história da imigração* no país, que

devem receber tratamento humanitário (imigração na modernização dependente: "braços civilizatórios" e a atual configuração polarizada).[23]

Mesmo assim, em 2016, de acordo com dados do Acnur, mais de 65 milhões de pessoas tornaram-se refugiadas ou deslocadas no mundo. Nesse contexto, o Brasil tornou-se o destino para migrantes de diversas partes do planeta, sobretudo venezuelanos, haitianos, senegaleses, sírios, bengalis e nigerianos, nacionalidades que lideraram o número de pedidos de refúgio no país entre 2010 e 2017.

Esse cenário acabou por ensejar uma reavaliação da legislação brasileira, ainda pautada pelo Estatuto do Estrangeiro, um diploma legislativo antiquado, editado pela ditadura militar, que interpretava a migração como uma questão de segurança nacional. O resultado do debate público, enriquecido por inúmeras organizações não governamentais, as quais forneceram subsídios que balizaram os avanços trazidos pela nova legislação, foi a edição da Lei nº 13.445/2017, que substituiu perspectiva de segurança nacional pela de direitos humanos, como, por exemplo, pela inclusão do visto humanitário como uma das possibilidades de acolhida, item não previsto pela lei anterior. Vale registrar a edição de um decreto que, ao regulamentar a matéria, segundo as mesmas organizações que participaram do debate no Congresso Nacional, apresentou uma série de contradições em relação à lei, como a previsão de prisão de pessoas em situação irregular, mediante pedido da Polícia Federal.

Por fim, no que tange à crise venezuelana, segundo a Acnur, o total de refugiados venezuelanos em outros países, inclusive o Brasil, ultrapassou 4 milhões neste ano. Até o final de 2018, porém, chegava a 3 milhões. O relatório Global Trends enfatiza que

> as pessoas estão deixando a Venezuela por muitas razões: violência, insegurança, temor de ser alvo por suas opiniões (reais ou aparentes), desabastecimento de comida e remédios, falta de acesso aos serviços sociais e incapacidade de sustentar a elas mesmas e seus familiares,

concluindo que, diante dessa realidade, "as normas internacionais de proteção, conforme os critérios da Convenção de 1951, do Protocolo de 1967 e da Declaração de Cartagena sobre Refugiados de 1984 são aplicáveis para a maioria dos venezuelanos".

---

[23] Tese de doutorado defendida no Programa de Pós-Graduação em Sociologia do Instituto de Filosofia e Ciências Humanas da Universidade Estadual de Campinas em 2015.

A Agência da ONU destaca o fato de que o fechamento de fronteiras, determinado pelo governo venezuelano, tem levado os cidadãos a buscar rotas "irregulares e perigosas", até mesmo em áreas dominadas por grupos armados e guerrilhas, o que os expõem aos riscos de exploração sexual, abuso e sequestro.

Até o final de 2018, a América Latina continuava a ser o principal destino dos refugiados venezuelanos. A vizinha Colômbia foi o país que mais acolheu, com 1.174.400 abrigados em seu território. O Brasil é o sexto país receptor de venezuelanos da região, com 120.800.

Mudança climática e migração

Em dezembro de 2018, a Assembleia Geral das Nações Unidas adotou o Pacto Global para os Refugiados, que reconhece que "o clima, a degradação ambiental e os desastres naturais interagem cada vez mais como impulsionadores dos movimentos de refugiados".

Por sua vez, o Alto Comissariado das Nações Unidas para os Refugiados (Acnur) criou, no ano passado, um grupo de trabalho para lidar com pessoas deslocadas pelas mudanças climáticas.

Todavia, apesar do reconhecimento do problema, os organismos internacionais não endossam o termo "refugiado climático", referindo-se, no ponto, a "pessoas deslocadas no contexto de desastres naturais e mudanças climáticas".

Segundo o Acnur, a Convenção sobre o Estatuto dos Refugiados, de 1951, limita a definição de refugiado a pessoas que atravessaram uma fronteira internacional "por medo de serem perseguidos por motivos de raça, religião, nacionalidade, pertencente a um determinado grupo social ou opinião política".

Além disso, há incerteza em como identificar quando alguém se mudou devido aos efeitos da mudança climática, pois, em uma análise estatística, é possível calcular o efeito de fatores climáticos nos fluxos migratórios, mas, em um caso individual, isso é extremamente difícil.

No entanto, pesquisadores que lidam com o tema enfatizam que

> independentemente de existir acordo sobre uma definição ou terminologia, dada a esmagadora evidência sobre os efeitos adversos esperados da mudança climática, é certo que o número de pessoas deslocadas ambientalmente continuará aumentando.

O Secretariado da Convenção das Nações Unidas de Luta contra a Desertificação adverte que, até 2030, 135 milhões de pessoas estarão em risco de deslocamento por causa da desertificação, com a perspectiva de que 60 milhões migrem da África subsaariana para o norte da África e para a Europa.

Em 2018, o Banco Mundial publicou o relatório "Groundswell – Preparing for Internal Climate Migration",[24] o primeiro e mais abrangente estudo desse tipo a focar no nexo entre impactos de mudanças climáticas de início lento, padrões de migração interna e desenvolvimento em três regiões em desenvolvimento do mundo: África do Saara, sul da Ásia e América Latina –, em que sustenta que o agravamento dos impactos da mudança climática em três regiões densamente povoadas do mundo pode fazer com que mais de 140 milhões de pessoas migrem até 2050, criando uma crise humanitária avassaladora.

O relatório sugere uma ação concertada para diminuir os efeitos das mudanças climáticas, esclarecendo que o pior cenário – de mais de 140 milhões de deslocados – poderia ser drasticamente reduzido em até 80%.

Considera-se que, a menos que sejam tomadas providências, essas três regiões juntas podem vir a lidar com dezenas de milhões de migrantes climáticos internos até 2050 em função de escassez de água, quebra de safra, aumento do nível do mar e tempestades.

Nas regiões da África subsaariana, sul da Ásia e América Latina – que juntas somam mais de metade da população mundial em vias de desenvolvimento – quase 3% das famílias correm risco de serem obrigadas a migrar dentro de seu próprio país até 2050 para escapar dos efeitos da mudança climática.

Todavia, o impacto não será uniforme em todas as regiões e países, visto que a migração interna afetará comunidades residentes em áreas com escassa disponibilidade de água e baixa produtividade agrícola, ou sujeitas à subida do nível do mar ou ao aumento das tempestades e furacões. O relatório salienta que "as áreas mais pobres serão as mais atingidas".

---

[24] *Groundswell:* Preparing for Internal Climate Migration. The World Bank, 2018. A equipe de pesquisa, liderada pelo especialista ambiental do Banco Mundial, Kanta Kumari Rigaud, e incluindo pesquisadores e modeladores da CIESIN Columbia University, do Instituto CUNY de Pesquisa Demográfica e do Instituto Potsdam para Pesquisa de Impacto Climático, aplicou uma abordagem de modelagem multidimensional para estimar a potencial escala de migração climática interna entre as três regiões. Eles analisaram três cenários potenciais de mudança climática e desenvolvimento, comparando as mais "pessimistas" (altas emissões de gases de efeito estufa e caminhos desiguais de desenvolvimento) a cenários "amigáveis ao clima" e "desenvolvimento mais inclusivo". Em cada cenário, eles aplicaram dados demográficos, socioeconômicos e de impacto climático em um nível de célula quadriculada de 14 quilômetros quadrados para modelar as prováveis mudanças na população dentro dos países.

O relatório identificou os principais "pontos críticos" da migração interna e externa do clima, áreas das quais se espera que as pessoas se mudem, e áreas urbanas, periurbanas e rurais para as quais as pessoas tentarão se movimentar para construir novas vidas e meios de subsistência.

Kanta Kumari Rigaud, que dirigiu o estudo, afirmou que "sem o planejamento e apoio certos, as pessoas que migram das áreas rurais para as cidades podem enfrentar riscos novos e ainda mais perigosos", com "o aumento das tensões e conflitos como resultado da pressão sobre recursos escassos", concluindo que o destino não está selado, pois ainda é possível gerir essa situação. Para tanto, são recomendadas ações-chave em nível nacional e global, incluindo: (a) redução das emissões globais de gases com efeito de estufa para reduzir a pressão climática sobre as pessoas e os meios de subsistência e reduzir a dimensão global da migração climática; (b) transformação do planejamento das políticas públicas para considerar todo o ciclo da migração climática (antes, durante e depois da migração) e (c) investimento em dados e análises para melhorar a compreensão das tendências e trajetórias da migração interna no nível nacional.

Conclusão

Como se pode constatar, o tema, mesmo que abordado em seus contornos mais simples, é de uma complexidade assombrosa, que revela nossa insuficiência em enfrentar os limites materiais da existência: o direito de pessoas fugirem de uma realidade falida, buscando um lugar melhor para a sua existência, e o dever de estados garantirem as condições de governabilidade das respectivas sociedades.

Como pista para um caminho possível, recorre-se às palavras de Mia Couto, que, na Conferência de Estoril, em 2011, lembrou que:

> É sintomático que a única construção humana que pode ser vista do espaço seja uma muralha. A Grande Muralha foi erguida para proteger a China das guerras e das invasões. A muralha não evitou conflitos nem parou os invasores. Possivelmente morreram mais chineses construindo a muralha do que vítimas das invasões que realmente aconteceram. Diz-se que alguns trabalhadores que morreram foram emparedados na sua própria construção.
>
> Esses corpos convertidos em muro e pedra são uma metáfora do quanto o medo nos pode aprisionar.

Há muros que separam nações, há muros que dividem pobres e ricos, mas não há hoje, no mundo, um muro que separe os que têm medo dos que não têm medo. Sob as mesmas nuvens cinzentas, vivemos todos nós, do Sul e do Norte, do Ocidente e do Oriente. Citarei Eduardo Galiano acerca disto, que é o medo global, e dizer:

"Os que trabalham têm medo de perder o trabalho; os que não trabalham têm medo de nunca encontrar trabalho; quando não têm medo da fome, têm medo da comida; os civis têm medo dos militares; os militares têm medo da falta de armas e as armas têm medo da falta de guerras."

E, se calhar, acrescento agora eu: há quem tenha medo que o medo acabe.

Informação bibliográfica deste texto, conforme a NBR 6023:2018 da Associação Brasileira de Normas Técnicas (ABNT):

CRUZ, Rogerio Schietti, Migrações e demografia. *In*: RIBEIRO, Paulo Dias de Moura; FROTA, Cristiane de Medeiros Brito Chaves (coord.). *25 anos de diálogos jurídicos*: coletânea do Seminário de Verão de Coimbra. Belo Horizonte: Fórum, 2022. p. 253-265. ISBN 978-65-5518-331-3.

CIDADANIA E CRISE DE INTEGRAÇÃO

SEBASTIÃO REIS

A cidadania é o conjunto de direitos e deveres exercidos por um indivíduo que vive em sociedade, no que se refere ao seu poder e grau de intervenção no usufruto de seus espaços e na sua posição de poder intervir nele e transformá-lo.

Com relação à acessibilidade à justiça, deve-se garantir ao cidadão o poder de reivindicar um direito que entende ser seu perante um tribunal independente e imparcial; a prestação jurisdicional célere e eficaz; a ciência de seus direitos.

Como garantias previstas na CF (algumas entre várias), elencam-se: a possibilidade de as entidades associativas, quando expressamente autorizadas, representarem seus filiados judicial ou extrajudicialmente; a obrigação imposta ao Estado de promover, na forma da lei, a defesa do consumidor; a proibição de que a lei exclua do Poder Judiciário lesão ou ameaça a direitos; a proibição de juízos ou tribunais de exceção; a garantia de que ninguém será privado da liberdade ou de seus bens sem o devido processo legal; a garantia aos litigantes, em processos judiciais ou administrativos, e aos acusados em geral, do contraditório e da ampla defesa, com meios e recursos a eles inerentes; a obrigação de o Estado prestar assistência jurídica integral e gratuita aos que comprovarem insuficiência de recursos; a garantia de que a todos, no âmbito judicial e administrativo, são assegurados a razoável duração do processo e os meios que garantam a celeridade de sua tramitação.

Entendem-se como garantias no campo do Direito Penal: a garantia da plenitude de defesa, o sigilo de votações, a soberania dos veredito no júri; a garantia de que ninguém será processado ou sentenciado senão por juiz competente; a proibição do uso, em processos, das provas obtidas por meios ilícitos; a obrigação de se comunicar imediatamente ao juiz competente e à família ou à pessoa indicada pelo interessado a prisão de qualquer pessoa e o local onde ela se encontra; a obrigação de se informar ao preso os seus direitos, entre os quais o direito de permanecer calado, sendo-lhe assegurada a assistência da família e de advogado; a garantia de que o preso seja informado quanto à identificação dos responsáveis por sua prisão ou por seu interrogatório policial; a garantia de que a prisão ilegal será imediatamente relaxada pela autoridade judiciária, bem como de que ninguém será levado à prisão ou nela mantido quando a lei admitir a liberdade provisória, com ou sem fiança; conceder-se-á *habeas corpus* sempre que alguém sofrer ou se achar ameaçado de sofrer violência ou coação em sua liberdade de locomoção, por ilegalidade ou abuso de poder.

De acordo com o art. 134 da CF,

> A Defensoria Pública é instituição permanente, essencial à função jurisdicional do Estado, incumbindo-lhe, como expressão e instrumento do regime democrático, fundamentalmente, a orientação jurídica, a promoção dos direitos humanos e a defesa, em todos os graus, judicial e extrajudicial, dos direitos individuais e coletivos, de forma integral e gratuita, aos necessitados, na forma do inciso LXXIV do art. 5º desta Constituição Federal.
>
> §1º Lei complementar organizará a Defensoria Pública da União e do Distrito Federal e dos Territórios e prescreverá normas gerais para sua organização nos Estados, em cargos de carreira, providos, na classe inicial, mediante concurso público de provas e títulos, assegurada a seus integrantes a garantia da inamovibilidade e vedado o exercício da advocacia fora das atribuições institucionais.
>
> §2º Às Defensorias Públicas estaduais são asseguradas autonomia funcional e administrativa e a iniciativa de sua proposta orçamentária dentro dos limites estabelecidos na lei de diretrizes orçamentárias e subordinação ao disposto no art. 99, §2º.
>
> §3º Aplica-se o disposto no §2º às Defensorias Públicas da União e do Distrito Federal.
>
> §4º São princípios institucionais da Defensoria Pública a unidade, a indivisibilidade e a independência funcional, aplicando-se também, no que couber, o disposto no art. 93 e no inciso II do art. 96 desta Constituição Federal.

A Lei Complementar nº 80/1994 organiza a Defensoria Pública da União, do Distrito Federal e dos Territórios, replicada em todos os estados brasileiros.

Podem-se destacar outros dispositivos legais, a saber: **Lei nº 1.060/1950:** estabelece normas para a concessão de assistência judiciária aos necessitados, inclusive com a dispensa de pagamento de custas processuais; **Lei Complementar nº 80/1994:** organiza a Defensoria Pública da União, do Distrito Federal e dos Territórios, replicada em todos os estados brasileiros; **Lei nº 9.099/1995:** dispõe sobre os juizados especiais cíveis e criminais a serem criados pela União e pelos estados para conciliação, processo, julgamento e execução de causas de menor complexidade, podendo, inclusive, em causas cujo valor seja inferior a até 20 salários mínimos, ser dispensada a presença de advogado; **Lei nº 10.259/2001:** dispõe sobre a instituição dos Juizados Especiais Cíveis e Criminais no âmbito da Justiça Federal e a possibilidade de a parte litigar sem advogado na Justiça do Trabalho, entre outras.

Entende-se que Defensoria Pública, entidades de classe e associações sindicais e Ministério Público podem atuar no sentido de garantir a efetividade dos chamados direitos coletivos por meio de ação civil pública e mandado de segurança coletivo, entre outros.

Alguns problemas reais impedem o efetivo acesso à justiça, como a complexidade do nosso direito, devido à extensa legislação; o não conhecimento por boa parte da população; o excesso de processos; a escolha preferencial por litígios (pouco uso de medidas alternativas de solução de conflitos – mediação, arbitragem e conciliação); o Estado como demandante preferencial; o descumprimento de precedentes; a falta de estrutura humana e material não só da própria justiça, como também da Defensoria Pública – dificuldade e demora para instalação em certos estados, bem como número insuficiente e inferior ao número de juízes e representantes do Ministério Público.

Conclusão

O acesso à justiça ainda não se tornou uma realidade plena. Estamos caminhando, às vezes em passos curtos, às vezes em passos longos, para que a lei se torne uma realidade. Há dificuldades, algumas decorrentes da vasta dimensão territorial e diversidade de realidades, outras de caráter financeiro, além daquelas resultantes da falta de vontade política para se implantar aquilo que a legislação em vigor garante. No entanto, o importante é notar que já há consciência do problema. As autoridades, em especial do Executivo e do Judiciário, têm externado com muita frequência as suas preocupações com a falta de acesso à justiça. Percebe-se que não bastam ações legislativas para se garantir tal acesso; há necessidade de ações concretas, as quais surgem lentamente, mas surgem. Isso significa que há uma luz no fim do túnel.

Informação bibliográfica deste texto, conforme a NBR 6023:2018 da Associação Brasileira de Normas Técnicas (ABNT):

REIS, Sebastião. Cidadania e crise de integração. *In*: RIBEIRO, Paulo Dias de Moura; FROTA, Cristiane de Medeiros Brito Chaves (coord.). *25 anos de diálogos jurídicos*: coletânea do Seminário de Verão de Coimbra. Belo Horizonte: Fórum, 2022. p.267-270. ISBN 978-65-5518-331-3.

MIGRAÇÕES E DEMOGRAFIA

SEBASTIÃO REIS

Atualmente, em uma escala mundial, não se admite mais o confronto de ideias, que uma pessoa divirja, tenha um pensamento diferente de outra. Há um ódio no ar, um sentimento de vingança, de raiva, que toma conta de todos. As pessoas reivindicam sempre os seus direitos, esquecem suas obrigações, e mais, esquecem os direitos dos terceiros. Aquele mesmo direito que se deseja ser reconhecido para si não é reconhecido em favor de um terceiro; o livre pensar é permitido desde que esteja de acordo com aquele que vai ouvi-lo ou lê-lo, e estar de acordo.

Vive-se um momento em que, infelizmente, defende-se abertamente um direito de vingança, que soluções sumárias, drásticas e, muitas vezes, irreversíveis sejam adotadas. Sustenta-se, o que muito assusta, que os fins justificam os meios. O processo legal, ultimamente, é considerado um empecilho para que a justiça seja alcançada, realizada, e, infelizmente, aqueles que defendem o devido processo legal são vistos como meros cúmplices dos bandidos e criminosos.

Hoje existe uma lei de imigração que visa, justamente, preservar a dignidade humana, os direitos humanos, o direito daqueles que, muitas vezes, de uma forma desesperada, saem de suas casas à procura de um ambiente onde possam, pelo menos, sobreviver.

As causas de imigração têm origem em diversos fatores: econômico, social, desastre natural. Podem ser únicas ou um conjunto de situações que torna impossível a sobrevivência de determinada pessoa ou grupo de pessoas em seu lugar de origem, e que as obriga a se mudar, a caminhar, a tentar achar um local onde possam sobreviver. A declaração de São José sobre refugiados e pessoas fixou determinados princípios: são titulares de direitos – e reafirmou os refugiados – pessoas que migram por outras razões, ou seja, qualquer imigrante, incluindo razões econômicas, são titulares de direitos humanos que devem ser respeitados em qualquer momento, circunstância ou lugar. Esses direitos inalienáveis "devem ser respeitados antes, durante e depois do seu êxito, ou do regresso aos seus lares, devendo-lhe ser proporcionado o necessário para garantir o seu bem estar e a dignidade humana".

De certa forma, a Constituição brasileira também se preocupa com esses princípios e estabelece, no artigo 1º, a preocupação com a dignidade da pessoa humana e, no artigo 4º, a concessão de asilo político e a prevalência dos direitos humanos.

Havia, no Brasil, a lei dos estrangeiros, com uma visão restrita, muito mais burocrática e preocupada com aquele que vinha trabalhar no Brasil. A Lei de Imigração nº 13.445 é mais ampla, pois se preocupa não só com aquele brasileiro que sai, mas também com aquele que chega ao país. Ela dispõe sobre os direitos e deveres do migrante e do visitante, regula sua entrada e estada no país e estabelece princípios e diretrizes para as políticas públicas relacionadas ao emigrante.

A lei apresenta a preocupação de estabelecer determinados princípios que regularão a política brasileira, ou seja, a política pública em relação a isso. Ela estabelece 22 princípios de diretrizes, como universalidade, individualidade, interdependência dos direitos humanos, repúdio, prevenção à xenofobia, ao racismo e a quaisquer formas de discriminação, acolhida humanitária, garantia ao direito da reunião familiar, inclusão social, laboral e produtiva e diversos outros. Todos salientam uma preocupação com a dignidade e com os direitos humanos. Em um determinado momento, o legislador estabelece esses princípios e essas diretrizes, e, logo em seguida, determina quais são os direitos de garantias que consolidarão mais uma vez a visão humanitária e preocupada em bem receber aquele que já sai do seu país em uma situação desesperadora. Também os direitos são expostos de forma longa e, mais ou menos, refletem os princípios do direito das liberdades civis, sociais, culturais e econômicas, direito à liberdade e à circulação no território nacional, direito à reunião familiar com o seu cônjuge ou companheiro, com seus filhos, medida de proteção a vítimas, testemunhas e crimes, ou seja, há essa consolidação daqueles princípios que a própria lei enumera nos direitos.

Outra forma de limitar a atuação do Executivo brasileiro, da Administração Pública se refere à proibição de ingresso. A lei cuidou de estabelecer critérios objetivos, ou seja, não dá muita margem ao responsável por regular essa entrada de pessoas de agir de forma discriminatória. Nesse ponto, ela tem critérios objetivos que o limitarão. Então, de uma forma geral, a lei tem estes pontos: efetivou princípios e garantias já previstos na Constituição federal, fortaleceu a integração política, econômica, social, e cultural dos povos da América Latina; repudiou a xenofobia, o racismo e a discriminação; garantiu ao estrangeiro o acesso aos serviços públicos e ao mercado de trabalho, ou seja, garantiu ao estrangeiro o mesmo direito garantido ao nacional.

Um princípio expresso na lei é a não criminalização das razões migratórias e, apesar de parecer irrelevante, o uso dos termos *imigrantes* e *visitantes* ameniza muito a situação daquele que vem para o Brasil. Antigamente, a lei tratava como estrangeiro, o que parecia uma impressão negativa, como alguém que está invadindo o meu espaço, o meu território. Quando se utilizam as expressões *imigrante* e *visitante*, cria-se um contexto mais amigável, mais condizente com os próprios princípios que essa legislação apresenta.

É importante destacar um trecho de uma decisão da ministra Rosa Weber, quando houve o julgamento da ACO nº 3.121, na qual se discutiu o fechamento da fronteira do Brasil com a Venezuela. A ministra colocou no papel a prevalência desses princípios.

> Como se vê, ao delinear a feição da política migratória brasileira, o marco legal vigente confere densidade à prevalência dos direitos humanos e à cooperação entre os povos para o progresso da humanidade. Princípio segundo os quais a constituição determina expressamente, no artigo 4º, incisos 2 e 9, que devem ser regidas as relações internacionais da República Federativa do Brasil.

E mais adiante, continua:

> sem dúvida, no Estado Democrático de Direito, mesmo nos atos ditos soberanos, não são absolutamente livres de constrangimentos, estando sujeitos ao império da lei. Isso significa que a discricionariedade assegurada ao chefe do poder Executivo, para exercer a sua competência privativa, há de ser exercida dentro do espaço demarcado pelo conjunto formado pelos tratados internacionais adotados pelo Brasil sobre o tema na legislação de regência emanada do Congresso Nacional, tudo sobre a égide da Constituição federal, a conformar a política migratória brasileira.

A Lei de Migração nº 13445 não pode ser interpretada de forma isolada, ou seja, ela tem que ser interpretada em conjunto com a Lei nº 13.684, de 2018, que dispõe sobre a medida de assistência emergencial e o acolhimento das pessoas em situação de vulnerabilidade decorrente do fluxo migratório provocado pela crise humanitária. A lei se inicia estabelecendo alguns conceitos de situação de vulnerabilidade, proteção social, crise humanitária, e prossegue mostrando qual é o seu objetivo, ou seja, articular ações integradas a serem desempenhadas pelos governos federal, estadual, distrital e municipal, por meio da adesão a instrumento de cooperação federativa, no qual serão estabelecidas as responsabilidades dos entes federativos envolvidos.

São também estabelecidas algumas políticas que, mais uma vez, vêm consolidar aquela preocupação com a dignidade humana e com os direitos humanos: proteção social, atendimento à saúde, oferta de atividades educacionais, formação de qualificação profissional, etc. A linha é a mesma, ou seja, o legislador veio reafirmar a intenção de acolher o imigrante de forma a garantir a ele os mesmos direitos garantidos aos nacionais – a dignidade humana e os direitos humanos. Finalmente, a lei faz referência às hipóteses em que a União poderá prestar cooperação humanitária, sempre sobre a coordenação do Ministério das Relações Exteriores, nos casos de apoio a países ou populações que se encontram em estado de conflito armado, desastre natural, calamidade pública, insegurança alimentar e nutricional ou em outra situação de emergência ou de vulnerabilidade, inclusive, grave ameaça à vida, à saúde, aos direitos humanos ou humanitários de sua população. As razões sempre envolvem direitos humanos, situação econômica, problemas de sobrevivência, etc.

Finalmente, a Ministra Rosa Weber diz o seguinte em relação ao pedido de fechamento da fronteira Brasil-Venezuela:

> O fechamento impediria o direito que tem, mesmo aquele que entra de forma irregular, de requerer o refúgio. A utilização descriminada de medidas voltadas a restringir migrações irregulares, pode acabar privando indivíduos não apenas do acesso ao território, mas do acesso ao próprio procedimento de obtenção de refúgio a um Estado de destino, o que poderia, a depender da situação, configurar, além de descumprimento do dever de proteção assumido internacionalmente, ofensa à cláusula condicional, asseguradora do devido processo legal.

Há uma preocupação de evitar-se um poder absoluto do Estado; há uma legislação em vigor; há tratados internacionais que devem regular o seu agir. Existe uma luz no fim do túnel para esse clima pesado, duro, quase egoísta que tomou conta das nações em geral e, infelizmente, do Brasil, onde perduram a animosidade, a intolerância àquilo que rege o dia a dia, pois há uma demonstração por parte do legislador brasileiro de que ainda existe uma preocupação sincera e real com a questão dos direitos humanos, com a dignidade humana, consolidada no momento em que a legislação cuida do problema da migração.

Informação bibliográfica deste texto, conforme a NBR 6023:2018 da Associação Brasileira de Normas Técnicas (ABNT):

REIS, Sebastião. Migrações e demografia. *In*: RIBEIRO, Paulo Dias de Moura; FROTA, Cristiane de Medeiros Brito Chaves (coord.). *25 anos de diálogos jurídicos*: coletânea do Seminário de Verão de Coimbra. Belo Horizonte: Fórum, 2022. p. 271-275. ISBN 978-65-5518-331-3.

COMÉRCIO INTERNACIONAL

THEÓPHILO ANTONIO MIGUEL

Se fosse possível resumir em apenas duas palavras o quinquênio que se passa em uma faculdade de Direito, chegar-se-ia à norma jurídica. Estuda-se a sua aplicação, a sua interpretação e a forma como resolver os conflitos entre normas jurídicas decorrentes da aplicação ao caso concreto.

Chega-se à conclusão de que os conflitos podem ser temporários ou espaciais. Em relação aos temporários, a doutrina nos oferece três critérios: hierárquico, cronológico e espacial. Em relação aos conflitos espaciais, têm-se à disposição, para a superação dessa aparente dicotomia, regras de conexão estabelecidas pelo Direito Internacional privado, as quais se encontram preconizadas na Lei de Introdução às Normas do Direito brasileiro.

Não se pode, de forma alguma, confundir a norma jurídica por substanciar o preceito e a sanção, com as suas fontes, que é o seu nascedouro – de onde ela brota, de onde ela emana. Perante o Direito interno, a fonte precípua é a lei; já perante o Direito Internacional, é o tratado internacional.

O Direito Internacional privado preconiza três métodos para a superação dessa antinomia: o método conflitual, o método uniformizador e a recente teoria dos vínculos mais estreitos. O professor de Heildelberg, Erik Jayme, em 1995, fez uma proposta alternativa ao método isolacionista conceitual, clássico do Direito Internacional privado, que pressupõe a existência de regras de conexões, que são normas de sobredireito que não se prestam a resolver senão, direta e imediatamente, o conflito de interesses qualificado pela pretensão resistida deduzida em juízo.

Essas normas de sobredireito apenas sinalizam ao aplicador onde demandar, que meio aplicar, e, nessa proposta alternativa ao método conflitual clássico, preconizado pelo professor alemão, o que se recomenda é exatamente uma ponderação entre a necessidade de estabelecer-se uma lei uniforme e o respeito à identidade cultural de cada Estado, para que se consiga atingir a solução mais justa para o caso concreto. Portanto, as fontes coexistem e não devem, *a priori*, ser descartadas; elas são heterogêneas. A proposta é utilizada com o propósito de aplicar, no caso concreto, mais uma norma jurídica, levando em consideração não apenas o local onde a demanda vai ser proposta, mas qual norma jurídica esse aplicador vai utilizar.

O Direito Internacional privado tem um caso concreto exemplificativo muito interessante, em que um americano deu carona a um canadense em deslocamento de Nova Iorque para Montreal. Quando estavam no Canadá, houve um acidente, e o canadense, que era o carona, propôs uma demanda em face do norte-americano, que era o condutor do veículo. Algumas perguntas são feitas: onde demandar? Que lei aplicar? Por que essa demanda foi proposta nos Estados Unidos? Qual norma o juiz norte-americano vai aplicar?

E as indagações mostram-se extremamente importantes, porque, pelo Direito canadense, a carona – o transporte gratuito – só é insuscetível à indenização. Se fosse preconizada essa solução pelas normas de conexão brasileira, ter-se-ia aplicação do critério *lex loci delicti*. Logo, esse conflito deveria ter sido proposto no foro canadense da vítima e aplicado o direito canadense. Todavia, em razão da aplicação da teoria dos vínculos mais estreitos – utilizando-se essas fontes heterônimas e esse método de diálogo das fontes, preconizados por Erik Jayme – a demanda foi aceita no distrito de Nova Iorque, aplicando-se a lei norte-americana, já que a vítima residia no Canadá e o autor, nos Estados Unidos. O carro era licenciado nos EUA e o seguro também se encontrava submetido a uma operadora norte-americana.

A Convenção das Nações Unidas sobre os Contratos de Compra e Venda Internacional de Mercadorias – *Convention on International Safe of Goods* (CISG) foi celebrada em Viena, ratificada por 85 países, e encontra-se em vigor no Brasil. Dentre os grandes ausentes, encontram-se o Reino Unido, a Índia e a África do Sul – países de tradição da *common law* – e Portugal.

Outra questão também interessante é que, em razão do critério da especialidade, a convenção sempre prevalecerá sobre o Direito interno. Ela teve uma traumática incorporação ao Direito positivo brasileiro, já que, entre a data da incorporação e a data do decreto de promulgação, transcorreram aproximadamente dois anos.

O processo de integração normativa delineado e substanciado na Constituição da República Federativa do Brasil pressupõe a conjugação de um decreto legislativo que aprova, aliado sempre a um decreto presidencial que promulga, a fim de que a norma jurídica disponha de exequibilidade e operabilidade perante a norma jurídica doméstica brasileira.

Quando o Supremo Tribunal Federal apreciou a Carta Rogatória 8279, oriunda da Argentina, preconizou que a República Federativa do Brasil não adotou, por intermédio do seu legislador constituinte originário de 88, o postulado da aplicabilidade imediata e nem o princípio do efeito direto.

Em relação aos aspectos gerais, o artigo 1º deixa claro que, na sua aplicação em âmbito de território nacional brasileiro, os celebrantes estão domiciliados perante os estados signatários. Já em relação a sua não incidência, ela expressamente exclui, no seu artigo 2º, as mercadorias compradas para uso pessoal, familiar e doméstico, as obtidas em leilão, as obtidas sobre penhora ou qualquer forma de autorização judicial, valores mobiliários, tipos de créditos e moedas, navios, barcos, aerobarcos, aeronaves, eletricidade. A sua aplicação encontra-se preconizada e tem a sua exegese submetida aos julgamentos do seu artigo 7º. Como ela pressupõe sempre a existência de um elemento de estraneidade, o seu caráter internacional vai sugerir uma interpretação autônoma, e o seu significado deve derivar da própria Convenção Internacional. A sua aplicação uniforme encontra-se delineada em alguns instrumentos estabelecidos na própria Convenção em que a pesquisa deve ser realizada. Então, têm-se o *CLOUT*, o *Queen Mary Translation Programme,* a base de dados da *UNILEX* – da Pace University, Global Sales Law – que são exatamente as fontes onde as normas decorrentes da interpretação podem ser localizadas.

Atenta-se para este julgamento da Corte italiana a respeito da densidade que essa emenda sugere:

> Na opinião da Corte, embora os precedentes na jurisprudência internacional não possam ser considerados juridicamente vinculantes, eles devem ser levados em conta pelos juízes e árbitros a fim de promover a uniformidade na interpretação e aplicação da CISG (Art. 7 (1) da CISG).

De acordo com a Corte, embora as partes sejam livres para excluir a aplicação da CISG, conforme expressa previsão no Artigo 6 da Convenção, a mera referência à lei interna nas alegações das partes não é suficiente para excluir a sua incidência.

Hoje, a atividade judicante no plano internacional não é mais isolacionista. Os juízes devem, sim, aplicar a jurisprudência internacional, de forma fundamentada, para demonstrar como que um tratado internacional é interpretado perante os países celebrantes. Para esse efeito, as partes devem inicialmente estar cientes de que a CISG seria aplicável e, além disso, pretender excluí-la.

Quanto à reclamação do comprador por planos decorrentes da falta de conformidade, a Corte observou, referindo-se a várias decisões internacionais sobre a mesma questão, que o prazo razoável para notificação depende das circunstâncias de cada caso e da natureza das mercadorias.

Portanto, o prazo começa a fluir a partir do momento que o comprador é obrigado a examinar os bens, nos termos do artigo 38, que, em regra, ocorre no momento da entrega ou pouco depois. Excepcionalmente, esse prazo começa em um momento posterior, quando o defeito é detectado, apenas no processamento das mercadorias. O tribunal considerou que um aviso dado quatro meses depois da entrega era intempestivo.

Mesmo supondo que os defeitos não poderiam ter sido constatados na entrega, o comprador deveria tê-los descoberto no máximo até a fase do processamento das mercadorias e avisado imediatamente enquanto aguardava o recebimento das reclamações do seu próprio cliente. Uma conclusão diferente só seria admissível caso restasse provado que os defeitos alegados não eram detectáveis durante o processamento. E, nas últimas três linhas, consta a especificação do ônus probante que incube ao comprador, no caso, em apreço. Portanto, em relação à interpretação da Corte italiana, essas são as diretrizes que os tribunais internacionais devem levar em consideração.

A CISG estabelece quatro princípios básicos. O 1º deles, do Direito Internacional público, oriundo do Direito natural, é o *Pacta Sunt Servanda*, ou seja, os contratos existem para serem cumpridos, e as manifestações obtidas devem ser sempre reverenciadas a fim de conferir efetividade ao ajuste. Outro é o princípio do *Favor contractus*, ou seja, no caso de inadimplemento doloso ou culposo, uma das partes deverá submeter a sua pretensão de rescisão ou adequação do preço, dependendo dos danos causados.

Em relação aos princípios básicos, ela estabelece, ainda, um 3º princípio, o da boa-fé objetiva, e veda, no artigo 9º, o comportamento contraditório. "As partes se vincularão pelos usos e costumes em que tiverem consentido e pelas práticas que tiverem estabelecido em lei". A manifestação cognitiva livre e desimpedida tem o condão de atrelar, de vincular as partes à estrita observância do que restara pactuado.

O 4º e último princípio, o da lealdade, estabelece que o vendedor não pode invocar as disposições convencionais e alegar que não tinha o conhecimento delas. Um exemplo muito interessante demonstra esta questão: é possível a um mecânico que compra um veículo automotor usado invocar desconhecimento de um defeito oculto. Ele dispõe de um conhecimento técnico que lhe proporciona identificar possíveis, e não prováveis, defeitos técnicos, e jurisprudência e doutrina se manifestam no sentido negativo.

A respeito do ônus probante, trata-se de um tema sem regulamentação na convenção. Em regra, conforme princípios gerais, o ônus da prova incumbe a quem alega. É o autor que deve provar os fatos alegados e o que pode ser flexibilizado pela habilidade da parte em produzir e submeter provas. Comparativamente em relação ao Direito brasileiro, essa matéria encontra-se prevista no art. 333, que estabelece o ônus da prova da mesma forma. De acordo com o parágrafo 3º, é possível ao magistrado inverter o ônus da prova quando verificar que, pelas circunstâncias do caso – como a prova de um fato negativo, por exemplo – há a possibilidade de uma dificultosa prova a ser produzida pela parte a quem inicialmente caberia o ônus probante.

Ainda dentro dos temas sem regulamentação expressa, tem-se a questão relacionada à onerosidade. Em relação à onerosidade excessiva, é possível constatar, de acordo com o artigo 79, que a forma de isenção de irresponsabilidade impactará na renegociação, adaptação ou resolução do contrato, que são as três modalidades de exclusão de responsabilidade. Flexibiliza-se, por intermédio desse dispositivo convencional, a discrição de uma parte a outra, caso alguma circunstância imprevisível aconteça posteriormente à celebração da avença, estranha a qualquer comportamento doloso ou culposo das partes, e acarrete um desequilíbrio do elemento sinalagmático do contrato que possa conduzir uma das partes à ruína. O art. 79 também estabelece quais são os remédios possíveis para a hipótese de inadimplemento total ou parcial. Logo, nenhuma das partes será responsável pelo inadimplemento se provar que ele ocorreu por motivo alheio à sua conclusão.

O mesmo artigo ainda apresenta algumas disposições que estabelecem exatamente a observância de todas as questões supervenientes da avença. Perante o Direito brasileiro, essa matéria encontra-se regulamentada no artigo 478 do Código Civil.

O *corpus iuris civilis* foi um legado do Direito romano e influenciou enormemente os países de tradição da *civil law*, como a França. Dois terços do Código Civil francês são baseados no *corpus iuris civilis*, e o código civil brasileiro também tem tradição da *civil law*.

Na forma do art. 478, portanto, as coisas deveriam permanecer como estavam à época da celebração do ajuste para que o evento posterior tivesse o condão de acarretar um desequilíbrio, levando uma das partes à ruína. O caso *Scafonm International* versus *Lorraine Tubes (S.A.S.)* traduz exatamente esta questão: em conformidade com o preconizado art. 79, uma parte não é responsável pelo inadimplemento de qualquer das suas obrigações se conseguir se desincumbir do *ônus probandi*. A falha decorre de um impedimento alheio ao controle, e não era razoável esperar que ele tivesse, no momento da conclusão do contrato, levado em consideração, superado ou previsto as consequências.

Em relação ao outro tema sem remuneração, faz-se relevante atentar-se ao art. 78, que trata da questão relacionada aos cálculos de juros de mora. Sabe-se que os juros possuem natureza jurídica pelo uso do capital, o que é repugnante para religiões islâmicas em razão da Xaria. Então, a aplicação da lei islâmica para os países muçulmanos, que são signatários da CISG, traz uma série de complicadores, porque eles não admitem a incidência de juros. A jurisprudência já se encontra pacificada no sentido de admitir a incidência da SEVIG nas questões que envolvem juros.

O art. 77 da CISG e o artigo 422 do Código Civil tratam do dever de mitigação dos próprios prejuízos em razão da aplicação dos princípios de improbidade e boa-fé. Essa questão foi apreciada pelo Conselho da Justiça Federal, que enunciou o Verbete nº 179: "O princípio da boa--fé deve levar o credor a evitar o agravamento do próprio prejuízo".

O art. 25 da Convenção, comparativamente ao art. 475, apresenta a questão relacionada à violação essencial do texto de um contrato celebrado. A violação ao contrato por uma das partes é recrutada como essencial se tiver o condão de acarretar para a outra parte um prejuízo de tal monta que, substancialmente, prive-a da obtenção daquele resultado, daquele benefício que fora pactuado. A respeito da matéria, também o Conselho da Justiça Federal, órgão do Superior Tribunal de Justiça, por intermédio dos centros judiciários, publicou o Enunciado nº 361: "O adimplemento substancial decorre dos princípios gerais contratuais, de modo a fazer preponderar a função social do contrato e o princípio da boa-fé objetiva, balizando a aplicação do artigo 75", ou seja, confere-se à parte lesada a opção de obter a resolução ou o abatimento do preço. Outra semelhança, agora existente entre o art. 72 da CISG e o art. 333, diz respeito à violação antecipada. Essa matéria também foi apreciada pelo Conselho da Justiça Federal em suas jornadas nos centros de conflitos judiciários. Ele se reuniu para superar e estabelecer diretrizes hermenêuticas para aplicação da Convenção no seguinte sentido: a resolução da relação jurídica contratual também pode decorrer do inadimplemento antecipado, ou seja, assiste ao credor o direito de cobrar a dívida antes de ter vencido o prazo estipulado no contrato.

Nada relacionado à CISG chegou ainda ao Superior Tribunal de Justiça. A única referência jurisprudencial que há é oriunda do Tribunal de Justiça do Rio Grande do Sul e envolve compra de pés de galinha congelados. O tribunal apreciou essa questão, relacionando-a a um contrato de compra e venda internacional, cuja rescisão foi declarada por força da aplicação conjunta das normas do artigo 47, do 49.1 e do 81, todos da Convenção sobre Contratos de Compra e Venda Internacional de Mercadorias, cujo marco normativo recorre simultaneamente ao teor dos princípios relativos aos contratos comerciais e internacionais.

Finaliza-se este trabalho comemorando os 25 anos de estabilidade econômica da República Federativa do Brasil com a adoção do plano Real. São 25 anos em que a inflação galopante, que sempre corroeu o poder aquisitivo da nossa moeda, foi domada e as questões de correção monetária que tanto atravancavam o bom andamento de todas as instâncias, de todas as áreas, da magistratura brasileira foram controladas.

Informação bibliográfica deste texto, conforme a NBR 6023:2018 da Associação Brasileira de Normas Técnicas (ABNT):

MIGUEL, Theóphilo Antonio. Comércio internacional. *In*: RIBEIRO, Paulo Dias de Moura; FROTA, Cristiane de Medeiros Brito Chaves (coord.). *25 anos de diálogos jurídicos*: coletânea do Seminário de Verão de Coimbra. Belo Horizonte: Fórum, 2022. p. 277-283. ISBN 978-65-5518-331-3.

CONSTITUCIONALISMO GLOBAL – O CASO EUROPEU

VITAL MOREIRA

1 Apresentação

O propósito deste trabalho[1] é atualizar um tema que, em uma edição anterior, já foi abordado: *constitucionalismo para além do Estado* ou *constitucionalismo transnacional*, ou ainda *constitucionalismo global*, dando conta de alguns desenvolvimentos recentes nesta matéria, focando em especial o caso europeu.

No entanto, a expressão *constitucionalismo global* não é unívoca na discussão corrente, comportando dois sentidos diferentes: primeiro, a noção aponta para a tendencial globalização do modelo do Estado de Direito Constitucional, que hoje é comum ao constitucionalismo de muitos países, na sequência da "terceira vaga da democratização" (Huntington), desde os anos 70 do século passado, com expansão dos direitos fundamentais, da jurisdição constitucional, dos princípios da proporcionalidade, da proibição da tortura, da discriminação racial e da pena de morte, ou seja, tudo aquilo que vai harmonizando e tornando convergente uma perspetiva comum ao Direito Constitucional nacional dos Estados que compartilham os princípios do Estado de

---

[1] Versão revista pelo autor da palestra oral feita com base numa apresentação eletrônica.

Direito Democrático. Noutro sentido, a expressão designa o fenômeno de constitucionalização da ordem jurídica transnacional. Trata-se, portanto, de um *constitucionalismo sem Estado* ou *para além do Estado*, traduzindo-se na constitucionalização do Direito Internacional ou no aparecimento de um Direito Constitucional Supranacional, típico de certas formas mais avançadas de integração política interestadual, como é o caso da União Europeia.

É esse segundo sentido, nas duas vertentes apontadas, que será explorado neste trabalho, sendo preferencialmente usada a expressão *constitucionalismo transnacional*, menos equívoca.

A tese central consiste em defender que o constitucionalismo transnacional constitui a resposta, por um lado, às falhas ou déficit histórico do constitucionalismo nacional em assegurar a contenção do poder do Estado e a garantia da liberdade e da segurança das pessoas e, por outro lado, à demonstração de que nem só o Estado, mas também outras entidades extra ou supraestatais podem estar em condições de lesar tal liberdade e segurança.

2 Enquadramento do tema

Falar em constitucionalismo transnacional pode parecer um paradoxo, uma contradição dos termos.

O constitucionalismo, como sabemos, nasceu no século XVIII no âmbito nacional – aliás, no âmbito do Estado soberano de tipo *vestefaliano* –, como estratégia de regulação e disciplina do poder político (direitos fundamentais, separação de poderes, *rule of law*). Nas relações externas, valia inteiramente o princípio da soberania internacional do Estado, sem outras limitações que as derivadas do costume internacional ou de convenções internacionais. Quando se estudava Direito há mais de 50 anos, era clara a distinção entre Direito Constitucional, como Direito do Estado, e Direito Internacional, como Direito das relações entre Estados. Imaginar o conceito de constitucionalismo transnacional, suscetível de se impor ao Estado "por cima", era algo inconcebível.

O Direito Constitucional era Direito do Estado, que organizava e limitava o Estado; era o Direito que regulava as relações do Estado com seus cidadãos ou seus residentes. O direito entre os Estados era o Direito Internacional, sendo ramos do Direito completamente diferentes, sem ponte entre eles. Em especial, o Direito Internacional não poderia sobrepor-se ao Direito Constitucional, pelo contrário.

Todavia, muita coisa mudou nas últimas décadas, quer quanto ao Direito Internacional, quer quanto à integração transnacional dos Estados.

É fácil ver que o Direito Internacional de há meio século pouco tinha a ver com o Direito Internacional público de hoje em dia, quanto à sua cobertura, à sua densidade, às suas fontes, aos seus sujeitos e ao seu *enforcement*. Os capítulos mais dinâmicos do Direito Internacional contemporâneo – nomeadamente o Direito Internacional econômico, o Direito Internacional dos direitos humanos, o Direito Internacional do ambiente – ou não existiam ou não passavam de um estágio incipiente de desenvolvimento. Portanto, em 50 anos, houve uma verdadeira revolução nas relações entre Direito Constitucional e Direito Internacional. Desde a II Guerra Mundial, as relações e as organizações internacionais desenvolveram um número de traços e de aspectos peculiares, que estão na base da geração do constitucionalismo transnacional.

A outra grande mudança passou pela integração supranacional de países, em nível regional, de que é paradigma a União Europeia. Uma das disciplinas atualmente ministradas em Coimbra é Direito Constitucional da União Europeia. Há 50 anos, essa disciplina não existia, nem sequer era pensada. Por um lado, porque Portugal não integrava a então Comunidade Econômica Europeia, antecessora da União Europeia; por outro lado, porque a integração europeia se limitava à esfera econômica, sem os traços constitucionais que mais tarde veio a revestir. Direito Constitucional de uma entidade transnacional era impensável. Ora, a União Europeia é hoje a mais avançada e a mais característica expressão dessa dimensão do Direito Constitucional Transnacional. Um dos últimos livros de Vital Moreira, de 2014, intitula-se *"Respublica" Europeia – estudos de Direito Constitucional da União Europeia*. De resto, é hoje numerosa a bibliografia europeia sobre esse tema, que entrou no currículo letivo de muitas escolas de Direito em toda a Europa.

Resumindo, a proposta é ler certos aspectos da ordem jurídica transnacional através de uma lente constitucional, tendo em conta, em especial, o caso europeu. Decididamente, deixou de verificar-se a correspondência exclusiva entre constitucionalismo e Estado. Mais: hoje, na Europa, o Direito Constitucional nacional é incompreensível sem uma ligação íntima com o Direito Constitucional da União Europeia. Vivemos numa espécie de "constitucionalismo em vários níveis", o nível nacional e o nível transnacional, que evoca até certo ponto o modelo constitucional típico dos Estados federais.

Note-se que a noção de constitucionalismo multinível não é uma coisa revolucionária recente; os Estados federais assentam, desde a origem, em dois níveis de constitucionalismo: a constituição da federação e as constituições das entidades federadas. O que acontece agora é que, para além dos Estados federais – de que o Brasil é um exemplo –, hoje existem vários níveis transnacionais por cima do Estado, como é o caso do constitucionalismo supranacional da União Europeia e o constitucionalismo internacional propriamente dito.

3 Do constitucionalismo nacional ao constitucionalismo transnacional

Feita essa introdução sumária, importa aprofundar a passagem do constitucionalismo nacional para o constitucionalismo transnacional.

As primeiras constituições nasceram para constituir (em sentido próprio) novos Estados, como foi o caso dos Estados Unidos da América, ou para reconstituir velhos Estados em novos moldes, como no caso francês ou português, por meio da sua reconformação ou reconfiguração político-institucional. A palavra *constituição,* em latim e nas línguas daí derivadas, significa exatamente *constituir, criar, compor.* Mesmo no alemão, *Verfassung* significa exatamente a mesma coisa: constituir ou reconstituir. Desde a origem, as constituições apresentam duas componentes essenciais: a parte organizatória, dedicada à organização e ao funcionamento dos poderes do Estado, e o *Bill of rights*, dedicado ao reconhecimento e à garantia dos direitos individuais (vida, propriedade, liberdade) contra o poder. Portanto, o sentido inicial da constituição está em criar uma nova comunidade política, um novo regime político, estabelecer a organização e o funcionamento do poder político, limitar o âmbito e a intensidade do poder político, estabelecer um governo pelo consentimento dos governados, ou seja, um governo com regime representativo. Aqui se trata, portanto, de formatar ou regular o poder político.

Lembremos o artigo 16º da Declaração dos Direitos do Homem e do Cidadão, de 1789 (França) – que foi o primeiro texto constitucional europeu, antes da Constituição francesa de 1791 –, segundo o qual um país que não garante a separação de poderes e os direitos individuais não tem Constituição. Não é por acaso que se destacou a separação de poderes e os direitos humanos, porque, na conceção originária de constitucionalismo, tais eram as marcas diferenciadoras essenciais em relação ao Antigo Regime.

Nascido na América contra a opressão colonial e na Europa contra o despotismo da monarquia absoluta, o constitucionalismo surgiu para disciplinar e limitar o poder, desde logo por meio da garantia da liberdade individual contra o Estado.

Os principais instrumentos constitucionais consistiam em regular e limitar o poder político, por intermédio de três estratégias essenciais: *(i)* a separação dos poderes Legislativo, Executivo e Judiciário, tal como teorizado por Locke e por Montesquieu, evitando a concentração do poder do Estado nas mãos de um único titular, como na precedente monarquia absoluta; *(ii)* os direitos individuais consagrados no *Bill of rights*, estabelecendo uma esfera de liberdade imune à invasão pelo poder político; *(iii)* o princípio do Estado de Direito e um judiciário independente, sujeitando o poder à Constituição e à lei e assegurando a possibilidade de submeter aos tribunais as queixas dos cidadãos contra o Estado *(judicial review)*.

Nascido no contexto soberanista do Estado vestefaliano, o constitucionalismo não consentia nenhuma limitação oriunda de uma ordem jurídica transnacional. O Direito Internacional limitava-se a regular as relações entre Estados soberanos, não tendo incidências na esfera interna. Princípio essencial do Direito Internacional tradicional era o da proibição de ingerência externa nos assuntos internos dos Estados, domínio exclusivo do Direito Constitucional. As relações jurídicas entre particulares ou entre estes e o Estado não relevavam do Direito Internacional. Os indivíduos são sujeitos de Direito interno, não de Direito Internacional. O mesmo se confirma em relação aos seus direitos e obrigações perante os respetivos Estados. Não tinha cabimento a possibilidade de invocar o Direito Internacional na ordem interna, muito menos a título de proteção de posições individuais contra o Estado. O *Bill of rights* relevava do Direito Constitucional interno, não do Direito Internacional.

Em conclusão, estava assente a separação estrita entre Direito Constitucional, na ordem interna, e Direito Internacional, na ordem externa. Não era doutrinariamente viável o casamento de ambos por meio da noção de Direito Constitucional Internacional.

4 Constitucionalização do Direito Internacional

As transformações históricas do Estado, da Constituição e do Direito Internacional são extensas e profundas, em especial desde a II Guerra Mundial.

Anotemos as duas principais, aliás interdependentes. Em primeiro lugar, assinala-se a progressiva erosão do modelo vestefaliano do

Estado soberano, quer quanto ao monopólio estadual do poder político, quer quanto à total autodeterminação interna no que respeita à ordem constitucional doméstica. Em segundo lugar, sublinha-se o aumento do escopo e da intensidade regulatória do Direito Internacional, a proliferação das organizações internacionais e a emergência do Direito Internacional dos direitos humanos, impondo obrigações aos Estados face aos seus cidadãos, o aparecimento de um Direito Internacional imperativo *(ius cogens)*, a instituição de formas judiciais ou parajudiciais de resolução obrigatória de conflitos, quer entre Estados, quer (o que é muito mais radical) entre cidadãos e Estados.

Os principais fatores dessas transformações são a globalização econômica e a interdependência nacional em relação à economia global; a integração econômica transnacional e, portanto, o tendencial e progressivo apagamento de fronteiras econômicas; a incapacidade de os Estados nacionais equacionarem, muito menos resolverem uma série crescente de tópicos, como mudanças climáticas, terrorismo internacional, crime organizado, migrações maciças, tributação dos multinacionais tecnológicos etc. Para essas questões não existem, pura e simplesmente, respostas nacionais, o que põe em causa o pressuposto essencial do Estado vestefaliano, que era a autossuficiência do Estado.

Essa "globalização material" foi acompanhada de uma progressiva juridificação das relações internacionais, por meio da multiplicação de convenções e de organizações internacionais. Tradicionalmente, o Direito Internacional era fragmentário e apresentava cobertura muito limitada, e, em qualquer caso, o princípio vestefaliano da soberania absoluta dos Estados impunha a separação dos assuntos internos dos Estados em relação às questões internacionais propriamente ditas. Os Estados, portanto, não eram, em geral, internacionalmente responsáveis pela sua política interna ou pela sua constituição interna.

Não menos importante, além dos Estados como protagonistas e destinatários de direitos e obrigações jurídico-internacionais, o novo Direito Internacional acrescenta atores não estatais (*non state actors*), como as ONGs, as empresas multinacionais e os investidores estrangeiros, os refugiados ou os cidadãos em geral (como beneficiários diretos da proteção internacional de direitos humanos). É o processo conhecido como *humanização* do Direito Internacional, face à sua tradicional natureza exclusivamente interestatal. Nesse contexto, importa também mencionar a possibilidade de o Direito Internacional regular relações entre Estados e atores não estatais, mas também relações apenas entre atores não estatais, como, por exemplo, a proteção de direitos humanos contra multinacionais (*business and human rights*) ou organizações não estatais.

Simultaneamente à densificação jurídica da ordem internacional, verificou-se a instituição de mecanismos obrigatórios, de tipo judicial ou parajudicial, de resolução de litígios internacionais, suprimindo a insuficiência dos mecanismos tradicionais, nomeadamente as consultas mútuas, a mediação, a arbitragem ou o pacto de jurisdição entre as partes envolvidas para recurso ao Tribunal Internacional de Justiça. Assim foi nascendo a ideia de *Estado de Direito transnacional*, de uma *rules-based global order*, em grande parte suscetível de ser *enforced* por via de instâncias judiciais ou parajudiciais internacionais, como os tribunais de direitos humanos ou o *mecanismo de resolução de litígios* da Organização Mundial do Comércio (OMC). A criação do Tribunal Penal Internacional (Estatuto de Roma de 1998) veio culminar essa tendência por meio da responsabilidade penal internacional de dirigentes políticos ou militares nacionais. Decididamente, os Estados deixaram de ser os únicos *dramatis personae* da ordem jurídica internacional.

Com efeito, nada mostra melhor a profunda transformação do Direito Internacional do que a criação do Tribunal Penal Internacional – da Corte Penal Internacional, como se diz no Brasil –, comparando-o com o seu antecedente longínquo, o Tribunal de Nuremberg, instituído para julgar os responsáveis nazistas pelos seus crimes de guerra e contra a humanidade. Enquanto este foi um tribunal *ad hoc* e *ex post facto* com jurisdição limitada àqueles crimes e àqueles arguidos, o Tribunal Penal Internacional é permanente e dispões de uma cobertura mais ampla, incluindo os crimes de genocídio, de guerra, contra a humanidade e de agressão. Além disso, há a possibilidade de sujeitar à jurisdição do Tribunal responsável por tais crimes, independentemente de o seu Estado ser ou não parte do Estatuto de Roma, por iniciativa do Conselho de Segurança das Nações Unidas.

As consequências dessas transformações na gestação da ideia de constitucionalismo transnacional são óbvias. Por um lado, verifica-se a compressão de fato da soberania constitucional nacional. Não se trata somente de constituições impostas do exterior em circunstâncias excepcionais, como foi o caso relativamente recente da Bósnia-Herzegovina, ou os casos mais antigos da Alemanha ou do Japão após a II Guerra Mundial, por exemplo. Trata-se também de considerar que o poder constituinte nacional deixou de ser ilimitado, estando agora submetido a limites oriundos da ordem jurídica transnacional. Acresce o aparecimento do princípio geral de Direito Internacional (hoje explicitado na Convenção de Viena sobre Direito dos Tratados), segundo o qual os Estados não podem invocar as suas constituições para se furtarem ao cumprimento das suas obrigações internacionais. Por outro lado, e não menos importante, verifica-se que o Direito Internacional, ao impor obrigações aos Estados na sua própria ordem interna face aos seus cidadãos ou residentes, nomeadamente em matéria de direitos humanos, passou a desempenhar também a principal função originária do constitucionalismo, que foi a limitação do poder político e a garantia dos direitos individuais face ao poder.

A ordem jurídica transnacional passou a revestir inequívocos traços constitucionais.

5 Fatores do constitucionalismo transnacional

Simplificadamente, a constitucionalização do Direito Internacional passa por quatro fenômenos principais, aliás interligados: *(i)* a proteção internacional de direitos humanos; *(ii)* o *ius cogens* internacional; *(iii)* a justiça internacional, especialmente nos litígios entre particulares e Estados; *(iv)* as sanções internacionais sobre os Estados ou outras entidades que infrinjam os direitos dos seus cidadãos internacionalmente protegidos.

A proteção internacional dos direitos humanos, desde 1945, com a Carta das Nações Unidas e a Declaração Universal de Direitos Humanos, de 1948, tem sido a principal alavanca da constitucionalização da ordem jurídica transnacional, especialmente quando se trata de conferir aos interessados um recurso contra os seus Estados perante uma instância judicial internacional, como sucede com a Convenção Europeia de Direitos Humanos, desde 1950. Foi a constatação da falha ou da insuficiência do constitucionalismo nacional em travar a deriva autocrática e autoritária dos Estados e em assegurar o respeito dos direitos humanos em nível nacional que levou a instituir a proteção internacional contra os próprios Estados.

O *jus cogens* consiste nos princípios e normas de Direito Internacional que se impõem aos Estados independentemente de sua vontade, tal como sucede com a proibição do genocídio, da tortura ou da discriminação racial, tendo por núcleo duro justamente a proteção da vida, da liberdade e da igualdade das pessoas. Durante décadas, o regime do *Apartheid,* da África do Sul, invocou que isso era uma questão constitucional interna, que estava à margem do Direito Internacional e da ingerência internacional nos assuntos internos do país. Esse *jus cogens* tem tendência a alargar-se por via doutrinal e jurisprudencial. Por exemplo, não falta quem considere como *jus cogens* toda a Declaração

Universal dos Direitos Humanos, de 1948, que, aliás, nem sequer nasceu com caráter jurídico.

A sujeição de litígios entre particulares e Estados à resolução obrigatória de instâncias internacionais, de tipo arbitral ou judicial, como sucede no caso da proteção internacional de direitos humanos ou dos direitos de investidores estrangeiros, constituiu a face mais visível da insuficiência dos meios de proteção nacional e da consequente erosão da soberania estatal bem como da constitucionalização da ordem jurídica transnacional.

As sanções internacionais decretadas contra certos Estados ou seus dirigentes pelo Conselho de Segurança das Nações Unidas, pela União Europeia ou até por Estados nas relações bilaterais, com fundamento no tratamento dos seus cidadãos ou residentes, concorrem para esse constrangimento da soberania estatal e configuram uma alternativa ou suplemento da justiça internacional.

6 Dois temas exemplares

Vale a pena mencionar mais detidamente dois temas que ilustram especialmente a natureza constitucional de algumas instituições do atual Direito Internacional.

O tema mais conhecido, sem dúvida, é o dos tribunais internacionais de direitos humanos, de que o paradigma continua a ser o Tribunal Europeu de Direitos Humanos (TEDH), com sede em Estrasburgo, o qual, por via da sua jurisprudência sobre a Convenção Europeia de Direitos Humanos, tem sido o verdadeiro construtor da ordem jurídica dos direitos humanos na Europa.

Conforme já exposto, os direitos humanos foram a grande área de desenvolvimento do Direito Constitucional internacional, sendo a Europa responsável por grande parte desse desenvolvimento – na sequência traumática do nazi-fascismo e da II Guerra Mundial –, por meio da Convenção Europeia de Direitos Humanos – que é a primeira convenção internacional de direitos humanos, na peugada da DUDH, de 1948 –, e que inclui, desde o início, a instituição do TEDH. Desde os anos 90 do século passado, as vítimas de violação dos direitos humanos garantidos na Convenção podem apresentar queixas diretamente ao Tribunal, depois de esgotados os meios internos.

Portanto, é um sistema diferente do Tribunal Americano de Direitos Humanos de São José da Costa Rica, em que o acesso não é direto ao Tribunal, passando primeiro por uma comissão de direitos humanos, de natureza interestatal, como acontecia inicialmente no sistema europeu.

Aqui existe justiciabilidade direta da Convenção Europeia por parte dos queixosos, sem tal intermediação política.

Por meio das queixas diretas dos interessados contra os Estados signatários da Convenção Europeia de Direitos Humanos, por violação de algum dos direitos nela garantidos, o Tribunal condena os Estados pela sua ação (ou omissão) legislativa, administrativa ou judicial, independentemente de esta ser ou não conforme as suas próprias constituições. Por isso, os Estados podem ser condenados por ações ou omissões perfeitamente conformes à sua Constituição; por vezes, trata-se, aliás, de casos validados pelos respetivos tribunais constitucionais, o que pode levar à adoção de uma interpretação da Constituição de acordo com a jurisprudência do TEDH ou mesmo à necessidade de revisão constitucional, para harmonizar a Lei Fundamental com a Convenção, tal como interpretada pelo Tribunal. Não poderia imaginar-se um caso mais óbvio de primazia do constitucionalismo transnacional sobre a ordem constitucional interna.

Acresce que a jurisprudência do TEDH prima pela criatividade expansionista da força jurídica da Convenção, indo por vezes muito além da letra dela. Tal é o caso, por exemplo, da liberdade sindical e do direito à greve. A Convenção limita-se a dizer que todos gozam do direito de associação, o que inclui a liberdade sindical, acrescentando, porém, que isso não põe em causa a liberdade dos Estados de aplicarem "restrições legítimas" aos direitos dos trabalhadores da administração do Estado. Esse preceito admite, portanto, que tais trabalhadores não estão cobertos pela liberdade sindical, dispondo os Estados de uma ampla margem de discricionariedade legislativa nesse ponto. Todavia, em um caso de queixa de um sindicato contra a Croácia (*Hrvatski Liječnički Sindikat v. Croatia*, 2014), em que este país tinha negado ao sindicato de médicos do setor público de saúde não a liberdade sindical, mas o direito de contratação coletiva e o direito à greve, o Tribunal declarou criativamente que a liberdade sindical inclui a contratação coletiva e o direito a greve, direitos que, aliás, as constituições em geral (como a portuguesa) mantêm separados. Entretanto, além de ter derivado automaticamente os dois referidos direitos da liberdade de associação sindical, o Tribunal estatuiu que os trabalhadores da função pública devem gozar dos mesmos direitos que qualquer cidadão; portanto, apesar de, claramente em 1950, nenhum dos Estados signatários da Convenção ter querido reconhecer aos funcionários públicos tais direitos, o Tribunal de Estrasburgo veio dizer, em uma interpretação atualista da Convenção, que, afinal, todos eles assistem os funcionários públicos, independentemente do que esteja estabelecido nas constituições internas. Muitos outros casos da interpretação expansionista do TEDH poderiam ser citados.

Torna-se evidente que, por meio dessa jurisprudência pretoriana, o TEDH se assume como verdadeiro "poder constituinte sombra" da ordem jurídica europeia de direitos humanos, sobrepondo-se ao poder constituinte doméstico e ao *Bill of rights* dos Estados-parte na Convenção e sujeitos à jurisdição do Tribunal.

Outro caso exemplar do Direito Constitucional internacional respeita a resolução internacional de litígios de investimento direto estrangeiro (IDE). Trata-se de uma das áreas em que o Direito Internacional – seja o Direito consuetudinário, seja os tratados bilaterais de investimento – reconhece direitos aos particulares (os investidores estrangeiros) contra os Estados onde investem, a começar pela proteção contra expropriações ilegítimas (ilegais, discriminatórias ou sem devida indenização). Tradicionalmente esses litígios entre investidores estrangeiros e os Estados onde investem eram solucionados mediante intervenção dos respetivos Estados (por consultas, mediação, arbitragem) ou mediante o recurso dos investidores interessados junto dos tribunais domésticos do Estado onde investem. Foi a insuficiência desses meios para assegurar os direitos dos investidores, sobretudo o déficit de independência dos tribunais nacionais em muitos países, que levou à busca por uma alternativa no plano do direito internacional.

Com efeito, nas últimas décadas, os tratados bilaterais de investimento foram atribuindo aos investidores o poder potestativo de recorrer à arbitragem internacional dos litígios entre si e os Estados onde investem, para fazer valer os direitos garantidos nos respetivos tratados. Assim nasceu o mecanismo conhecido por *investor-to-state-dispute-settlement* (ISDS), que se traduz na perda da jurisdição dos tribunais domésticos para decidir tais litígios e na possibilidade de os Estados serem condenados por uma instância arbitral internacional por violação dos direitos internacionais dos investidores estrangeiros.

Recentemente, por iniciativa da União Europeia, ocorreu um desenvolvimento absolutamente revolucionário, que foi a substituição do mecanismo arbitral *ad hoc* pela criação de tribunais internacionais de investimento permanentes *(investment court system)*. Com efeito, os últimos tratados de investimento da União Europeia (por exemplo, com o Canadá, com Singapura, com o Vietnam) procedem à instituição de tribunais permanentes de jurisdição obrigatória para julgar litígios entre investidores e os Estados onde investem. Tal não será o caso do acordo comercial em negociação há duas décadas entre a UE e o Mercosul, cujo mandato negocial não abrange o investimento direto estrangeiro, mas apenas as relações comerciais em sentido próprio.

No entanto, a União Europeia vai mais além, tendo lançado, na comunidade internacional, a ideia da criação de um tribunal multilateral global para o julgamento de litígios de investimento direto estrangeiro, aberto à adesão de todos os países. Resta saber se essa proposta tem "pés para andar".

Seja como for, é de sublinhar que esse novo avanço na constitucionalização do Direito Internacional não se deve a uma iniciativa dos Estados, mas sim de uma entidade supranacional, a União Europeia, ela própria expressão exemplar de constitucionalismo transnacional, como vamos ver a seguir.

7 O constitucionalismo supranacional da União Europeia

Importa agora abordar a outra vertente do constitucionalismo transnacional, que passa pelo fenômeno da integração supranacional de Estados, concretamente a União Europeia, a qual, embora não seja um Estado federal, apresenta inequívocos traços estatais e federais, em que não falta mesmo o duplo grau de cidadania (a cidadania nacional e a cidadania europeia).

Os traços constitucionais da União Europeia são atualmente incontroversos, não havendo nenhum aspecto típico do constitucionalismo que a União Europeia não preencha integralmente, podendo dizer-se que ela é um "objeto político 100% constitucional". Regulação jurídica do sistema político? Existe. Separação dos poderes? Existe. Governo representativo? Existe. *Bill of rights*? Existe. *Rule of law*? Existe. Jurisdição constitucional? Existe.

No âmbito dos poderes soberanos transferidos pelos Estados-membros (que assim se tornam menos soberanos), a União Europeia goza de poderes legislativos extensos em áreas exclusivas e em áreas concorrentes com os Estados-membros, do tipo claramente federal, exercidos conjuntamente pelo Parlamento Europeu (representativo dos cidadãos europeus) e pelo Conselho da União (representativo dos governos dos Estados-membros). Salvo quando reservada à Comissão Europeia, a execução da legislação da União incumbe aos Estados-membros, sob controle da Comissão e do Tribunal da União, uma solução de descentralização executiva em que a administração dos Estados-membros funciona como "administração indireta" da União.

O direito da União (tratados instituidores, legislação europeia, convenções internacionais da União com terceiros Estados) tem aplicação direta na ordem doméstica dos Estados-membros, criando diretamente direitos e obrigações para os cidadãos europeus, sem passar pelo Direito doméstico. Em segundo lugar, há primazia do Direito da União na ordem interna dos Estados-membros, gozando mesmo de imunidade constitucional, visto que nenhum Estado pode invocar a sua Constituição para descumprir o direito da União e, se o fizer, será punido por violação de Direito da União. De resto, incumbe aos tribunais nacionais fazer cumprir, na sua ordem interna, o Direito da União, tal como interpretado uniformemente pelo Tribunal de Justiça da União, se necessário desaplicando o Direito doméstico que com ele seja incompatível. Em caso de dúvida sobre a interpretação ou a validade do Direito da União aplicável, os tribunais nacionais devem sustar o processo e solicitar ao Tribunal da Justiça da União a clarificação da questão (mecanismo conhecido como *reenvio pré-judicial*), a qual passa a ser vinculativa para todos os tribunais nacionais.

Inicialmente, o Tratado de Roma, de 1957, não estabelecia nenhum mecanismo de controle do respeito dos direitos dos cidadãos dos Estados-membros contra a ação legislativa ou administrativa da Comunidade Econômica Europeia (CEE). Porém, não tardou a verificar-se que a ação da CEE, tal como os Estados, podia lesar efetivamente os direitos constitucionalmente assegurados em nível nacional (a começar pelo Direito de propriedade e pela liberdade de empresa, mas não só), o que compeliu o Tribunal de Justiça comunitário a ter de inventar pretorianamente o princípio de que a CEE, como "comunidade de direito" que era, estava vinculada aos direitos fundamentais, tal como estabelecido na Convenção Europeia de Direitos Humanos, de 1950, apesar de esta ter natureza estritamente interestatal.

A proteção dos direitos fundamentais da União Europeia, como poder político paraestatal que é, consta hoje da Carta de Direitos Fundamentais, que, aliás, não é um tratado internacional, pois foi elaborada no ano 2000 por uma espécie de corpo independente de acadêmicos, de representantes nacionais e da União Europeia, a que posteriormente o Tratado de Lisboa (2007) conferiu força jurídico-constitucional. A Carta vincula não somente as instituições da União, mas também as instituições dos Estados-membros, sempre que eles atuam ao abrigo do direito da União. Por conseguinte, sempre que isso sucede, o *Bill of rights* da União prevalece sobre o *Bill of rights* constitucional doméstico, em caso de discrepância. Nota-se que, desde o Tratado de Lisboa (em vigor desde 2009), a União está obrigada a aderir também à Convenção Europeia dos Direitos Humanos e à jurisdição do Tribunal Europeu dos Direitos Humanos, a par com os seus próprios Estados-membros. A partir daí, a CEDH e o TEDH deixarão de vincular não apenas os Estados-parte, mas também uma entidade supranacional, o que é inédito no Direito Internacional dos direitos humanos.

Um aspeto crucial da ordem constitucional da União é a obrigação de respeito dos princípios constitucionais da União pelos Estados-membros na sua ordem constitucional interna, sublinhada a prevalência daqueles. O artigo 2º do Tratado da União Europeia (TUE) preconiza que os Estados-membros da União compartilham dos valores da União, entre os quais estão o Estado de Direito, a democracia liberal representativa, os direitos fundamentais. De resto, essas condições têm que ser respeitadas pelos Estados logo no momento da adesão, e por isso só pode ser admitido na União quem provar que respeita esses valores do artigo 2º do Tratado da União.

Como é que se faz o *enforcement* dessa obrigação de conformidade dos Estados- membros com a ordem constitucional da União? Uma via é o *approach* político: o artigo 7º do TUE prevê as sanções políticas para os Estados-membros da União que não cumprirem os princípios do artigo 2º, a aplicar pelo Conselho da União, que podem incluir a privação do direito de voto no Conselho. Porém, o Tribunal de Justiça da União Europeia descobriu outro modo, que é a ação por descumprimento dos tratados. A Polônia acabou de ser vítima dessa jurisprudência criativa do Tribunal de Justiça, a propósito de uma lei nacional que estabelecia a aposentação compulsiva antecipada dos juízes do Supremo Tribunal de Justiça, para permitir ao poder político refrescar o tribunal com juízes mais respeitadores do atual governo do país. A Comissão Europeia fez uma queixa ao Tribunal de Justiça da União, o qual considerou que a Polônia estava a violar justamente um dos pilares do Estado de Direito, que é a independência dos juízes e dos tribunais; e a Polônia acabou por ser condenada justamente por violação aos princípios do Estado de Direito.

Também, no caso da União Europeia, importa sublinhar o papel quase constituinte do Tribunal de Justiça, ao qual se deve, ao longo dos tempos, a formulação dos principais traços da ordem constitucional da União, nomeadamente a definição inicial das competências exclusivas da União, a autonomia do direito da União, o princípio da aplicação direta e da primazia do direito da União na ordem interna dos Estados-membros, a vinculação da União aos direitos fundamentais etc.

A resposta à crítica fácil de que a União não pode dispor de Constituição porque não possui poder constituinte é que o Tribunal de Justiça tem-se encarregado de desempenhar esse papel. Aliás, nesse sentido, há uma conhecida tese de doutoramento do Professor Miguel Poiares Maduro sobre a criatividade pretoriana do Tribunal do Luxemburgo, apropriadamente intitulada *We the Court* (nós, o tribunal), replicando a famosa fórmula introdutória da Constituição federal americana, *We the People*.

Em suma, podemos concluir que a UE configura um caso evidente de constitucionalismo em dois níveis, de tipo federal, incluindo o nível constitucional nacional dos Estados-membros e o nível constitucional supranacional da União. De resto, como alguns dos Estados-membros são, eles próprios, Estados federais (como a Alemanha e a Bélgica), nesses casos temos três níveis constitucionais distintos.

Nesse contexto, merece uma menção especial uma decisão do Tribunal de Justiça da União, que julgou um recurso contra a execução pela União de uma resolução do Conselho de Segurança das Nações Unidas de aplicação de sanções individuais por alegado apoio ao terrorismo internacional. Trata-se da decisão *Kadi*, de 2008, relativa ao congelamento das contas de uma fundação árabe na Europa. Cumprindo as sanções determinadas pelo Conselho de Segurança, a Comissão Europeia, que é o poder executivo da União Europeia, mandou congelar as suas contas. A fundação visada recorreu da decisão para o Tribunal de Justiça da União, invocando violação dos seus direitos fundamentais (substantivos e procedimentais), ao abrigo do Estado de Direito da União Europeia e da Carta de Direitos Fundamentais da União. Na sua defesa, a Comissão Europeia argumentou que se limitara a executar precipuamente a decisão do Conselho de Segurança, a que se achou vinculada, sem qualquer margem de livre decisão. Esse argumento, todavia, não convenceu o Tribunal, que concluiu que o Tratado das Nações Unidas não pode prevalecer sobre a ordem constitucional da União e que a Comissão Europeia está sujeita à Carta de Direitos Fundamentais em toda a sua ação, mesmo que puramente executiva de uma decisão alheia, pelo que deu provimento ao recurso.

O que é importante aqui é que, no fundo, o TJUE julgou incompatível com a ordem constitucional da União uma decisão do Conselho de Segurança das Nações Unidas, a qual, como tal, não poderia ser autonomamente escrutinada por nenhum tribunal internacional, assim colmatando uma das principais lacunas da proteção internacional de direitos humanos, que é a insindicabilidade judicial das decisões de organizações internacionais que violem direito humanos, como era o caso. Desse modo, o TJUE funcionou como sucedâneo de um tribunal universal de direitos humanos, de que a ordem jurídica internacional ainda não dispõe. Talvez seja esse o próximo passo na construção de um direito constitucional global.

Informação bibliográfica deste texto, conforme a NBR 6023:2018 da Associação Brasileira de Normas Técnicas (ABNT):

MOREIRA, Vital. Constitucionalismo global: o caso europeu. *In*: RIBEIRO, Paulo Dias de Moura; FROTA, Cristiane de Medeiros Brito Chaves (coord.). *25 anos de diálogos jurídicos*: coletânea do Seminário de Verão de Coimbra. Belo Horizonte: Fórum, 2022. p. 285-300. ISBN 978-65-5518-331-3.

POSFÁCIO

Nos últimos 25 anos, a Universidade de Coimbra, por sua Associação de Estudos Europeus (AEEC), e o Instituto de Pesquisa e Estudos Jurídicos Avançados (IPEJA) reuniram professores, operadores do Direito e estudantes de Portugal e do Brasil, em torno do já tradicional *Seminário de Verão*, para debater temas do mais alto interesse acadêmico, unidos não apenas por laços de amizade recíproca, mas sobretudo pela língua portuguesa, generosa matriz da comunidade lusófona.

Língua à qual o poeta brasileiro Olavo Bilac chamou de "última flor do Lácio, inculta e bela". Inculta, não à falta de refinamento, mas por brotar diretamente da alma do povo; bela por sua notável doçura e sonoridade, que, somadas à sua incomum plasticidade, arrebataram corações e mentes nos quatro cantos do globo, ao longo de séculos de conquistas implementadas por uma gente forte e corajosa, gestada na latina *Portus Cale*.

Gente que ousou desafiar "mares nunca dantes navegados", forjando com suor, sangue e lágrimas uma saga imortalizada pelo bardo lusitano Luiz Vaz de Camões. Gente destemida para quem "navegar é preciso; viver não é preciso", como cravou em sublime verso o cidadão do mundo Fernando Pessoa, relembrando antiga exortação do intimorato general romano Pompeu, endereçada a marujos aterrorizados por nuvens negras que se avizinhavam no horizonte.

Foi essa mesma língua portuguesa, repleta de sutis nuances e melodiosas entonações, o generoso veículo que permitiu que os colóquios conimbricenses fluíssem com elegância e verticalidade, muitos deles reproduzidos em textos memoráveis, dos quais alguns se encontram reunidos na presente obra.

Vale ressaltar que no último *Seminário de Verão*, realizado em julho de 2021, os organizadores, sempre atentos a novos desafios intelectuais, voltaram as preocupações para as novas ameaças enfrentadas pelos direitos fundamentais, especialmente em face da pandemia desencadeada pelo coronavírus, que a todos surpreendeu por alterar profundamente a vida das pessoas.

De fato, poucas coisas humanas conseguiram colocar-se a salvo dos nefastos efeitos desse inusitado flagelo sanitário. No plano individual, ela impôs um rigoroso distanciamento, inclusive de familiares e amigos, provocando enormes alterações nos hábitos e rotinas. O isolamento forçado imposto pelo surto virótico fez com que os relacionamentos passassem a ocorrer crescentemente através de mídias sociais eletrônicas, (*Facebook, Instagram, Whatsapp, Tik Tok, Twitter*), formando verdadeiras ilhas ou bolhas virtuais.

Esse ambiente artificial acabou constituindo um caldo de cultura propício para a proliferação de *fake news* e notícias tendenciosas de todo gênero. E a desinformação generalizada culminou por contribuir para aumentar preconceitos, incompreensões, ódios e divisões sociais. A consequência disso foi um afastamento ainda maior entre os indivíduos, que buscaram refúgio nas comunidades locais, nos círculos familiares e nos grupos de vizinhança.

Também as relações entre os Estados se alteraram profundamente. Alianças tradicionais, consolidadas de longa data, passaram a mostrar sinais de ruptura e instabilidade. Exemplo disso são as barreiras sanitárias impostas a nacionais e produtos de países amigos. Em contrapartida, inimizades cultivadas ao longo de décadas ou séculos transformaram-se em parcerias, fazendo crescer a cooperação entre nações antes consideradas inimigas, a começar pela parceria para a produção ou aquisição de vacinas e insumos médico-hospitalares. Curiosamente, ações estratégicas, fundadas em opções ideológicas de longo curso, cederam lugar a movimentos táticos, de curtíssimo prazo, baseados em cálculos eminentemente pragmáticos.

De toda a sorte, algo ficou muito claro: o mundo pós-pandemia será completamente diferente daquele que vivemos até 2019. A cientista social brasileira Lilia Schwarcz, a propósito, em entrevista recente, amplamente divulgada, recordou que o historiador britânico Eric Hobsbawn costumava lembrar que o século XIX, o denominado "Século das Luzes", só terminou no ano de 1918, com o fim da Primeira Guerra Mundial. Já para ela, o século XX, caracterizado pelo império da ciência e da tecnologia, somente findaria com o advento da atual pandemia.

Mudanças que levariam decênios para serem consolidadas foram impostas às pessoas pela nova realidade, acelerando algumas que já estavam em curso, com destaque para o trabalho remoto, a educação a distância, as reuniões por videoconferência, as consultas médicas virtuais, o comércio pela internet e a "bancarização" da sociedade, caracterizada pelo declínio do papel-moeda.

De outra banda, a pandemia trouxe à luz fraquezas que estavam ocultas ou que as pessoas fingiam não ver como a extrema vulnerabilidade planetária consideradas as novas doenças infectocontagiosas, a degradação do meio ambiente, a fragilidade dos ecossistemas, a dependência dos escassos recursos naturais, a existência de profundas desigualdades sociais, a distância entre países desenvolvidos e subdesenvolvidos, a debilidade dos distintos sistemas econômicos, a precariedade da paz mundial e a limitação da ciência e da tecnologia como resposta aos problemas da humanidade.

Dentro desse quadro, o mundo deu-se conta de que – para poder sobreviver, ou melhor, para ter um mínimo de viabilidade – precisa resgatar alguns valores fundamentais de convivência. Precisa, antes de tudo, estimular a empatia e a solidariedade com relação ao próximo, abandonar o consumo perdulário, rever o conceito de lucro a qualquer custo e superar a concorrência predatória entre pessoas, empresas e nações.

É preciso compreender também – e sobretudo – que a busca de um desenvolvimento sustentável é condição para a sobrevivência de todos, não mais a médio ou longo prazo, mas a curtíssimo prazo. Chegou a hora de nos perguntarmos se queremos, efetivamente, mudar comportamentos e hábitos arraigados ou se vamos persistir na manutenção do *status quo*.

A grande indagação que temos de fazer agora é saber se vamos dar um salto de qualidade para a frente ou se vamos rumar de olhos vendados para o abismo. Essa decisão, obviamente, não será uma opção individual, mas uma escolha coletiva, que envolve duas questões fundamentais, a saber: o revigoramento do papel do Estado e o fortalecimento da própria democracia.

O Estado – enfraquecido pela globalização – revelou a sua crucial importância na pandemia, como instrumento de proteção do direito à vida e à saúde das pessoas. Veja-se que nos Estados Unidos da América, pátria do liberalismo, o recém-eleito Presidente Joe Biden está promovendo investimentos estatais maciços na recuperação da economia, numa espécie de reedição do *New Deal* de Roosevelt, concebido para superar a crise dos anos 30.

Quanto ao sempre atual tema democracia, convém recordar a lição do mestre Gomes Canotilho, explicitada em sua memorável obra *Direito Constitucional e teoria da constituição*, para quem se faz mister caminhar para uma democratização maior da própria sociedade, mediante o aumento da participação direta e ativa de homens e mulheres nos processos decisórios.

A pandemia – como todos puderam perceber – aprofundou o "déficit democrático" em que nos debatemos, acentuado pela crise da democracia representativa, pelo menos tal como ela é tradicionalmente exercida, dando azo a autoritarismos de todo gênero. Tal crise, de resto, é um fenômeno de há muito identificado pelos teóricos, como Norberto Bobbio, o qual também preconiza, como solução para o problema, em seu festejado livro *Futuro da Democracia*, a ampliação da participação do povo no poder.

À guisa de conclusão, afigura-se lícito esperar que os participantes dos próximos *Seminários de Verão*, embalados pelo suave murmúrio das águas do plácido Mondego e impelidos pelo vigor da seminal língua portuguesa, sob inspiração da musa grega Calíope – aquela da bela voz, protetora das artes –, haverão de encontrar, quiçá sugerindo um emprego mais altruísta das mídias sociais que hoje nos separam, caminhos para revigorar a democracia em sua acepção clássica de "governo do povo, pelo povo e para o povo", tendo o Estado – e não interesses grupais – como expressão, por excelência, da vontade coletiva.

Enrique Ricardo Lewandowski

Ministro do Supremo Tribunal Federal do Brasil e Professor Titular da Faculdade de Direito da Universidade de São Paulo.

Informação bibliográfica deste texto, conforme a NBR 6023:2018 da Associação Brasileira de Normas Técnicas (ABNT):

LEWANDOWSKI, Enrique Ricardo. Posfácio. *In*: RIBEIRO, Paulo Dias de Moura; FROTA, Cristiane de Medeiros Brito Chaves (coord.). *25 anos de diálogos jurídicos*: coletânea do Seminário de Verão de Coimbra. Belo Horizonte: Fórum, 2022. p. 301-304. ISBN 978-65-5518-331-3.

SOBRE OS AUTORES

Alexandre de Moraes
Ministro do Supremo Tribunal Federal e também Ministro do Tribunal Superior Eleitoral. Graduou-se pela Faculdade de Direito do Largo de São Francisco/USP, onde também obteve o doutorado em Direito do Estado e a Livre-Docência em Direito Constitucional. É professor associado da Faculdade de Direito da USP e titular pleno na Universidade Presbiteriana Mackenzie.

José Antonio Dias Toffoli
Ministro do Supremo Tribunal Federal desde 2009, tendo exercido a presidência da Corte Suprema e do Conselho Nacional de Justiça no biênio 2018/2020. É professor do curso de pós-graduação *lato sensu* em Advocacia Pública da Escola da Advocacia-Geral da União e professor colaborador do curso de pós-graduação da Faculdade de Direito da Universidade de São Paulo.

Elton Leme
Desembargador do Tribunal de Justiça do Estado do Rio de Janeiro desde 2008 e, atualmente, preside a 17ª Câmara Cível. É doutorando em Direito Público na Faculdade de Direito da Universidade de Coimbra. Professor da Escola de Administração Pública e de Empresas (EBAPE) da Fundação Getulio Vargas. Coordenador adjunto do Centro de Inovação, Administração e Pesquisa do Judiciário (FGV Conhecimento). Em 2021, foi eleito presidente do Tribunal Eleitoral Regional do Rio de Janeiro (TRE-RJ).

Enrique Ricardo Lewandowski
Ministro do Supremo Tribunal Federal desde 2006, tendo exercido a presidência do STF e do Conselho Nacional de Justiça no biênio 2014/2016. Mestre, Doutor e Livre-Docente em Direito do Estado pela Faculdade de Direito da Universidade de São Paulo (USP). Nos Estados Unidos, obteve o título de Master of Arts, na área de Relações Internacionais, pela Fletcher School of Law and Diplomacy, da Tufts University, administrada em cooperação com a Harvard University. Ocupa também o cargo de professor titular de Teoria Geral do Estado da Faculdade de Direito da Universidade de São Paulo (USP), instituição em que leciona há mais de quatro décadas.

Jaime Nogueira Pinto
Licenciado em Direito pela Universidade Clássica de Lisboa e Doutor em Ciências Sociais pelo Instituto Superior de Ciências Sociais e Políticas da Universidade Técnica (Universidade de Lisboa), onde leciona nas áreas de Ciências Políticas e Relações Internacionais. Foi também professor na Universidade

Católica Portuguesa (UCP) e na Universidade Lusíada. É Presidente do Conselho de Administração da Fundação Luso-Africana para a Cultura.

João Nuno Calvão da Silva
Professor universitário de carreira, licenciou-se em Direito pela Faculdade de Direito da Universidade de Coimbra, onde também obteve o título de Mestre e Doutor em Direito da União Europeia. É Subdiretor da Academia Sino-Lusófona da Universidade de Coimbra (desde outubro de 2018). Vice-Presidente da Associação dos Estudos Europeus de Coimbra da Faculdade de Direito da Universidade de Coimbra (desde fevereiro de 2017) e Diretor Executivo do Instituto Jurídico da Comunicação da Faculdade de Direito da Universidade de Coimbra (desde novembro de 2015).

João Otávio de Noronha
Ministro do Superior Tribunal de Justiça desde 2002, tendo ocupado a presidência da Corte Superior e do Conselho Nacional de Justiça no biênio 2018/2020. É Diretor da Escola Judiciária Eleitoral desde 2014 e Professor de Direito Processual Civil do Instituto de Educação Superior de Brasília (IESB), da Escola Superior da Magistratura do Tribunal de Justiça do Distrito Federal e Territórios e de pós-graduação do UNICEUB.

Jorge Mussi
Ministro do Superior Tribunal de Justiça desde 2007 e, atualmente, exerce a Vice-Presidência da Corte Superior para o biênio 2020/2022. É Professor convidado permanente da Escola Superior da Advocacia (OAB/SC) há quase três décadas. Foi Corregedor-Geral da Justiça Eleitoral.

José Joaquim Gomes Canotilho
Licenciado e Doutor em direito pela Faculdade de Direito da Universidade de Coimbra, onde é Professor Catedrático Jubilado, e da qual foi vice-reitor. É professor visitante da Faculdade de Direito da Universidade de Macau (China).

Luis Felipe Salomão
Ministro do Superior Tribunal de Justiça desde 2008. É Doutor Emérito em Ciências Sociais e Humanas pela Universidade Candido Mendes e Professor Emérito das Escolas da Magistratura do Estado do Rio de Janeiro e de São Paulo e da Escola Superior da Advocacia do Rio de Janeiro. Leciona também no curso de mestrado e de especialização do Instituto Brasiliense de Direito Público. É Diretor do Centro de Pesquisas Judiciais da Associação dos Magistrados Brasileiros. Foi Ministro do Tribunal Superior Eleitoral no biênio 2019/2021 e Corregedor-Geral da Justiça Eleitoral entre 2020/2021.

Luiz Alberto Gurgel de Faria
Ministro do Superior Tribunal de Justiça desde 2014. Mestre e Doutor em Direito Público pela Universidade Federal de Pernambuco (UFPE). Professor da Universidade Federal do Rio Grande do Norte (UFRN), em colaboração

com a Universidade de Brasília (UnB) desde o segundo semestre de 2015. Foi Presidente e Corregedor-Geral do Tribunal Regional Federal da 5ª Região.

Manuel Carlos Lopes Porto
Professor Catedrático do Grupo de Ciências Econômicas da Faculdade de Direito da Universidade de Coimbra, onde fez a sua carreira acadêmica, sendo atualmente responsável pelo Curso de Estudos Europeus e Presidente do Conselho Diretivo. É também Professor do Instituto Superior Bissaya Barreto (desde 1999). Presidente da Assembleia Municipal de Coimbra (desde 2001), Presidente da European Community Studies Association (ECSA) (desde 2004). Professor da Universidade Lusíada (desde 2005). Membro da Comissão da Reforma das Finanças Locais (desde 2005).

Marco Aurélio Gastaldi Buzzi
Ministro do Superior Tribunal de Justiça desde 2011. Mestre em Ciência Jurídica na Universidade do Vale do Itajaí (UNIVALI), onde também é Professor Titular de Processo Civil e Consumidor. Fundador da União dos Magistrados do MERCOSUL.

Marco Aurélio Mello
Ex-Ministro do Supremo Tribunal Federal. Presidente do Supremo Tribunal Federal (maio de 2001 a maio de 2003) e do Tribunal Superior Eleitoral (junho de 1996 a junho de 1997, maio de 2006 a maio de 2008 e novembro de 2013 a maio de 2014). Presidente do Supremo Tribunal Federal, no exercício do cargo da Presidência da República do Brasil, de maio a setembro de 2002, em quatro períodos intercalados.

Marcelo Navarro Ribeiro Dantas
Ministro do Superior Tribunal de Justiça desde 2015. Mestre e Doutor em Direito das Relações Sociais (Direito Processual Civil) pela Pontifícia Universidade Católica de São Paulo (PUC-SP). Professor do Curso de Direito da Universidade Federal do Rio Grande do Norte (UFRN) desde 1/1993, prestando colaboração à Faculdade de Direito da UnB desde 3/2016.

Mauro Luiz Campbell Marques
Ministro do Superior Tribunal de Justiça desde 2008. Atualmente, é Ministro Efetivo do Tribunal Superior Eleitoral para o biênio 2020-2022. Também ocupa a Presidência do Comitê Consultivo temporário sobre assuntos legislativos do Superior Tribunal de Justiça, criado pela Resolução STJ/GP nº 20, de 4 de setembro de 2020, para auxiliar a presidência do Superior Tribunal de Justiça durante a gestão do biênio 2020-2022. Foi Corregedor-Geral da Justiça Federal, Presidente da Turma Nacional de Uniformização e Diretor do Centro de Estudos Judiciários de 30.08.2016 a 21.09.2017.

Paulo de Tarso Sanseverino
Ministro do Superior Tribunal de Justiça desde 2010 e Ministro Substituto do Tribunal Superior Eleitoral desde 2021. Mestre e Doutor em Direito pela

Universidade Federal do Rio Grande do Sul. Atualmente, é professor das disciplinas de Responsabilidade Civil e Contratos no curso de pós-graduação da Fundação Escola Superior do Ministério Público do Distrito Federal e Territórios.

Paulo Dias de Moura Ribeiro

Ministro do Superior Tribunal de Justiça desde 2013. Doutor em Direito Civil pela Pontifícia Universidade Católica de São Paulo (PUC-SP). Pós-Doutor em Direito pela Universidade de Lisboa, título obtido sob orientação do Professor Doutor Eduardo Vera-Cruz Pinto. Leciona Direito Civil (direito das obrigações) na Universidade do Distrito Federal (UDF) e atua como coordenador científico da Universidade Santo Amaro (UNISA).

Raul Araújo

Ministro do Superior Tribunal de Justiça desde 2010 e Ministro Substituto do Tribunal Superior Eleitoral desde 2020. Mestre em Direito Público pela Faculdade de Direito da Universidade Federal do Ceará (UFC). Foi Corregedor-Geral da Justiça Federal, Presidente da Turma Nacional de Uniformização e Diretor do Centro de Estudos Judiciários de 21.09.2017 a 25.09.2018. É professor e coordenador no curso de especialização em Direito Tributário da Universidade de Fortaleza (UNIFOR).

Reynaldo Soares da Fonseca

Ministro do Superior Tribunal de Justiça desde 2015. Mestre em Direito Público pela Pontifícia Universidade Católica de São Paulo (PUC-SP). Doutor em Direito Constitucional pela Faculdade Autônoma de São Paulo (FADISP), com pesquisa realizada na Universidade de Siena-Itália. Pós-Doutor em Democracia e Direitos Humanos pela Universidade de Coimbra. É também Professor da Universidade Federal do Maranhão.

Ricardo Villas Bôas Cueva

Ministro do Superior Tribunal de Justiça desde 2011. Mestre pela *Harvard Law School*. Doutor em Direito pela Universidade de Frankfurt. Foi Conselheiro do CADE (Conselho Administrativo de Defesa Econômica).

Rogerio Schietti Cruz

Ministro do Superior Tribunal de Justiça desde 2013. Mestre e Doutor em Direito Processual Penal pela Universidade de São Paulo (USP). É professor do curso de pós-graduação em Direito Processual Penal do Instituto Brasiliense de Direito Público (IDP), em Brasília, e de Mestrado na UNINOVE em São Paulo.

Sebastião Reis Júnior

Ministro do Superior Tribunal de Justiça desde 2011. Membro Efetivo do Conselho da Justiça Federal desde 2019. Especialista em Direito Público pela Faculdade Mineira de Direito da PUC Minas.

Theóphilo Antonio Miguel
Desembargador Federal e Corregedor Regional do Tribunal Regional Federal da Segunda Região. É Doutor em Direito pela Pontifícia Universidade Católica do Rio de Janeiro. Mestre em Direito da Administração Pública pela Universidade Gama Filho. Especialista em Direito Processual Civil e Direito Sanitário pela Universidade de Brasília. É também Professor Adjunto de Direito Processual Civil, Direito Internacional Privado e Improbidade Administrativa da Pontifícia Universidade Católica do Rio de Janeiro e Coordenador Científico da Comissão de Direito Internacional da Escola de Magistratura Regional Federal (Emarf) do Tribunal Regional Federal da 2ª Região.

Vital Moreira
Professor Catedrático Jubilado da Faculdade de Direito da Universidade de Coimbra, onde anteriormente também obteve a licenciatura, mestrado e doutorado em Direito Público. Leciona também na Universidade Lusíada/ Norte em Porto.